本书为国家社科基金重大项目"基于汉语特征的多元语法理论探索（多卷本）"（项目号：20&ZD297）的支持成果；

河北省社会科学青年基金项目"基于语体的汉语教学语法理论体系与实践研究（HB21YY018）"的支持成果。

| 光明社科文库 |

"语体语法"视域下的
现代汉语副词研究

胡丛欢◎著

光明日报出版社

图书在版编目（CIP）数据

"语体语法"视域下的现代汉语副词研究 / 胡丛欢

著 . --北京：光明日报出版社，2023.7

ISBN 978－7－5194－7344－0

Ⅰ.①语… Ⅱ.①胡… Ⅲ.①现代汉语—副词—研究

Ⅳ.①H146.2

中国国家版本馆 CIP 数据核字（2023）第 126054 号

"语体语法"视域下的现代汉语副词研究

"YUTI YUFA" SHIYU XIA DE XIANDAI HANYU FUCI YANJIU

著　者：胡丛欢

责任编辑：李壬杰　　　　　　　　责任校对：李　倩　李　兵

封面设计：中联华文　　　　　　　责任印制：曹　净

出版发行：光明日报出版社

地　　址：北京市西城区永安路 106 号，100050

电　　话：010-63169890（咨询），010-63131930（邮购）

传　　真：010-63131930

网　　址：http://book.gmw.cn

E - mail：gmrbcbs@gmw.cn

法律顾问：北京市兰台律师事务所龚柳方律师

印　　刷：三河市华东印刷有限公司

装　　订：三河市华东印刷有限公司

本书如有破损、缺页、装订错误，请与本社联系调换，电话：010-63131930

开　　本：170mm×240mm

字　　数：244 千字　　　　　　　印　　张：14

版　　次：2023 年 7 月第 1 版　　　印　　次：2023 年 7 月第 1 次印刷

书　　号：ISBN 978－7－5194－7344－0

定　　价：89.00 元

序

得知丛欢的书稿即将出版，内心很为丛欢高兴。想起与丛欢的第一次见面，是 2015 年的暑假，当时她才研一，听我的《生成音系学》的课程，记笔记很认真。2017 年她跟我一起读博士，读博期间，对"语体语法"这个方向很感兴趣，最终确定副词的"语体语法"为研究对象。

做副词的研究是比较难的，尤其是副词的语体语法这个全新的方向，没有太多可供参考的研究，丛欢就一点一点找语料、看文献、构思研究主题和框架，对于一些特殊现象积极向我和同门们请教讨论，可以说，我是看着丛欢一点一点从不懂到有点懂再到变得专业起来，通过深入的研读文献和分析语料，她对副词的语体语法研究越来越成熟。她的博士论文结合单双音节副词的韵律语法研究，一点点建立起以"句法"和"语体"两个维度的副词"语体语法"为依托的理论体系，并且以大量的语料辅证，做到了"语言理论"与"语言事实"的强结合，实属不易。

副词一直存在"分类"难的问题，尤其是副词语义虚化程度不一，虚实难分。本书根据副词的"韵律之异"（音节单双）结合状语标记"地"的语法表现，依据不同句法层级副词的不同功能，重新从句法视角对副词进行分类，最后将副词分为双音节句法词副词（Syntactic Compound adverbs）、双音节词汇性副词（Lexical-adverbs）、双音节功能性副词（Functional-adverbs）三类。如此分类，跳出副词语义虚实之争，解决了副词语义分类难的问题，结合韵律与句法，另辟蹊径，为副词的分类和语法研究提供了新的思路。

在语体语法的副词研究领域里，本书集理论性、系统性和实证性于一体的角度进行尝试，尚属首次。副词的语体问题，本书从两个角度进行分析：一是副词的词汇语体，即句法每一层的副词中，口语体副词、正式语体副词的占比，结合各层的比例表现有哪些趋向或者能说明什么问题？二是根据"语体语法"的理论，语体不同是否会导致句法有别，因此不同语体的副词是否会在不同句法位置上有差异性表现？丛欢对这两个问题进行了深入细致的研究。就副词的词汇语体看，整个 VP 层以正式体为主，TP 层处于过渡阶段，CP 层以口语体为主，这个结论与我在 2017 年提出的"语体—句法"分布体系具有较高的一致性。当然，在句法层面作者也有自己的独特见解，亦即 V0 层、V'层、VP 层、TP 层、CP 层的副词，都是口语体副词的句法位置高于正式体副词的句法位置，而一些有语体对立的副词并没有完全呈现出句法上的高低之别，但是也发现了二者有具体的语法对立。这些结论虽然与以往的研究有所不同，但作者通过大量语例论证了"语体有异则句法有别"这一语体语法的核心思想。

值得一提的是，本书不仅从语体的角度讨论了副词的语法研究，更对语体教学、词典编撰等提出了新的建议，例如"断断/断然/断乎"三个副词，具有显著的语体差异，因此在词典编撰及汉语教学时，应将"语体"作为重要参数考虑，才不失科学性和精准性。

本书的出版将成为汉语"语体语法"团队系列研究的一个重要组成部分，展示出"语体语法"理论的生命力，也体现出"语体语法"研究的广阔前景。虽然书中还有一些问题需要更深入的论证和研究，但作为副词语体语法研究的第一部著作，该成果可谓语料翔实、条理清晰、论证充分、观点创新，为汉语副词的"语体语法"研究走出了第一步。我相信，对于副词"语体语法"感兴趣的读者，本书可以提供非常好的研究视角和学术参考。无疑，副词的"语体语法"研究还有更深更远的路要走，例如副词句法位置的语体属性和原理问题、副词的"语体"与"文体"的互动和方式问题等等，都还是有待研究或仍处于空白领域，均需进一步深入而全面的研究，才有望揭示副词"语体语法"的全貌。虽任重道远，但未来可期。希望有越来越多的学者，加入"语体语法"的研究队伍中来，共同探索，让"语体语法"这一新领域，茁壮成长、不断壮大。

最后，就本书的出版，向作者表示祝贺！

冯胜利

2022 年 8 月 26 日

缩略语

Adv	副词	NegP	否定短语
AdvP	副词短语	Spec	指定语
ASP	体	TopP	话题短语
C	标句词	TP	时态短语
CP	标句短语	V	动词
DeP	"地"字短语	v	轻动词
FocP	焦点短语	VP	动词短语
MoodP	语气短语	vP	轻动词短语
ModalP	模态词短语		

目 录
CONTENTS

第一章

引　言

一、问题的提出

现代汉语副词一直是语言学界研究的重点，不仅因为副词"半实半虚"的属性，也因为副词内部成员具有较大的个体差异性，无论国内还是国外，对副词的研究都取得了较多成果。国内研究如：张谊生（2000/2018、2004、2010）三部专著讨论现代汉语副词的各类问题。国外研究如：Cinque（1999、2006）根据制图理论（Cartographic Approach）论证了副词有自己的"功能中心"（Functional Head），并且对副词进行了句法位置层级的分布研究，并从类型学的视角，论证了副词句法位置分布具有普遍共性。就目前的研究而言，国内学者对副词的研究大多集中在语法化、句法和语义、副词的个案研究等方面，而从语体（Register-stylistic）① 及其与句法（Syntax）互动的角度对副词的研究非常少，但是从实际的语言使用中，发现如下现象：

1. 白（口）——虚（正庄）②

白：［副］没有效果、徒然。③

虚：［副］徒然、白白地。

以上释义选自《现代汉语词典》（第 7 版），"白"和"虚"的语义基本一致，但是"白"是口语体，"虚"是正式偏庄典体，二词的词性、语义、音节都一致，在修饰动词层面没有差异，如：

副词在谓语动词前：

（1）谁愿意虚度一生？

---

① 本书关于"语体"（Register-stylistic）的翻译，来自冯胜利教授 2019 年开设的《语体语法概论》课程。

② 括号内的"口""正""庄"等为词汇本身的语体属性说明，"口"即口语体，"正"即正式语体，"庄"即庄典语体，"正庄"即为"正式且具有庄典特征"的语体，下同。

③ 本书所有词条的释义均摘自《现代汉语词典》（第 7 版）。

（2）谁愿意白活一辈子？

再考察二词在轻动词层面甚至更高的模态词层面的句法位置，如下例：

副词在轻动词前：

（3）他不在又不提前告诉我，白让我跑一趟。

（4）＊他不在又不提前告诉我，虚让我跑一趟。

副词在表"能力"的模态词前：

（5）我白会$_2$七门外语了，现今也没啥用了。

（6）＊我虚会$_2$七门外语了，现今也没啥用了。

由上例可见，"虚"与较高位的轻动词和模态词都无法组配，即"＊虚让""＊虚使""＊虚能""＊虚会""＊虚要"等都不符合语感，这表明口语体"白"的句法位置高于正庄体"虚"的句法位置。

2. 约莫（口）——约略（正）

约莫：[副]大概。

约略：[副]大致；大概。

"约莫"和"约略"二词都是双音节副词，完全同义。但是"约莫"是口语体，"约略"是正式体，因此仍然从二词语体差异的角度分析其句法表现。对二词考察外话题、外焦点、主语及谓语之前4个位置，详例如下。

副词在外话题前：

（7）约莫拳头大的苹果，他买了10个。

（8）＊约略拳头大的苹果，他买了10个。

副词在外焦点前：

（9）年代不好的时候，约莫连碗饭他都讨不到。

（10）＊年代不好的时候，约略连碗饭他都讨不到。

副词在主语前：

（11）如果不是今天有人特地点醒她，约莫她会受骗一辈子。

（12）＊如果不是今天有人特地点醒她，约略她会受骗一辈子。

副词在谓语前：

（13）他的近况我约莫知道一些。

（14）他的近况我约略知道一些。

从以上用例可知，"约莫""约略"在词性语义音节都一致的情况下，口语体"约莫"和正式体的"约略"都可位于谓语动词前，但是外焦点前、外话题前和主语前这三个位置只有口语体"约莫"符合语法规范，正式体"约略"不能位于这三个较高的位置，由此可知，口语体"约莫"的句法位置高于正式体"约略"的句法位置。

以上只是略举一例，以示语体之异引发的句法之别。关于副词的语体问题及"语体—句法"互动的问题，目前学界尚未有人进行系统全面的研究，因此，本书在"语体语法"理论指导下，以《现代汉语词典》（第7版）为主，穷尽式地收集了所有单、双音节副词，排除具有明显语体属性的［方］（方言）、［书］（古语）两类副词，结合句法制图理论，从现代汉语副词的分类、句法位置、语体三个角度，解决下面四个问题：

1. 对副词分类的再讨论。是否可以从句法位置上对副词进行分类？依据是什么？以句法位置对副词分类的优势是什么？

答：可以通过句法位置分类，是依据不同句法位置的副词有不同的句法功能和句法表现，其优势是句法分类可以避免语义因素引发的混乱或可以避免语义因素对副词分类的干扰。例如"成天"和"曾经"都是表示"时间"概念的副词，但是"曾经"是 TP 层副词，"成天"是 V'层副词，句法上"曾经"的句法位置高于"成天"，因此可以说"他曾经成天想着不劳而获"，但是不能说"他成天曾经想着不劳而获"。如果不从句法位置对副词进行分类的话，则"曾经"和"成天"都会归属于"时间副词"，就掩盖了二词的本质属性。

2. 从 VP 层到 CP 层，现代汉语副词的句法位置分布问题，各层有哪些原生的副词？是否有句法位置高低分布的排序？

答：可以从 V^0、V'、VP、TP 、CP 五个句法位置对副词进行分类，各层原生副词见正文，各层内部有较统一的句法分布。

3. 从 VP 层到 CP 层，现代汉语副词的语体表现是怎么样的？各层的语体表现是否一致？

答：从 VP 层到 CP 层，副词的语体表现由正式向口语过渡，且口语体副词的句法位置高于正式体，各层的语体表现基本一致。

4. 是否可以尝试构建现代汉语副词"语体—句法"的层级系统，扩展和深化"语体语法"的理论研究？

答：可以构建现代汉语副词"语体—句法"的层级系统，见第七章。

二、现代汉语副词研究的综述及存在的问题

（一）现代汉语副词的分类及句法研究

1. 从意义与功能的角度对副词的分类

对汉语副词的分类研究，大多以意义、语法功能为主，国内最早的研究应属马建忠的《马氏文通》，下面按分类多寡的角度，简单梳理总结副词分类的现状。

将副词分为三至六类的有：

陈承泽（1922）将副词分为：限制、修饰、疑问三类。

李　泉（2002）将副词分为：程度、否定、关联、情态，其中情态副词包括范围、语气、时间、方式四个小类。

张　静（1961）将副词分为：程度、时间、范围、估量、语气五类。

朱德熙（1982）将副词分为：重叠式、范围、程度、时间、否定五类。

邵敬敏（2007）将副词分为：语气、程度、范围、时间、否定五类。

马建忠（1989）最早提出"状字"的概念，并将"状字"分为六类，但是这个分类中有的是副词，有的是状语成分。

黎锦熙（1924）将副词分为：时间、性态、数量、地位、否定、疑问六类。

丁声树（1961）将副词分为六类。

胡裕树（1979）将副词分为：程度、情状、时间和频率、范围、否定、语气六类。

北大中文系（2012）《现代汉语》将副词分为：语气、时间、程度、范围、重复、否定六类。

将副词分为七至十类的有：

刘月华（1983）将副词分为：肯定否定、情态、时间、范围、重复和频度、程度、语气七类。

邢福义（1991）将副词分为：程度、范围、时间、频率、否定、语气、关联七类。

黄伯荣、廖序东（2002）将副词分为：程度、范围、时间频率、处所、肯定否定、情态方式、语气七类。

王　力（1943）将副词分为：语气、关系、程度、范围、时间、方式、可能性、必要性、否定九类。

吕叔湘（1980）将副词分为：语气、情态、范围、否定、疑问、时间、程度、处所八类。

邢公畹、马庆株（1994）将副词分为：语气、时间、范围、程度、否定、频度、方式、关联八类。

赵元任（1968）将副词分为：范围和数量、估计、肯定否定、时间、可能与必然、程度、处所、方式、疑问九类。

屈承熹（2004）将副词分为：程度、时间、地方、情态、肯定否定、包容与数量、评量、判断、兼类九类。

杨树达（1930）将副词分为：表态、表数、表时、表地、否定、传疑、询问、应对、敬让、命令十类。

张谊生（2000）将副词分为：描摹性、评注性、关联、否定、时间、重复、频率、程度、协调、范围十类。

将副词分为十类以上的有：

黄河（1990）将副词分为：语气、时间、总括、限定、程度、否定、协同、重复、方式、类同和关联十一类。

杨荣祥（1999）将副词分为：语气、总括、统计、限定、类同、程度、时间、否定、重复、累加、情状方式十一类。

从以上各家对副词的分类来看，存在以下问题：（1）数量不等、名目不等、分类标准不清。随着对副词研究的不断深入，对副词的分类，从三类到十一类，表明现代汉语副词内部有较大个体差异性，这也导致学者对其认识较难统一，目前的分类不利于深入探索汉语副词的内部规律性；（2）不仅各家在副词大分类上差异较大，对某一类副词的内部还会分出若干小类，如：白丁（1986）把语气副词分成表转折、表确定、表不确定及其他四类，把范围副词分成表示量全和量偏两类，把时间副词分成表示已然、进行、未然和延续四类，把程度副词分成表示程度高和程度低两类；史金生（2003a、2003b、2004）三篇文章分别论述了语气副词、情状副词和动量副词的类别和共现顺序，并从语义、认知等角度对分类和共现进行了解释；邹海清（2010）从表达功能的角度把时间副词分为表过程义、界变义、量化义三类；杨荣祥、李少华（2014）运用语义特征分析法针对时间副词分出十一个小类。

从以上各家对副词的分类可知，现代汉语副词虽然是数目有限、偏封闭的词类，但是就其分类而言，从大类的划分到大类内部次分类的划分，都存在较大的不一致，这种不一致对汉语副词的本体研究、教学研究、辞书编撰、语法大纲的编排等都会产生影响。从以上分析可知，对副词分类讨论的参考标准依旧在语义特征和语法功能两个方面，从句法位置对副词的分类研究非常少，目前已有研究成果如下。

2. 从句法位置对副词的分类及副词的句法研究

第一类：以主语为界，主语前后界定了两个句法位置

王健慈、王健昆（1999）考察了全部副词在主语前后的分布情况，把副词分为句首副词和句中副词两类；杨德峰（2006、2009）对时间副词和语气

副词进行研究，总结了出现在主语前和主语后的副词。

第二类：从移位的角度对主语前后副词的分类

屈承熹（1991）从篇章的角度对副词分类，指出副词的句法位置有主语前和主语后两种，原因是由移位导致的；李艳楠（2010）认为副词主要的句法位置是谓语前主语后，出现在主语前的应属移位导致的，移位动因有语义和语用两种。

第三类：从焦点的角度对主语前后副词分类的讨论

关思怡（2013）认为副词出现在主语前时语义辖域是整个句子，焦点是主语或整个句子，副词出现在主语后时焦点是谓语。

第四类：从韵律的角度对副词句法位置的讨论

崔四行（2012a）从音节长度的角度论述了副词的句法位置问题，解释了多音节副词不能做句首状语及双音节副词句法位置比较灵活的原因。

第五类：从"饰句"和"饰谓"的角度进行讨论

尹洪波（2013）从句法分布的角度认为现代汉语副词只有两类，即饰句副词和饰谓副词。饰句副词通常为表示情态的高位副词，饰谓副词一般为表示时间、处所、范围、程度、否定、方式等内嵌较深的低位副词。二者在句法分布上对立互补：饰句副词的修饰对象是整个句子，既可居于谓语之前，也可居于主语之前，甚至是话题之前，位置相对灵活；饰谓副词的修饰对象是谓语，只能居于主语与谓语之间，很难跨越主语而话题化，位置相对固定；方梅（2017）主要讨论饰句副词与篇章问题，认为饰句副词多是时间副词，其次是评价副词，指出韵律独立的副词具有标记事件进程的作用。

综上所述，对于副词的句法位置分析，目前国内的学者主要集中在主语前和主谓之间两类，没有更详细的划分到句法的各个层级去系统考察，更没有指出副词的不同类别在句法位置上具有层级差异。如果能够通过详细的句法位置来界定副词的分类，则对副词的分类研究无疑具有重要的参考价值。因此，我们主张对现代汉语副词的分类不应只看语义，而应该关注副词的句法功能和句法表现，从句法的角度对副词的分类提供证据。下面介绍国外学者从句法的角度对副词的分类研究。

第一类：从句法位置对副词分类

Jackendoff（1972）针对副词能出现的位置，对副词进行了分类，在他的研究中，副词能出现的位置有：句首位置（Initial Position）、无中间停顿的句尾位置（Final Position without Intervening Pause）和助动词位置（Auxiliary Position）。

Alexiadou（1997）根据句法位置的不同，将副词的句法位置分为：动词后位置（Postverbal Positions）、动词前位置（Preverbal Positions）、句首位置（Initial Positions）、插入语位置（Parenthetical Positions）、解释（Interpretation）五类，并且简述了这五个位置常出现的副词，比如"hard""fast"等大多数 non-*ly* 副词都位于句尾。

McCawley（1998）根据副词的句法位置将副词分为 Adv-V、Adv-V'和 Adv-S 三大类，即修饰动词的副词、修饰 V'的副词和修饰句子的副词。

Lasenzlinger，Christopher（1998）根据句法位置差异把副词分为句子副词和 VP 副词。句子副词包括：语用副词（评价副词、连接副词、形式副词、以说话人—听话人为导向的副词）、领域副词、情态副词、主语导向副词、事件副词、体副词。VP 副词包括：体副词、有肯定/断言副词、量化副词、程度副词、间接副词（方式、工具、结果……）、动词性副词、宾语性副词。①

第二类：从特征扩展理论给副词分类

Travis（1988）根据句法位置差异，将副词分为六类。并用特征扩展（Feature extension）/特征渗透（Feature percolate）理论解释了副词在句中的不同位置。

第 1 类：Initial，Aux，VP-final（meaning change）（cleverly，clumsily，…）

第 2 类：Initial，Aux，VP-final（no meaning change）（quickly，slowly，…）

第 3 类：Initial，Aux（evidently，probably，unbelievably，…）

第 4 类：Aux，VP-final（completely，easily，totally，…）

第 5 类：VP-final（hard，well，more，…）

第 6 类：Aux（truly，virtually，merely，…）

Travis（1988）指出在英语中，根据从中心语到最大投射的特征渗透可以解释英语副词出现在各个位置的原因，并认为迁移性的影响是通过特征从核心到最大投射的渗透来实现的。因此英语副词可以出现在核心的投射线上的

———————————

① 原文如下：sentence adverb and VP adverb，sentence adverb：pragmatic adverbs（evaluate adverbs，conjunction adverbs，formal adverbs，speaker-hearer oriented adverbs），domain adverbs，modal adverbs，subject-oriented adverbs，event adverbs，aspectual adverbs. VP adverbs：aspectual adverbs（positive/assertive adverbs，quantificational adverbs，degree adverbs）and circumstantial（manner，instrument，result…）adverbs（verb-oriented adverbs，object-oriented adverbs）.

任何地方。①

例（15）是 IP 副词、例（16）是 VP 的副词在句中的句法位置：

（15）a. George has probably read the book.

b. George probably has read the book.

c. Probably, George has read the book.

（16）a. Mary will have slowly put the book on the table.

b. Mary will have put the book slowly on the table.

c. Mary will have put the book on the table slowly.

同时，利用"特征"进行分析的还有：李亚飞（2012）通过副词是否具有"WH-移位"（WH-movement）的特征入手，结合中性介词（Neutral preposition）、话题化（Topicalization）、焦点和分裂（Focalization and Clefting）四个位置，将副词分类为：言语行为（Speech Act）、评价（Evaluative）、认知（Epistemic）、主语导向（Subject-oriented）、频率和方式（Frequency/Habitual and Manner Adverb）、结果副词（Resultative Adverb）六类。

第三类：通过"移位"角度给副词分类

Li & Thompson（1989）根据副词的句法位置将副词分为：可移位副词（Movable Adverbs）、不可移位副词（Nonmovable Adverbs）、动词后副词（Postverbal Adverbials）。具体细分如下［Li & Thompson（1989：230）］：

1. 可移位副词，出现在句子开头、话题或主语之后，并修饰整个句子，包括时间副词和态度副词。

2. 不可移位副词，只出现在主题或主语之后，包括语气副词和非语气副词。

3. 动词后副词，只出现在动词后和频率或持续时间之后。

从"功能中心"角度对副词分类：

Cinque（1999）认为语言有一套非常丰富的功能核心，每一类副词都在一个具体的位置占据一个功能核心，并在该位置享有功能核心的语义特征。他将副词分为"Lower"（pre-VP）AdvPs、"Higher"（sentence）AdvPs、"Lower"（pre-VP）AdvPs in VP-final position，并且从类型学的视角论证了副词的普遍句法层级，如下所示。

---

① 原文如下：I claim that In English, the effect of transportability comes about through feature percolation from the head to the maximal projection. In English, then, adverbs may appear anywhere along the projection line of the licensing head.

Mood$_{speech\ act}$>Mood$_{evaluative}$>Mood$_{evidential}$>Mod$_{epistemic}$>T（Past）>
T（Future）>Mood$_{irrealis}$>Asp$_{habitual}$>T（Anterior）>Asp$_{perfect}$>
Asp$_{retrospective}$>Asp$_{durative}$>Aspprogressive>Asp$_{prospective}$/Mod$_{root}$>
Voice Asp$_{celerative}$>Asp$_{completive}$>Asp（semel）repetitive>Asp$_{iterative}$

Rizzi、Cinque（2016：147-150）又完善了 Cinque（1999）提出的副词的句法层级，如有需要可以参考其研究。

第四类：从语义的角度对副词分类

Thomas Ernst（2002、2007、2009）从语义的角度讨论副词的句法位置及对副词进行了分类，他将副词分为四大类，分别是：主语导向的副词（Subject-oriented Adverbs）、言者导向的副词（Speaker-oriented Adverbs），包括言语行为（Speech Act）、认知（Epistemic）和评价（Evaluate）三类，其余的两类是比较副词（Esocomparative Adverbs）和述谓副词（Predicational Adverbs）。

经过回顾国外学者对副词的分类研究发现，同国内学者相比，国外学者对副词的分类是以句法位置为主。英语副词的句法位置比汉语的多，汉语副词的句法位置主要有主语之前和主谓之间两个位置，但是国外学者对英语副词的位置分析还有句尾和助动词两个位置。国外学者以句法位置为分界线，审定每个位置可以出现的副词种类，同时界定了副词句法位置高低的分布。与国外的副词研究不同，国内对副词的功能界定是做动词或形容词的修饰语，构成状中短语，其核心是副词所修饰的动词或形容词。国外部分学者，以Alexiadou（1997）、Cinque（1999）为代表，从制图理论出发将副词与功能语类对应起来，认为副词有自己的功能核心和语义，"形式标记—语义特征—中心语"三者之间存在一一对应的关系，副词的线性顺序同功能层级结构一致，因此副词之间必然存在由句法决定的严格顺序，这与国内学者的研究有较大不同。如果单纯从语义方面对副词进行分类，Travis（1988）已经注意到副词的意义因句法位置的不同而有差异。本研究认为，根据制图理论的思想，在句法层面为不同语义的副词找到对应的功能核心，并确定其功能核心的句法位置，有利于更好地解决传统语法研究中对副词的分类不统一及其他方面等问题。

（二）现代汉语副词的语体研究

讨论语体问题，首先要考虑的是语体是什么。语言学界对语体的讨论非常多，有的认为语体是修辞学研究的内容，有的认为语体和文体相同。关于"语体""修辞""文体"三者之间的关系和区别，冯胜利在《汉语语体语法概论》一书中有详细的论述。对于语体的定义，冯胜利（2010b）指出：实现人类直接交际中最原始、最本质属性（确定彼此之间关系和距离）的语言手段和机制。用语言来调节交际中双方彼此之间距离的这种机制和系统，叫作语体。关于语体的定义，冯胜利、施春宏（2018b）后又进行了说明，指出：这种认识跟当下学界对语体的一般理解并不相同，或者说目前学界存在着不同的语体观。就我们的理解（主要从"体系"性角度）而言，这是一种"生理性的语体观"，其中含有三层意思：（一）语体是"交际生物"用来确定彼此之间关系和距离的语言形式，如狼群呼叫——有声语言、蜜蜂跳舞——肢体语言、鱼类放电——电波语言等。因此，不（或不能）表达交际者之间关系和距离的语言（或传递）形式，不具有语体属性；（二）语言交际虽有其他目的和作用（如交流信息、传递知识等），但我们体系中的语体指的是用语言形式来表达或确定人们在直接交际中具有原始属性（交际距离）的远近和高低关系（表达为［±正式］和［±庄典］）；（三）语体表达反映的是语言机制，即交际者通过有规则的系统，来调节语言的形式和意义，以实现语体的交际功能。其中规则存在的基础就是形式和功能之间存在对应关系，这种对应关系具有规律性、体系性。通过回顾冯胜利、施春宏的研究，我们已经清楚了语体的定义及语体所反映的语言机制。

1. 语体研究综述

"语体"的概念自 20 世纪 50 年代被国内学者从苏联引入后，经国内诸多学者的探索，语体学的研究已经取得了较为丰富的学术成果。首先简单梳理一下国外的语体研究，再回顾国内语言学界近年来的语体成果。

（1）国外对语体的研究

国外对语体的定义，主要从言说者根据自身所在的情况/环境改变其语言的角度讨论的，关于依据言说情境和语言使用之间的关系，Bronisław Malinowski 在 1923 年就初步提到过一些，如下：

"在现实生活中所说的语句永远不会脱离它被说出来时的现实场合。对于人类的每一个口头陈述，其目的和功能都是表达当时和那种情况下的实际思想或感觉，并且出于很多原因必须使别人知道，以便合作或建立纯粹的社会交往纽带。"①

Bronisław Malinowski 的论述只是初步涉及一些言说者的话语与言语环境之间的关系，还是一些比较初级的论述。

Bertram Reid（1956：32）将语体定义为"register"，因为一个特定个体的语言行为绝不是一致的，即使处于语言上相同的条件，他也会在不同的场合根据不同的社会情况而不同地说话（或写作），会使用一些不同的语体。②此处更为明确地提出不同场合情况会说不同的话。

随后，关于"register"的一些早期研究有如 Hymes（1974）提出了"讲话模式"（SPEAKING model）用来解释：环境和场景（Setting and Scene）、参与者（Participants）、结尾（Ends）、表演顺序（Act Sequence）、关键（Key）、工具（Instrumentalities）、规范和流派（Norms and Genre）。

Halliday（1978）提出了一个理论框架用来解释交际环境的三要素，即领域（Field）、要旨（Tenor）和模式（Mode）。

Brown & Fraser（1979）将目标、环境和参与者这三个主要情境参数区分开来，每个参数都包含次要的子成分。③

Biber & Finegan（1989）认为语言风格是由立场标记的，并且从词汇和语法层面找了很多用例进行说明。

Alan Hudson（1994）讨论了"二言"（Diglossia）现象，认为"二言"也是 register 变体的一种特殊形式。

Kiesling（2009）从社会语言学角度解释了为什么说话的人选择这种语言形式而不选择另外一种？该文主要论述语言风格和立场之间的关系，即：说话者怎么用语言形式创造立场？他们为什么选择该立场？以及语言形式是如何与立场相联系的？

---

① 原文如下："A statement, spoken in real life, is never detached from the situation in which it has been uttered. For each verbal statement by a human being has the aim and function of expressing some thought or feeling actual at that moment and in that situation, and necessary for some reason or other to be made known to another person or persons—in order either to serve purposes of common action, or to establish ties of purely social communion [...]."

② 原文如下：For the linguistic behaviour of a given individual is by no means uniform; placed in what appear to be linguistically identical conditions, he will on different occasions speak (or write) differently according to what may roughly be described as different social situations: he will use a number of distinct "registers".

③ 原文如下：distinguished among the three major situational parameters of purpose, setting, and participants, each comprising secondary sub-components.

Barbara Johnstone（2009）主要从"个体"角度说明重复的立场表达特征是如何作为一种风格与特定个体结合在一起的。

近些年来，国际语言学界对"语体"的关注越来越多，也在尝试将"语体"研究和社会语言学的语言变体和方言变体分开，2019年创立了第一本关于"register"的期刊 *Register Studies*，由 John Benjamins 出版公司出版，该刊确定了如下研究主题：

-任何语言或时间段的口头或书面记录；

-跨语体的语言变异和对单个语体的详细分析；

-语体内部或跨语体的历时性语言变化；

-特定用途的语言和学术用途的英语；

-研究语体的方法论方法；

-语料库设计问题和语体研究的新语料库；

-语体分析在语言学习、教学和评价中的应用。[①]

由此可见，国际语言学界日益重视语体的研究，虽然以上回顾的文献都在讨论语言环境和语言使用之间的关系，或开始意识到在不同的环境下使用不同的语言形式，但是国际学界的语体研究，跟冯胜利提出的"语体语法"理论并不相同。国际的语体研究围绕"交际"的角度，讨论语言与交际环境或所处立场之间的关系。冯胜利先生提出的"语体语法"理论，除了讨论交际的四要素，即交际对象、交际内容、交际地点和交际态度外，还提出"语体是语法""不同的语体有不同的语法"的核心思想。交际场景、交际对象等交际四要素针对"交际"而言，从语言学的角度看，因为交际四要素的不同，不仅会使用不同的语体，而且不同的语体会产生不同的语法形式，也即"形式—功能对生律"，但是国际上对语体（register）的研究，尚未深入这一层面。值得高兴和期待的是，语体方面的研究将来一定会受到更多的关注。

（2）国内对语体的研究

国内自20世纪70年代就已经开始讨论"语体"和"语法"的关系，较

---

① 原文如下：- spoken or written registers in any language or time period;

- language variation across registers and detailed analyses of single registers;

- diachronic linguistic change within or across registers;

- language for specific purposes and English for academic purposes;

- methodological approaches to the study of register;

- corpus design issues and new corpora for register studies;

- the application of register analysis in language learning, teaching, and assessment.

早的应属吕叔湘（1977）在提倡通过对比研究语法时，提出"互相"的书面味道重，只能修饰双音节动词，并通过某些句式和虚词适应环境的差异，提出在"语域"（register）中探索语法的问题。国内的语体研究，可以大致分为两大方向。

①描写语法、功能语法对语体研究

唐松波（1982、1984）二文论述了现代汉语口语体、书面语体和文艺语体在语音、词汇和语法多个层面的差异，试图在语言的各个要素层面发现汉语口语体和书面语体的差异，这对从语言学的角度研究语体来说非常重要。但是唐松波的研究只局限于发现汉语口语体和书面语体的差异，尚未进行两个语体在系统层面或者理论层面的规律性构建。

朱德熙（1987/2011：18）在《现代汉语语法研究的对象是什么》一文中认为书面语和口语语料的不同会影响语法研究的结论，应注意区分。有些句式"只见于书面语，口语是不能说的"。因而，朱德熙提出"为了使现代汉语语法研究深入下去，恐怕应对口语语法和书面语语法分别进行细致的研究"。

随后，胡明扬（1993：3）提出"如果对反映不同语体不同特点的语法现象，反映不同语言系统不同特点的语法现象，适当地分别处理，至少会部分地减轻现代汉语语法研究的困难，而如果把反映不同语体不同特点的语法现象，反映不同语言系统不同特点的语法现象作为一个统一的对象来研究，那么有很多困难恐怕就是长期难以克服的"。胡明扬先生也认为我们应该分别处理不同语体不同特点的语法现象。陶红印（1999：15）指出"以语体为中心的语法研究有重大理论意义，应该是今后语言学研究的一个基本出发点"。通过"零句"与"整句"，"把"和"将"的对比分析，提出指导操作性语体。陶红印（2007：11-12）进一步讨论了操作性语体中动词论元结构的问题，同时指出"人们的语言实践（亦所谓语用）无非是在不同语体或语境下的实践，语言的语法系统也不过是围绕着不同的语体而建立的。以这样的观点来看问题，可以说语法研究很难离开语体而进行。抽象的语法研究固然可以让我们发现一定的现象，但是仅仅围绕语体和具体的交际目的来研究语法则有可能使我们更深入、更直接地揭示语法的面貌和实质，让我们少走弯路"。

陶红印等（2010a、b）二文从自然会话和影视对白的题材出发，研究了"把"字句、"被"字句、光杆动词句和否定反问句四种句式，讨论了从语体差异到语法差异，说明当下把语体分为"口语"和"书面"语体，口语内部混杂的做法是完全不够的。

张伯江（2007）论证了语体意识在语法研究中的重要性，文章首先介绍了前辈语法学家对语体差异的重视，进而提出任何一种语体因素的介入都会带来语言特征的相应变化。提出要在合适的语体里寻找合适的实例，在合适的语体里合适地解释实例。

张伯江（2012）提出要以语法解释为目的的语体研究，有什么样的特征视角就有什么样的语体实例，每一种语体都是多种特征的集束。着眼于听话人的语体研究，关注说话人如何根据对听话人的判断做出语体选择，判断的依据是造成语体种类差异的语体变量。任何一个细微的语体变量的不同，都会导致语法特征的差异。

方梅（2007）讨论了在叙事语篇和非叙事语篇中，各种句法结构的差异性表现，讨论了语体动因是如何塑造句法形式的。

方梅（2013）在谈语体特征的句法表现时指出，通过不同语体材料的对比分析，说明句法特征具有语体分布差异，句法限制具有语体相对性，句法形式的语义解读具有语体依赖性。

朱军（2017）的研究分为两部分：一是对近年来与语体相关的语法研究的成果和研究思路进行梳理；二是对一些口语构式的用法及浮现规律进行分析。

②形式语法对语体研究

冯胜利（2010b），冯胜利、施春宏（2018b）认为语体的定义是：实现人类直接交际中最元始、最本质属性（确定彼此之间关系和距离）的语言手段和机制，用语言来调节交际中双方彼此之间距离的这种机制和系统，叫作语体。而语体语法是从语体的角度看语法的交际功能和属性。冯胜利最早提出语体语法的概念是在冯胜利（2003a、b），他在论述书面语问题时指出，书面语是既不同于口语又不同于文言的，口语随便通俗，书面语正式庄重，这意味着拉开口语和书面语的距离实属难免，同时也要避免与文言同流，因此书面语必须具备自己独立的语法体系。这是冯胜利早期"语体语法"提出的理论，经过几年的发展，冯胜利（2010b、2011b、2011d、2012、2015b）连续几篇文章继续讨论"语体语法"的根本原则、属性和机制，提出表达正式的语体语法的根本原则是用语法手段把正式表达和与之相关的口语表达之间的距离拉开，这里的"语法"指广义的语音、形态、词法和句法，"语法"加工后的结果是变形，而"拉距变形"的基本特征是"泛时空化"。泛时空即减弱或去掉具体事物、事件或动作中时间和空间的语法标记。典雅语体语法的根本原则是用耳听能懂的古代词替换对应的口语表达，从而与之拉开距离。根据冯胜利（2012）的研究，汉语语体语法的基本属性，即"功能—形式"之间的对应规律是构成语体语法理论体系的本质所在，是探讨语体语法的终极目标。从语言事实出发，发现如下对立：

a ＊昨天他买和炒了一只龙虾。

b 昨天他购买和烹炒了一只龙虾。

"买"和"炒"并列成句在句法上是不允许的，但意义相近的"购买"和"烹炒"的并列成句则是合乎语感的。没有语体语法以前，人们很少注意这种语法上的对立。然而，它们的存在不但证明了语体的语法属性，而且还揭示了更多的同类现象。我们知道，a 例是非正式的口语说法，而 b 例则是正式场合的正式体。这里反映出语体不同则语法亦异。"语体语法"即"和语体对应的语法格式"。换言之，不同的语体使用不同的语法。反之亦然，不同的语法或结构具有不同的语体性质和功能。就上例而言，上面正反两个命题都是必然的，否则无法解释为什么单音节动词组成的 $[V_单 \& V_单]$ 不符合语法规则，而双音节动词组成的 $[V_双 \& V_双]$ 就符合语法规则的事实。显然，如果双音节动词的组合不是口语而是正式体的表达，那么单双二者彼此语法的不同，便有了比较合理的解释。如此看来，语体功能和语法结构必然具有某种对应性，否则结构和功能就是任意的组合而没有规律而言。倘若没有对应的规律，不仅上面"语体不同则语法亦异"的命题不能成立，而且语体研究也因之而成了偶然现象的分类，不可能成为语体之"学"。如此而言，语体语法的理论基础就在于形式和功能的对应律。根据冯胜利的研究，我们知道，语体语法的内在机制是"形式—功能对应律"，根本原则是"调距"，基本特征是"时空化"。冯胜利（2010b）构建了语体语法的理论体系和语体系统。冯胜利（2017a），冯胜利、施春宏（2018）在《从语言的不同层面看语体语法的系统性》一文中，详细描述构建了语体语法的理论体系，如图 1-1。

从图 1-1 结构的上、下两极可知：CP 是语调短语和句末语气词的句法区域，这个区域的交际属性决定了它们的语法属性具有口语体的特征。VP 是全句核心重音的句法区域，是该语言最核心、最基础的结构之所在，是正式体区域。TP 是时态短语的句法区域，这个区域是句法移位成分由下而上的落居地带，是与 VP 拉开距离的、最活跃的句法区域，因此也是造成拉大与口语距离现状的区域和地带。冯胜利、施春宏（2018b）一文则构建了语体系统和语体学系统，从语音层面、语义层面、篇章层面构建了一个完整的语体学系统，当然就这个系统而言，当下还需要很多的努力去完善和深入，但是从近二十年的研究来看，"语体语法"理论已经日趋完善并获得越来越多的关注。如：冯胜利（2003a、2003b、2006、2010b、2011b、2011d、2012、2013b、2015b、2017a、2017b、2018a、2018b），冯胜利、施春宏（2018），王永娜

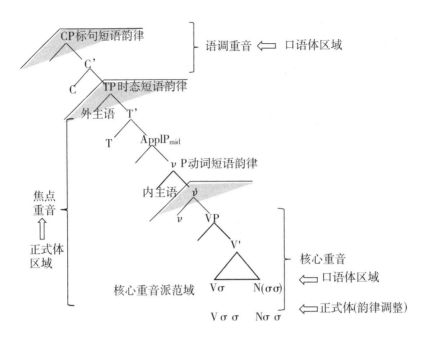

图1-1　"韵律—语体—句法"三域分布图［转引自冯胜利（2017）］

（2011a、 2011b、2012a、2012b、2013、2015a、2015b、2017a、2017b、
2018），应学凤（2013），骆健飞（2014、2015、2017、2018、2019），陈远秀
（2017），王用源等（2017），叶倩倩等（2017），胡丹（2018），索潇潇
（2018），王丽娟（2018），马文津（2019）等。

　　另外，近年有大量的硕士论文也已经关注到汉语的语体问题。本书也正
是在冯胜利提出的"语体语法"理论背景下进行的以副词为研究对象的语体
和句法方面的研究。

　　③副词的语体研究

　　以上回顾了汉语语体研究的现状和成果，可以说，语体语法的研究已经
日渐成熟，无论是对语言现象的挖掘还是对理论体系的构建，都已经有了可
喜的成果，那么，回到本研究：对于汉语副词的语体研究，目前已经发表的
成果尚少，已知的如：

　　冯胜利（2011）提出状语副词标记"地"在白话文中的使用，其适用范
围有扩大的趋势，不用"地"的形式，其抽象度和正式度更高。

　　洪爽（2014）在讨论汉语副动结构是否可以带"地"时，指出"地"的
有无可能跟语体有关，带"地"修饰谓词性成分的语料多分布在口语语料中。

　　李倩倩（2014）主要从语体的角度，从历时到共时对否定副词的语体分

布及其功能变化进行论述。否定副词的发展演变在语体上呈现的特点有："没、别、甭、白、瞎"等呈现出口语语体特点；"未、非、莫、勿"等呈现出书面语语体特点；在特定语体或专著中出现的否定副词，如《诗经》中的"匪"，法律条文中的"非"。

朱庆洪（2017）分析了恒常义副词"从来、历来、素来、向来、一向"的语体分化率，确立了语体阶列连续统，又定性描写了语体制导的语法差异和语义搭配差异。

从以上文献回顾可知，对汉语副词的语体讨论目前尚少，有创见性的研究还不多见，从"语体语法"的角度对副词的语体进行全面、系统的研究尚无，但是副词确实存在由语体差异导致语法不同的现象，例如在词性、语义、韵律都一致的情况下，"难怪—无怪""成宿—彻夜""陆续—相继""曾经—一度"等有语体对立的词，存在多重语法对立表现，正是"语体语法"揭示了副词不为人知的一面，这也正是本书的研究重点和意义。

三、研究思路及方法

本书的研究思路从"语体语法"、形式句法的理论出发，对现代汉语副词进行语体和句法方面的研究。本书在"语体语法"的理论指导下，以形式句法为依托，分析 VP 层、TP 层和 CP 层的副词分布、句法层级和语体表现，以期全面揭示汉语副词的句法分布，以及以句法为基础呈现出来的语体语法表现。关于本书的研究方法，可分为以下两个方面。

1. 归纳法

本书以《现代汉语词典》（第 7 版）为词库，穷尽式地归纳整理了所有副词。在保证词性、语义、韵律一致的情况下，归纳整理了所有有语体对立的副词。通过阅读中英文文献，首次从句法 VP 层、TP 层、CP 层中，发掘副词可能出现的所有句法位置。从语音、形态、句法三个层面入手，发掘副词语体判定的方法。

2. 演绎法

关于演绎法，笔者想借冯胜利（2016）提出的科学方法，也即"8-tion法"，具体而言，包括：

1. Observation   尽观察
2. Classification   准分类
3. Characterterization   掘属性
4. Generalization   建通理

5. Abduction	溯因推理
6. Deduction	演绎推理
7. Prediction	预测有无
8. Verification	核验现实

以上"8-tion 法"不是分散的，而是一个发现问题、分析问题、解决问题的连续统，虽然这是研究方法，但更是思维层面的深入和钻研。由于笔者学力浅薄，不一定能做到冯先生提出的"8-tion 法"，但是本书会从"8-tion法"出发分析问题、解决问题。

四、研究范围及语料来源

本书穷尽性地查找了《现代汉语词典》（第 7 版）中收录的所有副词，剔除了有争议或文言、方言色彩词汇。语料主要来自北京语言大学 BCC 语料库、北京大学 CCL 语料库、北京口语语料库等，出自这里的语料一律不做标注。文中也有一部分语料来自网络、词典、辞书及其他参考文献中的例句，转引的语料会注明出处，凡是自省的语料及语感有争议的语料也会标注出来。

五、研究意义

本书是在冯胜利（2010b）提出的"语体语法"的理论指导下对现代汉语副词进行的语体方面的研究。本书的研究意义，从"语体语法"和"副词"两个角度分析，一是从"语体语法"出发扩展了对副词的研究；二是从"语体语法"理论出发研究副词完善了"语体语法"的理论。具体包括以下四个方面：

第一，从句法位置、句法层级系统重新对现代汉语副词进行分类。首先，以音节单双为第一标准，因为单双音节副词的句法表现具有重大差异，因此将单音节副词归为 V^0 层；其次，分析情状副词的句法表现，将情状副词归为V'层；再次，VP 层副词是表示"体"范畴的副词，TP 层副词是表示"时"范畴的副词，CP 层副词是表示"语气情态"范畴的副词。从句法层面依据句法表现和句法功能的差异将副词按句法分类，这样的分析有利于区分很多"似是而非"的问题。例如，从"时间"的角度看，"常年"和"曾经"都是表示"时间"的副词，那么就应该属于同一范畴，但是根据本书的分析，"常年"和"曾经"的句法属性和句法位置完全不同，因此"常年"是 V'层的副词，而"曾经"是 TP 层的副词。按照句法对副词分类，可以避免语义因素引发的混乱或可以避免语义因素对副词分类的干扰，有利于更清晰地定位副词和对副词进行深入的研究。

第二，研究了各类副词之间的本质区别。简而言之，现代汉语副词的词汇系统，分为词汇性副词（Lexical Adverbs）和功能性副词（Functional Adverbs）两大类。词汇性副词分布在 V'层，功能性副词分布在 VP、TP、CP 三层。就语义而言，V'层副词语义较为实在，而 VP、TP、CP 层的副词语义较"虚"；就句法功能而言，这两类副词有明显的句法对立表现，例如：VP、TP、CP 层的副词一定位于 V'层副词之前。另外，本书还对每层副词进行了内部小类的句法层级分布研究，发现现代汉语副词内部具有较为严格的句法高低分布。以上两点是从句法的角度对副词进行句法分类和定性，这两部分工作的意义，一是从句法的角度重新对副词分类，二是在句法分类的基础上研究各句法层级分布的副词的语体问题。也就是本书研究意义的第三点。

第三，第一部系统地、全面地讨论现代汉语副词语体问题的著作，不仅从词汇语体的角度研究句法各层副词的语体趋向，还从句法的角度研究语体对立副词的句法表现。在"语体语法"理论指导下，结合副词的句法研究，比较全面系统地揭示了汉语副词"语体—句法"的面貌。本书关于副词的语体研究，其结论有二：一是从副词的词汇语体的句法分布看，从 VP 层到 CP 层，副词的语体趋向是从正式体向口语体过渡；二是从"语体—句法"的关系看，口语体副词的句法位置高于正式体副词的句法位置。同时，本书对副词的研究结论，扩展和深化了当下"语体语法"的理论研究。不仅增加了"语体语法"的研究对象（副词），而且从"语体—句法"的角度深入研究副词的"语体"和"句法"的关系，有力地阐释了"语体语法"的理论内涵，即"语体不同则句法有别"。就对现代汉语副词的研究而言，"语体语法"理论为汉语副词研究提供了新视角，如果不从"语体语法"的角度研究副词，不会发现"大概—大抵""难怪—无怪""成宿—彻夜""撑死—至多"这些语体对立词的句法差异，正是从"语体语法"的理论视角看副词，才挖掘出副词另一具有学术价值及研究意义的方面。

第四，本书在写作过程中，查阅了很多词典和工具书，在得到巨大帮助的同时，也发现一些词典及工具书方面存在的问题，例如：①对同近义副词的辨析不考虑语体因素；②对有语体对立的副词不考虑语法方面的差异。例如《现代汉语词典》（第 7 版）对有语体差异但是释义完全一样的双音节副词"断断—断然—断乎"不做任何语体方面的说明，极易给词典使用者造成三词是"等同"的错觉，而利用"语体语法"对副词的研究成果，可以很明确厘清三者的差别。因此，本书的另一意义就是对词典编撰、汉语教学提供帮助和支持。

以上是本书的研究意义，下面从语音、形态、句法的角度，对现代汉语副词进行语体判定研究。

第二章

现代汉语副词的语体判定及语体差异的句法表现

本书在冯胜利（2010b）提出的"语体语法"理论视角下，研究现代汉语副词的语体语法表现。首先对副词的语体进行判定，根据"语体语法"理论，对词、短语，甚至是语句的语体判定可以从两个角度进行，即"交际时空"和"语法时空"。就语体而言，可以从语体的交际属性出发，就语法而言，可以从大语法（语音、形态、句法）的角度出发，这两个角度不是割裂的，而是统一的。为了提高交际的有效性，采用不同的语法结构，但是所有的语法结构都是为交际服务的，因此二者是两个角度服务于一个目标。下面首先对副词的语体进行判定，然后从句法的角度考察语体对立副词的句法表现。本书对语体对立副词的选取，采用的是"相对语体差异"的方法。例如，单看"根本"这个词，可能它的语体特征并不突出，但是如果将绝对口语体的"压根儿"和"根本"放在一起比较，就会凸显"根本"的语体偏向为正式体。同时，还会进行"交际时空"和"语法时空"的判定。比如"压根儿"可以儿化，但是"根本"不会发生儿化。

一、副词的语体判定

对语体的鉴定标准，根据冯胜利（2015b）的研究，采取"交际时空"和"语法时空"两个方面进行。

（一）交际时空

冯胜利（2015b：11）提出，一个句子，该如何判断它属于哪类语体呢？首先可用"交际时空鉴定法"，即：

	人	事	地	意
风——通俗	妈	吃	家	亲近
雅——正式	官	法	厅	尊重
颂——庄典	神	祭	庙	敬畏

亦即看那个句子是谁说的、说给谁的（人），说的是什么内容（事），在

什么场合（地），听说者的态度如何（意）。用这四个标准，就可以判定任何表达（词、短语、句子或更大的单位）的"体"。

此处以口语体副词"撑死"和书面体副词"至多"为例，根据"人、事、地、意"四个方面进行分析。"撑死"和"至多"都是副词，语义都是"至多"的意思，韵律上都是双音节，那么如何判定二者的语体呢？

地　　事　　　　　　　　　人/亲近（意）

（1）在厨房，我们一家人正在吃饭，妈妈说"你弟弟饭量小，撑死也就吃仨包子"。

（2）＊在厨房，我们一家人正在吃饭，妈妈说"你弟弟饭量小，至多也就吃仨包子"。

地　　事　　　　　　　　　　人/尊重（意）

（3）在会议室，领导们正在讨论经济问题，主席说"关于国有债券，至多再发售三亿元"。

（4）＊在会议室，领导们正在讨论经济问题，主席说"关于国有债券，撑死再发售三亿元"。

通过以上用例，从语体四要素出发，考察了"撑死"和"至多"的语体，日常家庭聊天只用"撑死"，政府办公会议只用"至多"，由此表明"撑死"是口语体，"至多"是正式语体。以上是根据"交际时空"对副词进行的语体判定，下面从"语法时空"方面对副词的语体进行判定。

（二）语法时空

根据冯胜利（2015b）的研究，可以通过语法中的时空性来鉴定语体。语法系统中与时空性有关的标记形式不仅包括与名词有关的指示词、量词、单复数等，也包括与动词相关的体态标记、正反问、重叠式等。王永娜（2016：109）提出将"动宾能否扩展、动词能否带宾语或体标记、动词能否重叠、动词能否名词化"等作为鉴定双音节动宾结构是否具有书面正式语体色彩的标准。就副词而言，句法、形态、语音三个维度，都可以对副词的语体判定提供证据。

第一，句法手段。

1. 加语气助词。能带现代语气词的基本都是口语体，例如：

难怪：［副］表示明白了原因，对某种情况就不再觉得奇怪。

无怪：［副］表示明白了原因，对下文所说的情况就不觉得奇怪。

难怪呢——＊无怪呢

（5）难怪呢！我说他怎么一声不吭就走了。

（6）＊无怪呢！我说他怎么一声不吭就走了。

以上用例表明，"难怪"能携带语气词"呢"，而同词性、同语义、同韵律的"无怪"却不可以带语气词"呢"，由此可知"难怪"是口语体，而"无怪"是正式语体。

2. 易位。根据陆俭明（1980）的研究，凡是能发生易位①的副词都是口语体。

都：［副］表示总括，除疑问句外，所总括的成分放在"都"前。

均：［副］都。

皆：［副］都；都是。

都（口）——均/皆（正）

（7）我们吃完饭了都。

（8）＊我们吃完饭了均/皆。

通过上例可知，"都"与"均/皆"的原始位置都在动词前，但是口语体的"都"可以易位到句末，正式体的"均/皆"却不可以。

第二，形态手段。

3. 语体缀。杨荣祥（2002）在《副词词尾的源流考察》一书中对副词的词尾有过详细的考察，常见的副词词缀有：为、地、自、其、来、而、然、是、乎、且、加等。而且以"然""为""其""乎"等结尾的多为正式体，以"是"结尾的多为口语体。例如：

"+然"（正式体词缀）

纯—纯然、竟—竟然、猛—猛然、已—已然

"+是"（口语体词缀）

倒—倒是、凡—凡是、还—还是、老—老是、怕—怕是、算—算是、只—只是、总—总是

"+为"（正式体词缀）

极—极为、稍—稍为、最—最为

以上是从构词语素的语体属性出发讨论副词的语体，就形态而言，部分复合副词是由词根加词缀构成的，因此词缀或词尾的语体属性会决定/影响该副词的语体属性。

4. 重叠、反复。可重叠或反复的多为口语体，正式语体副词不可重叠或反复。

---

① 关于"易位"的研究，详细可参考陆俭明（1980）。

①多么多么——*何其何其

（9）这个孩子是多么多么可爱呀！

（10）*这个孩子是何其何其可爱呀！

②马上马上——*立即立即

（11）咱们什么时候出发呀？

　　——马上马上。

　　——*立即立即。

以上用例可知，口语体的"多么""马上"可以重叠，正式体"何其""立即"不可以重叠，即从重叠或反复的角度可判定副词的语体。

第三，语音手段。

5. 儿化。口语体副词可以儿化，正式体副词不可以儿化。

挨个儿（口）——逐一（正）

从头儿（口）——重新（正）

顺手儿（口）——顺便（正/通）

八成儿（口）——或许（正）

以上用例说明，口语体副词可以发生儿化，即儿化是口语体副词的一种表征，正式体副词没有儿化的表现。

6. 轻声。轻声是从词重音的角度分析副词的语体，口语体的重音模式是[+左重]，正式体的重音模式是[-左重]。

guài bu de
怪不得 （口）——无怪（正）

duō me
多么 （口）——何其（正）

yuē mo
约莫 （口）——约略（正）

从轻声的语音表现可知，轻声与否会与语体发生关联。从重音模式看，左重右轻的是口语体，正式语体的两个音节之间没有明显的轻重关系。

综上，从交际时空和语法时空两个维度对副词的语体进行判定，"交际时空"即交际中的"人、事、地、意"四要素，"语法时空"即表示副词语体属性的语法表现，可以从句法、语音和形态三个角度分析，以上6点是本书暂时发现的对副词语体判定的方法，以后的研究还会再继续深入和完善。

二、副词语体差异的句法表现

（一）副词句法位置的分布

本部分考察语体差异的副词在不同句法位置上的表现。根据生成语法的研究，一个完整的句子是由 CP、TP 和 VP（包括轻动词短语）三层组成。分析副词的句法位置，结合当前制图理论的研究，首先回顾句子左边缘（left periphery）成分的分裂研究，例如 Rizzi（1997）对 CP-split 的研究（见图 2-1），完整的句子左缘结构可以分裂为 ForceP、TopP1、FocP、TopP2、FinP 五个句法位置，这样的分裂研究，对考察语体差异的副词在句法位置的表现非常有利，便于更精确地研究在词性、语义、韵律等条件都一致的情况下，由语体因素导致的句法差异。

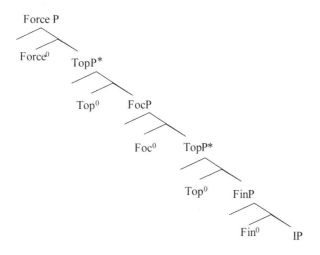

图 2-1　句子左边缘 CP-split 分裂图（转引自 Rizzi 1997：297）

结合汉语的情况，Paul（2005）研究了汉语普通话的左边缘结构，张志恒（2013）在 Paul（2005）研究的基础上，从制图理论出发，再次讨论汉语话题与焦点的分布，并且结合汉语的情况，对汉语的 CP 层、IP 层的分裂进行细致研究，更加精细地描写了汉语话题与焦点的地貌图：

（a）左缘结构的地貌图：

CP>相关性话题>常规话题>介词短语话题>认定焦点>"连"字焦点>IP

（b）屈折内域的地貌图：

IP>内常规话题/相关性话题>认定焦点>"连"字焦点>VP

（转引自张志恒 2013：16）

根据张志恒的研究，进一步明确了汉语 CP 层和 IP 层内部的层级类型和句法位置的高低。同时，能出现在 IP 层的，除了话题和焦点外，根据蔡维天（2010）的研究，还有汉语模态词的分布。蔡维天（2010）从三个能愿动词"能、会、要"切入，讨论这几个词的句法位置分布，如：

"要"

（12）a 阿 Q 要$_1$这本书。（表"意愿"的动词）

　　　b 阿 Q 要$_2$买这本书。（表"意愿"的助动词）

　　　c 犯人每晚九点要$_3$上床睡觉。（表"义务"的助动词）

　　　d 人每天要$_4$喝水。（表"需求"的助动词）

　　　e 天要$_5$下雨了。（表"即将"的助动词）

（转引自蔡维天 2010：209）

"会"

（13）a 小 D 会$_1$法语。（表"能力"的动词）

　　　b 小 D 会$_2$说法语。（表"能力"的助动词）

　　　c 小 D 上西餐厅时会$_3$说法语。（表"习性"的助动词）

　　　d 水会$_4$往低处流。（表"物性"的助动词）

　　　e 明天会$_5$下雨。（表"未来"的助动词）

"能" 　　　　　　　　　　　　　　　　　　　　　　　　（同上）

（14）a 小 D 很能$_1$吃辣。（表"能力"的助动词）

　　　b 小 D 下个月就能$_2$出狱了。（表"允准"的助动词）

　　　c 小 D 脚刚好，明天能$_3$上山。（表"能够"的助动词）

　　　d 台风刚走，明天能$_4$上山了。（表"可能"的助动词）

（同上）

蔡维天（2010）的研究，最后绘制了汉语模态词的句法位置分布图 2-2，如下：

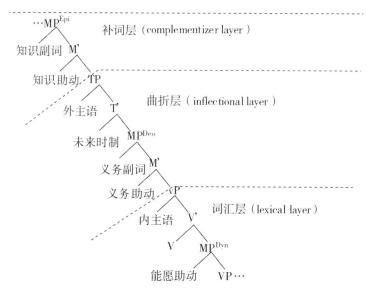

图 2-2 汉语模态词句法分布图［转引自蔡维天（2010）］

知识模态词处于补词层/标句短语（CP 层），是对现实世界的认知。义务模态词处于屈折层（IP 层），模态基准来自其所处事件的环境条件（如伦理、法律、习性、物性等）。能愿模态词处于词汇层（VP 层）为主语的主体意识所节制，必须处于内主语之下。

以上结合汉语的情况，对 IP 层内部的分裂进行研究。下面看 VP 层的分裂。对 VP 层的分裂讨论，主要是参考 Larson（1988）在分析双宾语问题时，提出的 VP-shell 理论，将传统的 VP 层分成两层（如图 2-3），这样解决了论元指派的问题。发展到今天，VP 层上有一层轻动词层（vP），汉语中宽泛的轻动词如"使""令""让"等，句法位置都在 VP 之上的 vP 层。由此，就可根据轻动词和动词的句法位置，进一步判定副词的句法位置。①

---

① 关于汉语轻动词的研究，可以参考蔡维天（2016）、冯胜利（2005）、刘亮（2015）等。

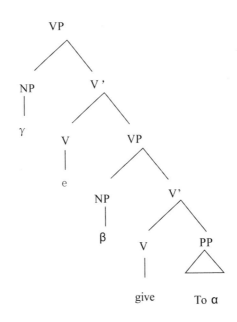

图 2-3 VP-shell 句法图 [转引自 Larson（1988）]

综上所述，根据现有制图理论的研究，结合汉语和英语的情况，对句子的 CP 层、TP 层和 VP 层的内部分裂进行较为详细的回顾。根据这些分裂的位置，可以对有语体且对立的副词进行句法位置判断。由于副词分类较多，内部差异较大，因此如果涉及讨论副词在话题与焦点位置的句法高低时，便采用 Rizzi、Paul 和张志恒的研究。如果涉及讨论副词在模态词位置的句法高低时，便采用蔡维天的研究。如果涉及讨论副词与动词及轻动词的句法位置高低时，便采用 Larson 的研究。这样详细的句法分层，有利于看清副词由语体因素导致的句法差异表现，从而更加有力地说明副词的语体和句法之间的关系。下面，根据以上研究，对有语体差异的副词进行各个句法位置上的实例分析。

（二）副词"语体有异则句法有别"的实例分析

本部分选取内外话题前后、内外焦点前后、主语前后、能愿动词前后、轻动词前后、共现（紧邻句法位置的高低）、后置/追补等句法位置，对有语体差异的副词进行句法表现判定。本书选取的词条全部来自《现代汉语词典》(第 7 版)，在有效控制词性、韵律（音节单双相同）、语义相同或互释等因素的情况下，每组词汇唯一的差别是语体对立，下文括号中的"口"表示"口语体"，"正"表示"正式语体"。为了方便读者理解，分列词条在词典的释义。上文已经分析了副词语体判定的方法，此处不再一一对每组副词进行语体判定。

首先，从句法位置较高的"话题"开始分析，在外话题、内焦点、外焦点、主语前这 4 个位置，用"难怪—无怪"这组词汇进行分析。

难怪（口）——无怪（正）

难怪：［副］表示明白了原因，对某种情况就不再觉得奇怪。

无怪：［副］表示明白了原因，对下文所说的情况就不觉得奇怪。

1. 副词位于外话题之前

（15）难怪<u>这件事</u>他都不知道呢，他根本就没在国内。

（16）*无怪<u>这件事</u>他都不知道呢，他根本就没在国内。

2. 副词位于外焦点之前

（17）难怪<u>连</u>这件事他都不知道呢，他根本就没在国内。

（18）*无怪<u>连</u>这件事他都不知道呢，他根本就没在国内。

3. 副词位于内焦点之前

（19）他难怪<u>连</u>这件事都不知道呢，他根本就没在国内。

（20）*他无怪<u>连</u>这件事都不知道呢，他根本就没在国内。

4. 副词位于主语之前

（21）这件事，难怪<u>他</u>不知道呢，他根本就没在国内。

（22）*这件事，无怪<u>他</u>不知道呢，他根本就没在国内。

下面看二词在修饰句法最低层谓语层面的表现。

（23）原来屋子里的炉子已经灭了，难怪这么冷呢。

（24）原来屋子里的炉子已经灭了，无怪这么冷呢。

从例（23）（24）可知，口语体"难怪"和正式体"无怪"都可以位于谓语之前作状语，在保证二词最基本的句法功能一致的情况下，再进行其他句法位置的分析。根据例（15）—（24）可知，口语体的"难怪"位于外话题、外焦点、主语和内焦点之前 4 个位置，但是正式体的"无怪"无法位于以上 4 个位置。由此可知，"难怪"和"无怪"的语体不同，其语法表现也不同，而且口语体"难怪"的句法位置高于正式体"无怪"的句法位置。

5. 副词位于内话题之前

至今（正）——于今（正庄）

至今：［副］直到现在。

于今：［副］到现在。

（25）他至今<u>这件事</u>也没有放下。

（26）*他于今<u>这件事</u>也没有放下。

利用"内话题"的位置进行测试，发现正式体的"至今"可以出现在内话题的位置，但是正庄体的"于今"却不可以。因此可判定正式体"至今"的句法位置高于正庄体"于今"的句法位置。

6. 副词位于能愿动词之前

略（口正）——微（正庄）

略：［副］略微。

微：［副］稍微、略微。

（27）中国旧诗里说莺声"滑"，**略能**₃形容它的好处。

（28）＊中国旧诗里说莺声"滑"，微能₃形容它的好处。

由例（27）（28）可知，当借助模态词"能"进行分析后，口正体"略"能位于"能"之前，正庄体"微"不能位于"能"之前。即表明口正体"略"的句法位置高于正庄体"微"的句法位置。

7. 副词位于轻动词"让"之前

竟然（口正）——竟自（正庄）

竟自：［副］竟然。

竟然：［副］表示出乎意料。

（29）他竟然让我去买书。

（30）＊他竟自让我去买书。

本例借助轻动词"让"的句法位置进行判定。从用例可知，只有口正体的"竟然"能位于轻动词"让"之前，正庄体"竟自"不能位于此处。由此可知，口正体"竟然"的句法位置高于正庄体"竟自"的句法位置。

8. 有语体差异的副词句法前后共现（Co-occur）①：

曾经（口）—— 一度（正）

曾经：［副］表示从前有过某种行为或情况。

一度：［副］表示过去有段时间发生过。

（31）毛泽东同志曾经一度主张采用汉字笔画。　　（《人民日报》1983）

（32）＊毛泽东同志一度曾经主张采用汉字笔画。

以上两例通过"共现"判定二词的句法位置。"共现"法，从表面上看

---

① 此处需要说明的一个问题是：两个词已经语体不同了，为什么还能共现？本书的观点是：在一个句子中"雅俗共生"是完全可以的，不是语体不同的词不能共现，而是在共现的情况下什么语体机制使其合法。本书的结论是：即便二词语体不同，仍然可以共现，但共现的结果只能是口语体的"曾经一度"，即口语体的句法位置高于正式体的句法位置。

是讨论二者的关系，实际上，也是分析二者句法位置的高低。例如，只有"曾经一度"是合语法的，"∗一度曾经"是错误的，表明口语体"曾经"的句法位置高于正式体"一度"的句法位置。

9. 后置/易位：

其实（口）——实则（正）

其实：［副］表示所说的是实际情况（承上文，多含转折意）。

实则：［副］实际上；其实。

（33）他已经挣了 100 多万了其实。

（34）∗他已经挣了 100 多万了实则。

例（33）（34）以能否后置/易位判定口语体"其实"和正式体"实则"的句法位置。从用例可知，口语体的"其实"能位于句尾，正式体的"实则"不能位于句尾，二者的对立表明"语体有异则句法有别"，至于副词位于句尾的情况，在句法上该如何界定分析等暂时不是关注的重点。

以上即为针对不同的句法位置，测试语体之异的副词在句法位置上的差异表现。此处的工作虽是为后文研究做准备，但是本部分的研究亦是第一次确定了副词的各个句法位置，并且分析了在各个句法位置上语体对立副词的句法表现。后文凡是涉及判定"语体有异"副词的"句法之别"的问题时，就不再重复回顾文献及各个句法位置了，皆以此为基准进行研究。

第三章

VP 层副词的分类、句法位置及语体研究

前两章回顾了副词的句法、语体的研究，提出副词语体判定的方法，实例分析了有语体对立的副词的句法表现。本章研究分布在 VP 层的副词，因为 VP 层内部仍可细分为 V^0、V' 和 VP 三层。所以，本章分别对这三层的副词进行研究。本章要解决如下问题：

1. 这三层分别包含哪些副词？分类的依据是什么？句法上的证据是什么？

2. 每一层的副词内部是否有句法位置的高低分布？

3. 每一层的副词有怎样的语体表现？各层的语体特征是什么？整个 VP 层的语体表现是什么？

下面，从 V^0 层开始本章的研究。

一、V^0 层副词的范围及语体研究

（一）V^0 层副词的句法属性及分类

首先，根据本章的研究，能出现在 V^0 层的副词都是单音节副词，如：白、便、粗、凡、干、互、就、略……从生成句法的角度看，V^0 即指动词的最小形式，是参与任何句法合并等操作的最小投射。因此存在的问题是：为什么 V^0 层会有副词出现？正常情况下一个副词的句法形式是 adv^0，那么 $V^0 + adv^0$ 的组合是 VP 短语，为什么此处提出 $V^0 + adv^0$ 是 V^0 而不是 VP 呢？在句法上有什么证据来证明？最重要的证据是该结构不能扩展，副动结构之间不能插入句法标记词"地"，只要插入"地"就变成非法结构，如：

白吃——*白地吃　　　　　粗算——*粗地算

互殴——*互地殴　　　　　略尝——*略地尝

白吃饭——*白地吃饭　　　粗加工——*粗地加工

干着急——*干地着急　　　略知晓——*略地知晓

以上诸例表明，单音节副词在修饰动词时，不能插入"地"，因此整个副动结

构不构成 VP，而是构成 V⁰，这样的操作叫副词并入（adverb incorporation）①，以句法并入的形式生成的词叫作"句法词"（syntactic compound）②。以上，以副词的音节单双为切入点，判定 V⁰ 层的副词是句法构词成分，所有单音节副词的句法位置都生成于此，因此将 V⁰ 层副词命名为句法词副词（syntactic compound adverbs）。本书穷尽式地检索了《现代汉语词典》（第 7 版）中的单音节副词，排除具有特殊语体色彩的词，如古汉语遗留词汇：聊［书］、历［书］、倏［书］；有方言色彩的，如：倍儿［方］、溜［方］、贼［方］等。同时，还排除了两个否定副词"不""没"和量化副词"都"，因为这三个副词虽然也是单音节，但是由于句法比较特殊，比如"不"可以单独回答问题，"都"可以作为"算子"使用，其句法功能比较特殊，故本书将其排除在外，最终本书共收录单音节副词 160 个，其中口语体 70 个，正式体 90 个，摘录如下：

白、半、本、必、边、别、便、并、才、曾、常、重、臭、初、纯、从、粗、大、单、但、倒、顶、毫、独、笃、顿、多、凡、非、概、干、刚、各、共、够、故、光、滚、果、过、还、好、互、混、伙、渐、较、仅₁、谨、尽₁、净、决、苦、老、愣、立、屡、略、每、宁、怕、齐、迄、活、或、极、既、将、皆、尽₂、竟、就、绝、均、可₂、空、快、连、另、乱、满、猛、明、偶、偏、恰、全、仍、擅、稍、生、死、素、挺、统、突、妄、唯、未、勿、瞎、现、向、小、休、虚、许、已、确、少、甚、时、似、算、太、特、同、偷、万、微、务、先、险、相、像、新、旋、也、硬、狠、忽、约、再、暂、很、胡、越、在、早、乍、切、真、正、只、且、穷、镇、直、至、终、尤、又、专、自、足、最、永、欲、准、总

《现代汉语词典》（第 7 版）中共收录单音节副词 260 个，但是由于单音节副词的历史原因，有大量的单音节副词都是标记为"［书］"的古汉语遗留词汇，这些词汇自身就具有强烈的"庄典体"色彩，因为下文还要讨论单音节副词的语体问题，所以为了避免干扰本章的研究结论，就把这些有特殊语体色彩的副词全部排出，不作为本章的研究对象。

按照本书的行文逻辑，下面应该讨论 V⁰ 层副词的句法位置分布，是为了厘清 V⁰ 层副词内部的句法位置排列的问题，但是因为 V⁰ 层副词的特殊性质，即这些副词已经成为句法构词的一部分，它们在句法上已经不是独立自由的

---

① 关于副词并入的研究可以参考 Baker（1988）。
② 汉语关于句法词的研究，可以参考冯胜利（2001b）、庄会彬（2015）。

副词了,故不必再讨论其句法位置的高低分布。为了本书的行文完整,特此说明。下面直接进入 V^0 层副词的语体研究。

（二）V^0 层副词的语体研究

本书虽然是从句法角度切入对副词的研究,但是关于副词句法方面的研究也是为副词的语体研究做准备的。根据冯胜利（2010b）提出的"语体语法"理论系统,其主旨为"语体有异则句法有别",关于"语体语法"的文献综述及各家之言,在第一章已经做了详细介绍,此处略去不表。根据上文的研究,出现在 V^0 层的单音节副词有 160 个,在保证它们都是副词、语义相同或基本相同、韵律都是单音节的条件下,专门研究语体有异的副词在句法上的表现。从以上 160 个副词中,整理出 25 对有语体对立的副词,如下:

1. 就（口）——便（正）

2. 白（口）——虚（正）

3. 乍（口）——忽（正）

4. 很（口）——甚（正）

5. 乍（口）——刚（口正）

6. 已（正）——既（正庄）

7. 满（口）——全（口正）

8. 像（口）——似（正）

9. 硬（口）——生（正）

10. 只/光/净（口）——单/仅/止/专（正）——唯/但（正庄）

11. 快（口）——将$_1$（正）——欲（"将要"庄）

12. 又（口）——将（正庄）

13. 尽$_1$（口）——最（口正）（表示方位,"尽/最前头"）

14. 小（口）——稍/微/略（正）

15. 顿（口）——立（正）

16. 稍（口正）——少（正庄）

17. 许（口）——或（正）

18. 别（口）——勿（正）——休（庄）

19. 顶（口）——最（正）——至（庄）

20. 暂（口）——且（正）

21. 白/干（口）——空（正）

22. 粗（口）——略（正）

23. 在（口）——正（正）

24. 更（口）——尤（正）

25. 全（口）——皆（正）——均（正庄）

以上确定了 V^0 层 25 对有语体对立的副词，关于副词的语体判定及语体差异的副词在句法位置上的表现等，第二章已经详细分析了，此处不赘。由于单音节副词的句法位置不可能位于主语之外，因此本章对单音节副词进行"语体—句法"位置判定时，主要采用蔡维天（2010）对模态词的研究，因此有可能会给读者造成困惑，即：为什么单音节副词的句法位置是 V^0，还能跟高位的模态词组合呢？本书的观点是：这些单音节副词的原始句法位置在 V^0 层，但是并不代表它们不能跟高位的模态词组合，而是跟高位的模态词组合后，句法上仍然是最小结构，不能插入"地"等，例如"很能""顶能"，但是"*很地能""*顶地能"都是错误的，不能因为这些单音节副词能跟模态词构成最小的 $Modal^0$，而认为这些单音节副词的句法位置同时也生成在模态词层，句法的不同位置有不同的句法功能和句法属性，副词最主要的句法功能是修饰，是谓词性成分，因此副词最低的句法位置是 VP 层，通过句法移位可以上升到 ModalP，但是如果这些单音节副词的原始句法位置就在ModalP 的话，那么句法上没有向下的移位使其跟低位的 VP 成分组合，因此这些单音副词的原始句法位置是 V^0 层，由于句法移位等操作可以上升到模态词层，但是即便上升到模态词层，构成的 $adv^0+modal^0$ 仍然是不可进行其他句法操作的最小投射，仍然满足单音节副词是句法构词成分的定位。下面我们分析这些词对的"语体—句法"表现。本部分可分为两部分，一是语体属性与句法高低对立的副词；二是语体属性与句法搭配对立的副词。

1. 语体属性与句法高低对立的副词

顶（俗口：高）——最（口正：中）——至（庄[①]：低）

顶：［副］表示程度最高。

最：［副］表示某种属性超过所有同类的人或事物；指（在同类事物中）居首位的、没有能比得上的。

至：［副］极；最。

副词位于谓语之前：

（1）留川工厂则多变卖机器维持，精疲力竭，情况至惨。（《人民日报》

---

① 关于"庄典体"的说明，《现代汉语词典》中标注的"书"是古汉语遗留词汇，本书不收录，但是本书在第二章语体判定时已经强调过，本书关于语体的界定，采用的是"相对语体等级"，在"顶—最—至"这组语体对立中，这三个词彼此相对确定为"口—正—庄"三个语体，并不是说凡是"庄典体"本书都不分析。

1946)

(2) 留在大城市里的许多老年居民的情况最惨。

(3) 老刘当然想发言，他的岁数顶大。 （老舍《樱海集》）

以上用例表明，这三个程度副词在修饰句法位置最低谓语 Adj^0 时没有任何差别。于是，此处引用蔡维天（2010）的研究，借鉴模态词"能"的位置继续分析它们的句法位置高低差异。[①]

副词位于表"能力"的模态词之前：

(4) 他顶能$_1$吃辣。

(5) 他最能$_1$吃辣。

(6) *他至能$_1$吃辣。

以上用例可知，在低位的表"能力"的"能$_1$"方面，只有口语体的"顶"和正式体的"最"能够搭配，庄典体的"至"不能位于该位置，由此表明"顶""最"的句法位置高于"至"。下面继续验证"顶"和"最"的高低。

副词位于表"能够"的模态词之前：

(7) 在所有舞曲之中，这个也许是顶能$_3$传达出无穷无尽的……

（托马斯·哈代《还乡》）

(8) 在所有舞曲之中，这个也许是最能$_3$传达出无穷无尽的……

副词位于表"可能"的模态词之前：

(9) 只有自己才是顶能$_4$了解自己的人。

(10) 从心理上看，最能$_4$影响免疫力的便是情绪。

据以上用例可知，在高位的"能"上"顶"和"最"并无差别，但是笔者自己的方言系统里，有如下用例，如：

(11) 家里这几个孩子，顶他最淘气/顶他最有出息。 （语料自省）

(12) *家里这几个孩子，最他顶淘气/最他顶有出息。

分析至此，已能说明问题，即庄典体"至"的句法位置低于俗口体的"顶"和口正体的"最"。即：

顶（俗口）>最（口正）>至（庄）

很（口：高）——甚（正庄：低）

很：［副］表示程度相当高。

---

① 本书所有通过"模态词"进行"语体—句法"的分析，都是借助蔡维天（2010）关于"模态词"句法位置的研究，关于蔡维天（2010）的研究，本书第二章做了详细介绍。

甚：［副］很；极。

副词位于谓语之前：

（13）你的建议很好。

（14）你的建议甚好。

首先考察二词修饰谓语 Adj^0 时的句法表现，在这一层二者并无差别。于是继续借助模态词"能"进行验证，"能"在低位时是表示"能力"的助动词，而在较高位置的义务模态层时，可以表示"能够"之意。首先验证二者在低位的"能$_1$"上的表现，其次验证二者在高位的"能$_3$"上的表现。

副词位于表"能力"的模态词之前：

（15）湖南人很能$_1$吃辣。

（16）战友们告诉我，这花非但姣美，且甚能$_1$抗拒风霜，岛上的大风大浪打来，她依然俊美，依然微笑。　　　　　　　　　（《人民日报》1996）

副词位于表"能够"的模态词之前：

（17）这件事很能$_3$说明问题。

（18）＊这件事甚能$_3$说明问题。

通过以上对比分析发现，口语体"很"和正庄体"甚"都能出现在低位的"能$_1$"位置，但是只有口语体的"很"能出现在高位的"能$_3$"的位置，正式体的"甚"不可出现在该位置。即：

很（口）>甚（正）

更（口：高）——尤（正：低）

更：［副］更加。

尤：［副］更；尤其。

副词位于谓语之前：

（19）与上海相比，我更爱北京。

（20）与上海相比，我尤爱北京。

通过例（19）（20）验证"更"和"尤"二者在修饰 V 时的句法表现，发现此时二者并无差异。此处为了避免引起不必要的困惑，需要说明的是：从传统的句法上看，是单音节副词"更"修饰 VP"爱北京"，但是根据韵律句法的理论，其句法结构不是［VP 更［VP 爱北京］］，而是［VP［V^0更爱］北京］，所以说是 V^0 层的副词，整个"副动结构"构成一个以动词为核心的复杂的句法词 V^0，下同。下面引用蔡维天（2010）的研究，引入义务模态层的"要$_3$"，表示主语的义务，来判断在较高位置时，"更"和"尤"的表现。

副词位于表"义务"的模态词之前：

（21）作为学生，我们更要₃努力学习。

（22）＊作为学生，我们尤要₃努力学习。①

根据以上用例可知，在较高位的"义务模态层"只有口语体的"更"能出现在该位置，正式体的"尤"在此处错误。所以口语体"更"的句法位置高于正式体"尤"的句法位置。即：

更（口）>尤（正）

略（正：高）——粗（庄：低)②

粗：［副］略微：粗知一二丨粗具规模。

略：［副］略微：略知一二丨略有所闻丨略见一斑丨他的成绩比我略好些。

副词位于谓语之前：

（23）他虽没什么文化，却粗通医理。

（24）他虽没什么文化，却略通医理。

据上例可知，"粗""略"在修饰 V 方面并无差异，因此需要进一步考察二词语体之异是否会引起句法之别。此处采用"能"进行测试，低位的表示"能力"的"能"和较高位的表示"能够"的"能"。

副词位于表"能力"的模态词之前：

（25）他在法国三年，略能₁说几句法语。

---

①　卢俊霖老师、刘楚龙老师都指出，"尤"搭配表义务的模态词"要"时，并不全是错误的，例子如下：①九城肺动脉高压患者误诊，基层医生尤要重视。（《医师报》2018）②领导干部尤要重读书。（《潇湘晨报》2020）③反腐尤要念好"农"字经。（新华网2015）从以上用例可知，"尤"在搭配表"义务"的"要"时，都是在新闻标题中出现的，新闻标题由于特殊性，不同于正常的交流用语，日常大家都不会用新闻标题交流，所以本书认为，以上三例不是本书的反例。

②　注：此处本书需要说明一下为什么"粗"是庄典体副词，"略"是正式体我们应该没什么异议，但是"粗"从语感上看，特别像白话文或者口俗体，本书认为我们语感上之所以会觉得"粗"比较口俗的原因在于"粗"有两个极常见的形容词义项，一是"粗糙"义，二是"鲁莽""粗野"义，这都是我们生活中极常见的两个义项，所以会给我们先入为主地造成"粗"是口语体的认识，但是实际上，当"粗"作为副词表示"略微"语义时，应为庄典体或者正庄体，请看如下例句：①琬少学读书，今日粗识道理，尽姨夫之赐也。（宋·刘斧《青琐高议后集》卷之七）②凡说此辈，无不如言，不能具详，故粗记数事。（《三国志》卷二十九）③或五常备，渍于七情，熟忍视溺而不援哉？（唐·高彦休《唐阙史》卷上）从以上用例可知，"粗"用于副词修饰动词时，其实是较庄典的语体，跟形容词的义项"粗糙""粗野"的语体是完全不同的，故本书将"粗"的"略微"义项处理为庄典体。

（26）＊他在法国三年，**粗能₁**说几句法语。

副词位于表"能够"的模态词之前：

（27）他眼睛手术刚好，现在**略能₃**看见一点东西了。

（28）＊他眼睛手术刚好，现在**粗能₃**看见一点东西了。

以上用例的结果表明：庄典体的"粗"的句法位置只能修饰 V，正式体"略"的位置可以在模态词层。据此可知，正式体"略"的位置高于庄典体"粗"的句法位置。①即：

略（正）＞粗（庄）

稍（口正：高）——小（庄典：低）②

稍：［副］稍微：衣服稍长了一点儿｜你稍等一等。

小：［副］稍微：小有名气｜牛刀小试。

副词位于谓语之前：

（29）她的作品在国际上小有名气。

（30）他们二人的学术主张稍有不同。

以上用例表明二词在修饰动词方面没有差异，于是借助较高位的模态词"能"进行判断。

副词位于表"能力"的模态词之前：

（31）作为一个四川人，我**稍能₁**吃辣。

（32）＊作为一个四川人，我**小能₁**吃辣。

副词位于表"能够"的模态词之前：

（33）这些学科，我都颇有兴趣而且**稍能₃**理解。

（34）＊这些学科，我都颇有兴趣而且**小能₃**理解。

通过选取低位和高位的两个"能"进行判断，发现只有口正体的"稍"

---

① 注：《现代汉语词典》（第 7 版）收录"粗略"一词，表面上看起来好像是口语体的"粗"位于正式体的"略"之前，其实"粗略"自成一词，为形容词，语义是"粗粗、大略、不精确"。与本书讨论的单音节副词没有任何关系。

② 注：此处需要对"小"的语体判定进行说明，由于"小"在现代汉语日常口语中也是极其常用的一个词，尤其是作为形容词的义项出现，但是"小"作为副词的用法在现代汉语中并不特别常用，因此我们对副词"小"的语感判断极易受其形容词的影响而误认为"小"做副词用时也是口语体，但实际上，"小"的副词用法是比较庄典体的，见下例：①小不如意，则寒暑入之矣。（宋·苏轼《教战守策》）②民亦劳止，汔可小康。③民亦劳止，汔可小休。④民亦劳止，汔可小息。⑤民亦劳止，汔可小愒。⑥民亦劳止，汔可小安。（先秦·《诗·大雅·民劳》）从以上例句可知，"小"的副词义项"稍为"义并不是日常口语体的用法，而是比较偏向庄典体，于是本书将"小"的语体判定为"庄典体"。特此说明。

能位于"能"之上，正庄体的"小"不能位于"能"之上，由此表明口正体"稍"的句法位置高于正庄体的"小"的句法位置。即：

稍（口正）>小（正庄）

略（正：高）——微（庄：低）

略：[副] 略微。

微：[副] 稍微、略微。

副词位于谓语之前：

（35）上海的气温略有上升。

（36）上海的气温微有上升。

以上用例表明二词在修饰谓语时并无差异。于是，借助高、低位的模态词"能"进行验证。

副词位于表"能力"的模态词之前：

（37）我在法国待了三年，略能₁说几句法语。

（38）＊我在法国待了三年，微能₁说几句法语。

副词位于表"能够"的模态词之前：

（39）中国旧诗里说莺声"滑"，略能₃形容它的好处。

（40）＊中国旧诗里说莺声"滑"，微能₃形容它的好处。

通过模态词"能"进行分析，发现只有正式体的"略"能位于"能"之前，庄典体的"微"不能位于"能"之前。由此可知，正式体"略"的句法位置高于庄典体"微"的句法位置。即：

略（正）>微（庄）

暂（口正：高）——且（正庄：低）

暂：[副] 暂时。

且：[副] 暂且；姑且。

副词位于谓语之前：

（41）他马上就回来，你暂等一下。

（42）他马上就回来，你且等一下。

以上用例表明二词在修饰谓语时并无差异，于是借助模态词"能"进行分析。

副词位于表"能够"的模态词之前：

（43）这样做，虽然在行为上暂能₃取悦部分股东，但其最终结果……

（44）＊这样做，虽然在行为上且能₃取悦部分股东，但其最终结果……①

当引入高位模态词"能"表示"能够"时，只有口正体的"暂"是正确的，正庄体的"且"不能位于"能"之上。据此可知，口正体的"暂"的句法位置高于正庄体的"且"的句法位置。即：

暂（口正）＞且（正庄）

白（口：高）——干（口：中）——空（正：低）

空：〔副〕没有结果地；白白地。

白：〔副〕没有效果地；徒然。

干：〔副〕徒然；白。

副词位于谓语之前：

（45）他今天又不在，看来今天是白跑了。

（46）我是心有余力不足，只能干着急。

（47）刚到手的又失去了，真是空欢喜。

以上用例表明三词在修饰谓语动词时并无差异。于是，借助轻动词"让"进行考证。

副词位于轻动词之前：

（48）他不在又不提前告诉我，白让我跑一趟。

（49）＊他不在又不提前告诉我，干让我跑一趟。

（50）＊他不在又不提前告诉我，空让我跑一趟。②

通过此例可以判定"白"的句法位置要比"干"和"空"高，于是采用共现法（Co-occur）继续补充测试"白"和"干"的句法位置。

（51）事情成了你也不提前告诉我们，白让我们干着急了一下午。

（52）＊事情成了你也不提前告诉我们，干让我们白着急了一下午。

上例可知"白"的句法位置高于"干"，关于"干"和"空"的句法位

---

① 注：语料库中能找到很多"且能"的用例，如：①这个占地 300 多亩且能容纳 3000 多人就业的大市场……②在当地制造，成本既可降低且能扶植铁工业发展……以上都是"且"表示"并且"的意思，跟本书表示"暂且"的语义无关。

② 卢俊霖老师指出例（50）如果换成"空使"就是合语法的，确实我们在语料库可以找到如下例句：①但时运圮衰，恐无益于国，空使诸卿坐自夷灭，吾所不忍也。（房玄龄《晋书》）②得地不欲自守，聚众不以为强，空使身有背叛之名，家有恶逆之祸，覆宗绝嗣，自贻伊戚。（李百药《北齐书》）③……使咸晓知先帝圣意所起。不然，空使谤议上及山陵，下流后世，远闻百蛮，近布海内，甚非先帝托后之意也。（司马光《资治通鉴》）通过以上可知，"空使"确实能搭配使用，但是都是古汉语的用例，在现代汉语用语中"空使"几不可见。因此，"空使"作为古汉语用例不作为本书的论证依据。

置，本书尚未找到好的测试方法，于是得出这三个词的句法位置。即：

白（口）>空（正）、白（口）>干（口）

白（口：高）——虚（正庄：低）

白：[副] 没有效果、徒然。

虚：[副] 徒然、白白地。

副词位于谓语之前：

（53）谁愿意虚度一生？

（54）谁愿意白活一辈子？

上例表明二词在修饰动词层面并无差异，于是借助轻动词甚至更高的模态词进行验证。

副词位于轻动词之前：

（55）他不在又不提前告诉我，白让我跑一趟。

（56）＊他不在又不提前告诉我，虚让我跑一趟。①

副词位于表"能力"的模态词之前：

（57）我白会₂七门外语了，现今也没啥用了。

（58）＊我虚会₂七门外语了，现今也没啥用了。

由上例可见，"虚"与较高位的轻动词和模态词都无法组配，即"＊虚让""＊虚使""＊虚能""＊虚会""＊虚要"等都错误，也即表明，"虚"的句法位置极低。即：

白（口）>虚（正庄）

硬（口：高）——生（正：低）

硬：[副] 勉强地（做某事）。

生：[副] 生硬、勉强。

副词位于谓语之前：

（59）写文章就不同了，你生造形容词别人看不懂，等于不写。

（冰心《冰心全集》）

（60）他写文章特别喜欢硬造新词。

以上用例表明，二词在修饰动词层面并无差异，因此进一步验证在模态词层面二词的句法表现。此例选择模态词"要"。根据蔡维天（2010）的研

---

① 关于例（56）（58），有人提出这是"虚"和"让""会"的搭配问题，而不是句法位置问题，但是本书想说的是"搭配问题"是不是"句法问题"？本书认为正是因为"虚"的句法位置低才无法上升到高位的模态词层面跟"让""会"等搭配。

究，"要"有较高位的表示"意愿"的助动词。

副词位于表"意愿"的模态词之前：

（61）我不让他买这本书他硬要₂买。

（62）＊我不让他买这本书他生要₂买。

以上用例可知，口语体的"硬"可以位于模态词"要"之上，但是正式体的"生"却不可以，由此表明口语体"硬"的句法位置要高于正式体"生"的句法位置。即：

硬（口）>生（正）

全（口：高）——皆/均（正庄：低）

全：[副] 完全；都：全不是新的 | 不全是新的。

皆：[副] 都；都是。

均：[副] 都；全：各项工作均已布置就绪。

副词位于谓语之前：

（63）用微波炉加热时，由于时间短，不可能将细菌全杀死。

（64）现如今国内外对煤炭的需求皆减少。

（65）近几年，机械和钢铁产品出口均减少。

以上用例可知，三词在修饰谓语层面并无差异，因此，采用主语前的位置进行验证。

副词位于主语之前：

（66）所有好想法好思路，全他一个人想出来的。

（67）＊所有好想法好思路，皆他一个人想出来的。①

（68）＊所有好想法好思路，均他一个人想出来的。

以上用例可知，只有口语体的"全"可以位于主语之前的位置，正庄体的"皆/均"都不能位于主语前。由此表明，口语体"全"的句法位置高于正庄体的"皆/均"。即：

全（口）>皆/均（正庄）

---

① 注：关于"皆""均"位于主语前的用例，我们检索 BCC 语料库，发现：①适时博士伍廷芳，已为各代表推为外交总长，一切计议，皆他主持。②每次救人，均他所为，我不过和他志同道合，神交已久。③后来李自成残杀凤阳，皆他为之前驱，史奇为副，他一路行来，并无一个官军为敌，到处得功。从上例可知，语料库中也可以检索到"皆""均"位于主语前的用例，但是这些用例都是来自古汉语的语料，已不是现代汉语的常用用法，这些用例只能说明，"皆""均"曾经都可以位于主语前，但是在历史演化过程中发生了改变，故这些语例并不会影响我们得出结论。

乍₁（口：高）——忽（正：低）

乍：［副］忽然；突然：乍冷乍热｜山风乍起。

忽：［副］忽而：忽隐忽现｜忽冷忽热。

副词位于谓语之前：

（69）听到这个消息，她的脸色乍变。

（70）想到这里，他心中警兆忽现。

以上用例表明，二词在修饰动词层面并无差异。下面借助句法高位的模态词"要"进行验证分析二者的句法位置。

副词位于表"将来"的模态词之前：

（71）在这住了三年了，乍要₅离开，心里百感交集。

（72）＊在这住了三年了，忽要₅离开，心里百感交集。①

据上例可知，"忽"不能位于模态词"要"的句法位置之上，但是好像语感上"忽要"又能接受。其实，关于"忽要"的组配问题，在BCC语料库的文学、报刊、科技、微博等语料中都没有检索到，北大CCL语料库也没有检索到，但是在BCC的古汉语语料中可以检索到"忽要"的组配，用例见下：

（73）……因前岁廉家哥哥到了舍下，忽要习武，家父请了教师，小弟这才随着学了两年。　　　　　　　　　　　　（清·李汝珍《镜花缘》）

（74）此时忽要他出来对证，岂非失信于他。

（清·无垢道人《八仙得道传》）

（75）你无分文之费，后来你忽要去，临别时再三叫你就来，你道月余便来接取……（清·天花才子《快心编》）

上面古汉语的用例表明，在清代的时候，"忽要"还是可以共同组配的，但是到了现代汉语这种组配已经消失了，因为古汉语并不在本书研究范围内，所以在句法高位的模态词层面，只有口语体的"乍"是合法的，正式体的"忽"不能位于模态词"要"之上。故口语体"乍"的句法位置高于正式体的"忽"。即：

---

① 卢俊霖老师指出，例（72）改成"忽将离开"就可以接受了，但是笔者查找语料库"忽将n"的用例很多，"忽将v"的用例基本没有，同时找被试做了语感测试，对该例的语感接受度不一，有的完全不能接受。

乍（口）>忽（正）①

刚（口正：高）——乍₁（正庄：低）②

乍：［副］刚刚；期初：乍暖还寒｜初来乍到｜乍一见都不认识了。

刚：［副］行动或情况发生在不久以前。

副词位于谓语之前：

（76）我刚开始还不明白他为什么要这么做。

（77）我乍开始还不明白他为什么要这么做。

首先，检验二词在修饰动词层面的句法表现，发现二词在该层面并无差别，于是借助最高位的表"将来"的模态词"要"进一步检验二者的句法位置。

副词位于表"未来"的模态词之前：

（78）天刚要₅开始下雨，他就回来了。

（79）＊天乍要₅开始下雨，他就回来了。

以上用例可知，只有口正体的"刚"可以位于表示"未来"的"要"之上，正庄体的"乍"不能位于该位置，即"刚"的句法位置要高于"乍"。即：

---

① 另，为了避免造成混乱，我们还要特别说明"乍"另外具有文艺体用法，见例如下：①问这快乐为何来去如飞，像那天上白云乍离乍聚。②秋雨绵绵，秋寒乍起。③曙光乍现。从以上用例可知，"乍"作为"忽然"的语义，除了有较口语的用法以外，还有"文艺体"的"乍"的用法，多以"四字形式"为主要格式，基本不用于日常或者正式的口语交流中，故这是文艺体的用法，跟"口语体""正式语体"没有关系。

② 此处需要说明"乍"的语体判定的问题，通过检索语料库我们发现"乍"的口语组配，相对比较少，常见组配就是"乍开始""乍听起来""乍看起来"这几个，而且频率较高，但是，并不代表"乍"就能搭配这些口语体。且看下例：①作者追求的不是表面浅层的"笑"，而是深意邃悟的"笑"。有些故事乍读难笑，掩卷思之不想笑而笑。②有一次，我陪南方的几位朋友前去大草原观光。当他们乍进那碧绿的草原时，竟兴奋得一下子跳了起来。③亲热握手，不像乍相逢！④毕竟是第一次签这样的合同，难免有初学乍练的拘谨。以上用例皆选自 BCC 语料库中《人民日报》的语料，由此可见，"乍"并不是纯口语的，有很正式的组配，如果把上例中的"乍"全部替换成"刚"的话，例如："刚读难笑""刚相逢""初学刚练"会使整个句子的正式度下降，而且会感觉不得"体"、不适合，用例可能是某种原因，导致"乍"有少数的"乍听/看"比较口语的用法，但是仍然难掩"乍"是正庄体的本质。

刚（口正）>乍（正庄）①

许（口：高）——或（正：低）

或：[副] 或许；也许：慰问团明日或可到达。

许：[副] 也许；或许：她许没这个意思 | 他许是不知道。

副词位于谓语之前：

（80）这周末他许去上海吧，你记得联系他。

（81）从歌者的欲望、心态和社会文化趋向上看，它们或有共通之处。

以上用例表明，二词都可以修饰动词，即二词在最底层的修饰 V 层面没有差异，于是借助模态词"能"进行验证。

副词位于表"能够"的模态词之前：

（82）在记忆力比较好的时候，他许能$_3$背出来一千多个电话号码。

（83）从 2016 体育风云榜中，我们或能$_3$找到答案。[《人民日报》（海外版）2017]

副词位于表"可能"的模态词之前：

（84）台风刚走，明天许能$_4$上山了。

（85）＊台风刚走，明天或能$_4$上山了。②

借助模态词"能"进行分析发现，在较低位表示"能力"的"能$_1$"上二者并无区别，但是在高位表示"可能"的"能$_4$"时，口语体的"许"可以出现在"能$_4$"之上，正式体的"或"是非法的，由此表明口语体的"许"的句法位高于正式体的"或"。即：

---

① 另，为了避免造成混乱，我们还要特别说明"乍"另外具有文艺体用法，见例如下：①咱们初来乍到，人地两生，连个遮风避雨的地方都没有。②天气乍暖还寒，阴沉沉的云缝中不时有日光从阴霾里射出光线。③杭城天气晴朗，春光乍现。从以上用例可知，"乍"作为"刚"的语义，除了有较口语的用法以外，还有"文艺体"的"乍"的用法，多以"四字形式"为主要格式，基本不用于日常的口语交流中，故这是文艺体的用法，跟"口语体""正式体"没有关系。

② 在 BCC 语料库中找到 1 例"或"组配将来时"能"的用例，如下：①彼即为写名片一纸，持此往购，可以七折计算也。明年或能再版印刷（但不能定）。[李叔同（1880—1942）《弘一法师全集》] 上例虽是"或"组配将来时的"能的例子"，但是上例是来自清末民国期间的用例，我们认为不对本书的研究结论构成反例。

许（口）>或（正）①

就/只/光（口：高）——专/止（正：低）——单/仅（通）

就：［副］仅仅；只：以前就他一个人知道，现在大家都知道了。

只：［副］表示仅限于某个范围：只知其一不知其二｜这几种棋中，他只会下象棋。

光：［副］只；单：任务这么重，光靠你们两个可不行。

单：［副］只；仅：干工作不能单凭经验｜……，单说这件事。

仅：［副］仅仅（表示限于某个范围，意思跟"只"相同而更强调）。

专：［副］光；只；专门：他专爱挑别人的毛病。

止：［副］仅；只：这话你说过不止一次了。

副词位于谓语之前：

（86）这么多苹果，他就吃红色的。

（87）这么多苹果，他只吃红色的。

（88）这么多苹果，他光吃红色的。

（89）这么多苹果，他净吃红色的。

（90）这么多苹果，他单吃红色的。

（91）这么多苹果，他仅吃红色的。

（92）这么多苹果，他专吃红色的。

（93）过去读历史，止看生产关系里面的一面，偏重各个朝代的盛衰兴亡……

（《人民日报》1949）

以上系列用例表明在修饰动词层面并无差异，因此进一步检测这些词在更高层面的句法位置。因为范围副词有比较特殊的用法，即范围副词可以出现在主语前，甚至可以携带外话题，如：

副词位于外话题之前：

（94）只运输费，我们公司一年就花了 8000 元。

（95）光运输费，我们公司一年就花了 8000 元。

---

① 注：词典中虽然收录了"或许"整体作为一个副词，但是不能因为这个副词的词内顺序是"或许"而不是"许或"就认为是"或"的句法位置高于"许"，因为在成词以后，"或许"整体占一个 adv⁰ 节点，也即"或""许"在"或许"这个词内没有句法高低之分，这个不能作为否定我们关于"许"位置高于"或"的一个佐证，"或""许"固化成"或许"这是词汇化的问题，至于为什么固化成"或许"而没有固化成"许或"这不是本书要解决的问题。

（96）单运输费，我们公司一年就花了 8000 元。

（97）仅运输费，我们公司一年就花了 8000 元。

（98）＊就运输费，我们公司一年就花了 8000 元。

（99）＊专运输费，我们公司一年就花了 8000 元。

（100）＊止运输费，我们公司一年就花了 8000 元。

通过外话题这一测试手段，发现"只""光""单""仅"可以出现在外话题之前，现在我们只测试"就""专""止"在主语前的情况。

副词位于主语之前：

（101）就他一个人今天没来上课。

（102）＊专他一个人今天没来上课。

（103）＊止他一个人今天没来上课。

（104）单他一个人今天没来上课。

（105）仅他一个人今天没来上课。

据以上用例可知，口语体的"只""光"可以出现在外话题之前，口语体的"就"、正式体的"专""止"不能出现在外话题之前，但是口语体的"就"可以出现在"主语"前，正式体的"专""止"不能出现在主语前。通体的"单""仅"可以出现在范围副词的所有句法位置上。至此，可以总结范围副词的语体和句法位置高低的关系是：

（口）只/光（外话题）>（口）就（主语前）>（正）专/止（动词前）

另外，《现代汉语词典》（第 7 版）中，表示"只""单单"的义项的副词还有"唯"和"但"，释义见下：

唯：［副］单单；只；只是：他学习很好，唯身体稍差。

但：［副］只；仅仅：不求有功，但求无过｜辽阔的草原上，但见麦浪随风起伏。

但是，本书并不打算将这二词同其他表示"只"义的副词一起分析，因为"唯""但"二词是文艺体副词，从现代汉语的用法来说，二词基本不用于口语交流，多出现在文学作品中，如下例：

（106）他站在阳台上观望，唯见远处有苍翠的松林，松林上面漂浮着初夏的白云。

（107）唯愿人间充满和平与爱，噩梦永无再现。

（108）透过窗子望下去，但见万家灯火在闪烁。

（109）我到了喀山，但见一片瓦砾，满目凄凉。

从以上用例可知，二词主要用于文艺作品之中，不是用于交际的词汇，所以在此并不分析二词的语体表现。

另,《现代汉语词典》(第 7 版)中还有一个副词"净",释义如下:

净:[副] 表示单纯而没有别的;老是;只:书架上**净**是科技书籍 | 别**净**说这些没用的 | 这几天**净**下雨 | 他**净**爱跟人开玩笑。

由释义可知,"净"也有"只"的语义,那么应该跟上面的副词放在一起分析,但是"净"除了"只"的语义外,它还有"表示单纯而没有别的""老是"的意思,即"净"并不是一个纯粹的范围副词,通过分析它的用例可知,"净"在表示"只"的意义的用法并不突出,所以关于"净",而更倾向于将其处理为表示频率的"老是"和"单纯而没有别的"的语义,故此处不分析"净"的语体和句法功能。

稍(口正:高)——少(庄:低)

稍:[副] 稍微。

少:[副] 暂时、稍微:少候 | 少待。

首先,要说明一下"少"的语体判定,"少"在现代汉语中是非常常用的词汇,比如形容词作"数量少",动词"缺少"义都是高频语义,但是作为副词表示"稍微"的语义在现代汉语中非常少,比如可以找出如下古汉的用例:

(110) 愿大王少假借之,使毕使于前。　　　(汉·刘向《荆轲刺秦王》)

(111) 太后之色少解。　　　　　　　　　　(汉·刘向《触龙说赵太后》)

(112) 宾客意少舒,稍稍正坐。

(清·林嗣环《虞初新志·秋声诗自序》)

从以上用例可知,"少"的"稍微"之意,更倾向于在古代汉语中的使用,故"少"的"稍微"的语体我们判定为庄典体。

副词位于谓语之前:

(113) 黄河南新区,因战争关系粮价稍升。　　　(《人民日报》1947)

(114) 新闻发完后,务请少待,有事面谈。　　　(矛盾 1930《蚀》)

从以上用例可知,"稍""少"在修饰动词层面没有差异,即二词都可以位于句法最低的位置,故借助模态词的句法位置进行验证。

副词位于表"能力"的模态词之前:

(115) 我稍能$_1$吃一点辣椒。

(116) *我少能$_1$吃一点辣椒。

副词位于表"能够"的模态词之前:

(117) 医生给他做了一个棉垫,稍能$_3$减轻疼痛。

（118）＊医生给他做了一个棉垫，少能₃减轻疼痛。

以上用例表明，在模态词层面，口正体的"稍"合法，庄典体"少"都不正确。可知口正体"稍"的句法位置高于庄典体"少"的句法位置。即：

稍（口正）>少（庄典）

已（正：高）——既（正庄：低）

既：［副］已经：既成事实｜既往不咎。

已：［副］已经（跟"未"相对）：已婚｜已故｜此事已解决。

副词位于谓语之前：

（119）贷款出现增长就意味着银行利润的提高，今年银行的业绩增长大势已成。

（120）……影片……反映生活的主旋律……尽管内容是既定的，效果却非既成。

通过上例可知，二词在修饰动词层面并无差异，即在句中最低的句法位置上二词都合法。下面借助更高位的模态词"能"进行判定。

副词位于表"能力"的模态词之前：

（121）三岁的时候，我已能₁背100多首古诗了。

（122）＊三岁的时候，我既能₁背100多首古诗了。

副词位于表"能够"的模态词之前：

（123）他现在已经有了谋生的办法，今后已能₃满足自己的一切需要。

（124）＊他现在已经有了谋生的办法，今后既能₃满足自己的一切需要。

根据上例，可知"已""即"二词在更高的模态词层面，只有正式体的"已"可以出现在模态词层面，正庄体的"既"不能出现在此层，由此表明，正式体"已"的句法位置高于庄典体"既"的句法位置，即：

已（正）>既（庄）①

---

①　另：我们在检索语料的时候发现下面的用例：①地面战争既已到来，那么战争结束的日子也就不远了。②＊地面战争已既到来，那么战争结束的日子也就不远了。③建设社会主义既已成为今天举国一致的要求与最高原则，为了……④＊建设社会主义已既成为今天举国一致的要求与最高原则，为了……上面的用例表明，我们只能说"既已"，不能说"已既"，这就表明"既"的句法位置高于"已"，另外《现代汉语词典》（第7版）中并没有以词汇的形式收录"既已"，因此表明"既已"并没有固化成词，也即"既"的句法位置高于"已"，这是否说明我们上面对"已""既"的结论是错误的呢？实则不然，"既已"共现极易给我们造成错觉，但是"既已"在一起的时候，语义是"既然已经"，而本书"既"的语义是"已经"，也即"既已"在一起的时候不是本书所要讨论的对象，故不对本书的结论构成反例。

2. 特殊现象释解

本书在处理语料的时候，发现了一些有特殊现象的语料，本可以不收在本书中，但是为了把问题说清楚，减少对理论构建的误解，所以把这些有特殊情况的语料，放在此处进行统一的解释。

别（口）——勿（正）——休（庄）

别：〔副〕表示禁止或劝阻，跟"不要"的意思相同。

勿：〔副〕表示禁止或劝阻，相当于"不要"。

休：〔副〕表示禁止或劝阻（多见于早期白话）。

副词位于谓语之前：

（125）发言之前你想好了，*别*说胡话。

（126）发言之前你想好了，*勿*说胡话。

（127）发言之前你想好了，*休*说胡话。

上例表明三词在修饰谓语动词时并无差异，于是借用较高位的模态词"要"进行验证。

副词位于表"意愿"的模态词之前：

（128）＊美帝国主义别要₂梦想用武力来使越南人民屈服。

（129）＊美帝国主义勿要₂梦想用武力来使越南人民屈服。

（130）美帝国主义休要₂梦想用武力来使越南人民屈服。

由上例可知，只有庄典体的"休"可以跟"要"组配，"别"和"勿"都不能出现在模态词层面，因此庄典体的"休"的句法位置高于口语体的"别"和正式体的"勿"，这是否跟本书的结论相反呢？这里存在什么问题呢？问题就在于此处采取模态词作为参照分析这三个否定副词的句法位置的做法是错误的，由于词汇发展演变的历程较长，导致有时不能正确认识词汇的复杂情况，故而作出错误分析。由《现代汉语词典》（第 7 版）的释义可知，"别"和"勿"语义相当于"不要"，"休"也最常与"要"连用，检索 BCC 语料库发现，"休要"在文学中有 82 例，报刊 39 例，科技 66 例，古汉 4258 例，而"休 V"在排除"休要"的情况下，文学有 919 例，报刊 2924 例，科技 3811 例，古汉 0 例。"休"作为庄典体的否定副词，在古汉语料分布中，与"要"连用才是最常见的形式，即"勿"是"不要"，"休"是"休要"，"别"语义也是"不要"，由此可见，在能愿动词层面借助"要"来判断三者的句法位置高低无法得出结论是正常的，如果能测出句法位置高低反而是不正常的，"别要""勿要"的不合法不是说明"别""勿"不能出现在能愿动词"要"之上，而是"别""勿"的语义本身已经含有"要"或其他模态词了，因此如果再和

"要"连用就会构成"不要要"的错误形式,这才是"别要"和"勿要"错误的原因,故此处不能用"别要""勿要"的错误来跟"休要"的正确构成对立。故,在能愿动词层是无法检测三者的句法位置高低的,但是"别(口)——勿(正)——休(庄)"这个用例,反而从另一个层面说明问题,即:**同一句法位置分语体**。① 这三个副词都是"negative+modal"的融合形式(fusion form),如果这三词本身不是融合形式,那还可以测试出其中的句法位置不同,如:

(131)你不要去。

可以插入其他副词成分,如:

(132)你不一定要去。

但是:

(133)你别去。

不能插入其他成分。

(134)*你别一定去。

(注:这个"一定"应该是"别"内部的,但是因为"别"已是"不要"的融合形式,故书面上写成"别一定"。)

由于"别""勿"包含"要",而"休"与"要"也是高频组配,由此可知这三个副词可以固定在"ModalP"的位置。因为这三个副词仍然有"语体"之别,因此,就是"用词汇别体",这种用词汇别体而不是用句法位置别体的行为,主要是由于"句法定位"造成的。这也进一步论证了"语体语法"的思想,即:

"语体有异则句法有别",然"句法之同必语体有异"。

跟"别""勿""休"这类情况有同等表现的还有表示将来时态的"快""将""欲"一组词汇:

快(口)——将(正)——欲(庄)

快:〔副〕将要、快要。

将:〔副〕将要。

欲:〔副〕将要。

从以上释义可知,这三个单音节副词分别都包含了一个模态词"要",表明这三个副词实际的句法位置就在 ModalP 的位置,因此,就不再对其进行句法位置分析。

---

① 这一观点是与冯胜利老师、刘丽媛老师讨论后得出的,感谢冯胜利老师和刘丽媛老师。

同等现象的另一组用例是：

在（口）——正（正）

在：［副］正在：风在刮，雨在下｜姐姐在做功课。

正：［副］表示动作的进行、状态的持续：正下着雨呢。

首先需要说明二词的语体问题，为什么"正"是正式体，因为我们发现日常生活中，"正"的使用频率也是非常高的，如：

（135）我们在吃饭呢。

（136）我们正吃饭呢。

但是，"正"能出现在一些正式的语体中，而"在"不可以。如：

（137）中国正处在从乡土社会蜕变的过程中。

（138）＊中国在处在从乡土社会蜕变的过程中。

（139）作为一股经济力量，中国正进入和改变着全球的经济市场。

（140）＊作为一股经济力量，中国在进入和改变着全球的经济市场。

以上用例可知"正"是正式语体，可以用在口语体中，但是"在"是口语体，不可以出现在正式语体中。关于二词的句法位置的高低，因为"正"和"在"都是时态助词，句法位置在 TP 层的 T^0 上，也即本章讨论的"句法之同必语体有别"。

另需说明的是，"正"可以跟能愿动词"要"搭配，比如：

（141）我正要出门。

（142）＊我在要出门。

以上用例似乎表明，"正"的句法位置要高于"在"，其实不然。上例中的"正"并不是表示"正在"意义的"正"，而是表示"恰好"语义的"正"，跟本书讨论的不是一回事。

立（正）——顿（正庄）

顿：［副］立刻；忽然：顿悟。

立：［副］立刻：立奏奇效。

（143）吃完药后，他顿觉精神抖擞。

（144）有情与无情，一经分析，是非立见。

根据分析，"立""顿"这两个都是嵌偶词，因为嵌偶词是一类较为特殊的词，其性质是"韵律粘着句法自由"，也即嵌偶词在韵律上一定求双，上例表明二词在修饰动词层面没有差别，同时二词又都不能跟模态词搭配，如"＊立能/会/要""＊顿能/会/要"都是非法的，所以本书就不分析二词的句法位置问题了，关于嵌偶词的研究可参见黄梅（2008），黄梅、冯胜利

（2009）的研究。同样具有嵌偶性质的还有下面的"像—似"的对立，如：

像（口）——似（正）

像：[副] 好像：像要下雨了。

似：[副] 似乎：似属可行｜似应从速办理。

注：《现代汉语词典》（第7版）中"似乎"的语义就是"好像"。

（145）她的心中似有千言万语，然而却不能说出来。

（146）她的心中像有千言万语，然而却不能说出来。

从例（145）（146）来看，二词在修饰动词层面具有一致性，但是本书发现二词在共现时，语序却不统一，见例如下（用例来自BCC语料库）：

（147）他焦躁地掐着自己的额头，像似有一个问题总也想不清楚。

（148）他浑浊的眼睛突然发亮，像似有一种巨大的力量支撑着。

（149）他低头思考着，看那表情像有话又不便开口诉说的意思。

（150）离开桑岛时，一场大雨如注，似像洗刷掉人类发展史中奴隶贸易这一罪恶。　　　　　　　　　　　　　　　　　　　　　（《人民日报》1996）

以上用例表明，"像"和"似"句法共现之时，"像似""似像"都正确，因为"似"的嵌偶性质，韵律要求必须成"双"，所以不管是"像似"还是"似像"，本质上已经是一个句法词了，故不必再讨论二词句法位置高低的问题。二词的修饰关系构成句法词的过程，如图3-1。

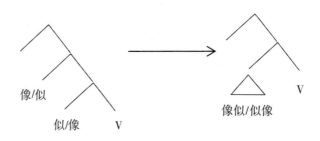

图3-1　"像"与"似"的句法构词

又（口）——将（正庄）

又：[副] 表示几种性质或情况同时存在（多重复使用）：又香又甜｜她又想去，又不想去｜温柔又大方。

将：[副] 又；且（重复使用）：将信将疑。

通过以上词典释义及举例可知，"又""将"二词确实在语体上不同，但是本书不打算对二词的句法位置进行判断，其原因在于二词的特殊句法格式，二词都是重复使用构成并列结构，比如"又香又甜""将信将疑"，二词都是被嵌套在一定的句法格式里，而这个句法格式又不能进行句法位置的比较，故本书不再分析二词由于语体差异而引发的句法位置的高低。另外，需要说明的是："将信将疑"这样的格式，已经有固化的倾向了。比如，该四字形式内部不能进行任何句法操作，但是"又香又甜"却可以扩展为"这个瓜又大又香又甜"，由此表明"将信将疑"已经固化，从四字格的重音来看，其重音模式应该是［0213］式，也即按照重音判断的话，"将信将疑"是只有一个 head 的结构，整体已经固化，故本书不再对"又"和"将"进行其他比较。关于四字格的重音研究，请参看冯胜利（1997）的论述。

尽₁（口）——最（正）

尽：［副］用在表示方位的词前面，跟"最"相同：尽前头｜尽北边。

最：［副］指（在同类事物中）居首位的；没有能比得上的。

本组副词，本书不拟对其进行语体差别的句法分析，因为二词的特殊之处在于它们并不修饰动词，而是修饰方位词，比如"尽/最前头"，目前对方位词的句法位置还没有较深入的研究，而且本书的主要结论是建立在副词修饰动词基础上的，所以这对词暂时放下。

满（口）——全（口正）

满：［副］完全：满不在乎｜满有资格。

全：［副］完全、都：这些不全是新的｜全不是新的｜他的话我全记下来了。

"满"和"全"虽然释义都有"完全"之意，但是"完全"又包含"全部"和"全然"两个释义，因此，下面我们把"完全""全部""全然"的释义也统一列出：

完全：［副］全部；全然：完全同意｜他的病完全好了。

全然：［副］完全地（多用于否定）：他一切为了集体，全然不考虑个人得失。

全部：［名］各个部分的总和；整个：工程已全部竣工。

通过对比可知"满"和"全"二词的语义并不完全对应，根据"满""全""完全""全部""全然"的释义对比分析可知，"满"的语义更贴近"完全"义项下的"全然"义，而"全"的语义更倾向于"完全"义项下的"全部"。故本书不再对"满"和"全"进行分析。

关联副词：就（口）——便（正）

就：［副］表示前后事情紧接着：想起来就说｜卸下了行李我们就到车间去。

便：［副］就：没有各方面的通力合作，任务便无法顺利完成。

（151）关于这个问题，等你学了高数便[_v明白]了。

（152）关于这个问题，等你学了高数就明白了。

（153）书写的简捷和文字应用的广泛，便[_{VP}导致字形书写的简化和草率]。

（154）书写的简捷和文字应用的广泛，就导致字形书写的简化和草率。

"就""便"这对副词与其他副词的不同之处在于，这对副词是关联副词，所谓关联副词，黄伯荣、廖序东（2002），房玉清（2001），钱乃荣（2001），刘月华（2002）等从语法功能的角度指出能连接两个动词或形容词，也可连接两个短语或分句，在句中起关联作用的副词叫关联副词。宋玉柱（1990）认为关联副词起连接作用主要是逻辑语义上的连接，不单纯是语法上的连接。李泉（2002）认为关联副词是从形式和意义的结合上确立的，但起决定作用的是意义。张谊生（2000）认为关联副词是从句法功能、逻辑功能、篇章功能的角度划分出来的一种特殊副词小类，既包括在单句和复句中连接词、短语和分句的副词，也包括在句段和篇章中衔接句子和篇段的副词；既包括固定或经常地充当连接性状语的副词，也包括临时或偶尔地充当连接性状语的副词。可见，学界对关联副词的研究，一是尚少，二是因为关联副词起关联作用，因此连接词、短语、小句等，跟一般的纯修饰动词的副词有所不同，而在本书研究中，"就"和"便"不仅是起关联作用的副词，而且自身都有连词的词性，语义都是"表示假设的让步"，也即二词既有副词又有连词的词性。由于二词的词性较为复杂，其对关联副词的性质认识还尚浅，本书此处暂不对这对词条进行分析。

另外，还发现"就""便"可以共现的情况，例如：

（155）他们要想存在，便只能以这种姿态显露自己。

（156）他们要想存在，就只能以这种姿态显露自己。

（157）他们要想存在，便就只能以这种姿态显露自己。

（158）＊他们要想存在，就便只能以这种姿态显露自己。

根据上面的用例可知，"便就……"是正确的，"＊就便……"是错误的，虽然从这可知是"便"的句法位置高于"就"，但是上例中的"便"和"就"都不是本书讨论的关联副词的语义，本书"就/便"的语义是：前后事情紧接着，而例（157）中的语义是：表示在某种条件或情况下自然怎么样（前面常用"只要""要是""既然"等或者含有这类意思），上文中"便就"的共现顺序不能说明关联副词"便""就"的句法位置的高低。

综合以上分析，V^0 层副词共有 160 个，口语体有 70 个，正式体有 90 个，在句法上，V^0 层的副词（adv^0）跟动词一起构成复杂句法词 V^0，因此 V^0 副词又叫作句法词副词；韵律上，V^0 层的副词是单音节副词；语体上，口语体占 44%，正式体占 56%；在"语体—句法"上，口语体副词的句法位置高于正式语体副词的句法位置。

二、V'层副词的范围及语体研究

V'层副词，在 Cinque（1999）的研究体系中将其定义为"间接状语"（Circumstantial Adverbials）。英语中，间接状语分布在 VP 内部动词后面的句法位置，包括：地点（Place）、时间（Time）、方式（Manner）、工具（Means）、伴随（Accompany）、原因（Reason）、目的（Purpose）等。例如：

（159）He attended classes every day of the week in a different university.

（160）He attended classes in each university on a different day of the week.

（转引自 Cinque 1999：28）

关于间接状语，Cinque 认为它们跟真正的副词状语不同。首先，它们内部没有严格的句法顺序，依据其相互结构关系，可以互换使用范域。例如，在例（159）中是时间在前，地点在后，但是例（160）中是地点在前，时间在后；其次，它们跟真正的副词状语不同的是，这些间接状语大多是由介词短语和名词短语实现，例如：in the kitchen、the day after tomorrow 等；再次，这些间接状语不能出现在 pre-VP 的位，除了一些特殊情况①；最后，它们（间接状语）在语义（在形式理论解读方面）上似乎也不同于副词本身。后者在特征上是运算符（将命题映射到命题或谓词映射到谓词的函数），而间接状语可以被视为潜在事件变量的谓词修饰语。②据此，Cinque 提出间接状语和真正的副词状语最大的区别之一在于：真正的状语有自己的功能中心投射，但是间接状语的句法位置就是 VP 以内作为修饰语成分存在。以上，已经对 V'的状语做了一定说明，但是由于英语及印欧语系和汉语有较大的不同，因此，下面专门探究汉语 V'层副词/状语的情况。

---

① 原文如下：except for the absolute initial position of "adverbs of setting", a topic-like position.

② 原文如下：they（Circumstantial adverbials）also appear to differ semanticallyfrom AdvPs proper. Whereas the latter are characteristically operators（functions mapping propositions to propositions, or predicates to predicates）, circumstantial adverbials can be seen as modifiers predicated of an underlying event variable.

（一）V'层副词的句法属性及分类

关于汉语 V'层副词的讨论，陈一（1989）将其称为动词前加词。史金生（2003b、2013）将其称为情状副词并做了共现顺序研究。张亚军（2002）将这类副词定义为描状副词，并分为方式类描状副词和情状类描状副词两类。张谊生（2018）将这类副词定名为描摹性副词，并将其分为表方式、表状态、表情状和表比况四类。就本研究而言，本书主要从句法为切入点对副词进行分类，因此不管是将其定义为"描摹性副词"还是 V'层副词并不影响研究，可以将其合二为一定义为：V'层副词主要是"描摹性副词"。通过跟 Cinque（1999）对英语、法语和意大利语的研究对比，汉语 V'层的副词的词汇分布和句法表现跟英语等不同，汉语承担间接状语的是副词，并不是由介词短语或者名词短语承担，同时，本书赞同 Cinque 的观点，即认为 V'层的副词是核心动词的修饰语，副词不独自投射为功能核心，这可以从语义和句法两个角度归因。从语义上看：V'层的副词其语义是非常"实"的，与 VP 层表示"体"（aspect）特征的副词相比，V'层的副词语义更加实在，例如：都是表示"快"的语义，VP 层表示"体"特征的副词是"倏地""倏然""霍地""霍然""蓦然""蓦地"，但是 V'层的副词是"飞速""一溜风"，两者对比可知，"飞速""一溜风"的语义要比"霍地""蓦然""倏地"等语义要"实在"得多，这也是副词到底是归于实词还是虚词的一大争议之一，本书认为：从语义的角度看，副词到底归于实词还是虚词是无法达成统一结论的，因为从句法上看，至少 V'层的副词都是语义非常实在的副词，V'层以上的副词，比如 VP 层表示"体"（Aspect）特征的副词，TP 层表示"时"（Tense）特征的副词，CP 层表示"语气"（Mood）副词都是语义非常"虚"的副词，因此，从语义的角度讨论副词到底归入实词还虚词是无法得出统一结论。因而，还是应该从句法的角度对副词进行分类。

从句法上看：V'层的副词，修饰动词形成的副动结构中间不可以插入"地"，也不可以插入其他介词短语等成分，即 V'层副词在修饰动词时是跟动词紧贴的，也即 V'层副词具有"附谓性"，下面以"只身""争相"等为例。

1. 副动结构中间不可插入状语标记"地"

只身

（161）他只身前往英国。

（162）＊他只身地前往英国。

（163）他只身闯入敌军后方。

（164）＊他只身地闯入敌军后方。

争相

（165）许多人争相逃命。

（166）＊许多人争相地逃命。

（167）梅花在寒风中争相怒放。

（168）＊梅花在寒风中争相地怒放。

擅自

（169）各部门不得擅自取消会计从业资格证考试项目。

（170）＊各部门不得擅自地取消会计从业资格证考试项目。

（171）没有我的命令不许擅自离开。

（172）＊没有我的命令不许擅自地离开。

亲手

（173）这是我亲手布置的房间。

（174）＊这是我亲手地布置的房间。

（175）你尝尝我亲手做的饭菜。

（176）＊你尝尝我亲手地做的饭菜。

2. 副动结构中间不可插入其他介词短语

信手

（177）他在一堆报纸中信手翻阅。

（178）＊他信手在一堆报纸中翻阅。

（179）他在黑板上信手涂鸦。

（180）＊他信手在黑板上涂鸦。

通过以上语义和句法测试可知，V′层副词不独自投射为句法短语，其句法位置在 VP 层之内，紧紧贴附在中心语动词之上，具有较强的附谓性，语义特征较为"实在"。在语义方面，V 层副词与功能词有较大差别，因此 V′层副词是典型的词汇性副词（Lexical Adverbs）①。以上论述了 V′层副词包括：地点、时间、方式、工具、伴随、原因、目的等副词，此处，需要区分的一个概念是"时间副词"不等于"时态副词"，下一章主要考察 TP 层副词的句法、分类及语体问题，TP 层是"时态副词"层，主要分布的副词有"曾经""一度""将要"等表示句子"时"范畴的副词。而在 VP 层选取的"时间副词"，如"常年""成宿""不日""永远"等修饰动词核心、表示动作的

---

①　关于"词汇性副词（Lexical Adverb）"这个名称是笔者为其命名的。

"时间"性的副词，不具有独立的句法属性。以往的研究，往往将"时间副词"和"时态副词"统归为一类，本书认为这是需要再思考的，这两类副词的语义虚实度、句法位置、句法表现等都不同。

句法上的判断标准是：V'层副词必须位于VP层"体"副词之后，我们用表示"体"（Aspect）特征的惯常体副词"常常"和V'层的表示"方式"的副词"当面"、表示情状的"偷偷"进行举例说明问题。

VP层副词"惯常体"：常常>V'层副词表"方式"：当面（">"表示句法位置"高于"）

（181）这些人 [~VP~常常 [~V'~当面取笑张三]]。

（182）*这些人 [~V'~当面 [~VP~常常取笑张三]]。

VP层副词"惯常体"：常常> V'层副词表"情状"：偷偷

（183）他在夜里 [~VP~常常 [~V'~偷偷哭泣]]。

（184）*他在夜里 [~V'~偷偷 [~VP~常常哭泣]]。

VP层副词"频率体"：再次>V'层副词表"方式"：拼命

（185）他不顾脚上戴着镣铐，[~VP~再次 [~V'~拼命挣扎]]。

（186）*他不顾脚上戴着镣铐，[~V'~拼命 [~VP~再次挣扎]]。

VP层副词"完成体"：已经>V'层副词表"地点"：实地

（187）在此之前，他 [~VP~已经 [~V'~实地考察了十四个沿海开放城市]]。

（188）*在此之前，他[~V'~实地 [~VP~已经考察了十四个沿海开放城市]]。

结合以上句法、语义的测试手段，穷尽式地查找了《现代汉语词典》（第7版）中的V'副词，能出现在V'层的副词有以下8类，共270个。

表方式：小幅、宽幅、巨幅、窄幅、大幅、加倍、倍加、逐批、整整、单独、单另、单身、单个儿、独立、独身、独自、自动、自行、个别、白手（空手、徒手）、徒手、徒步、随口、随手、随机、逐步、逐个、逐一、当面、当头、当众、亲眼、亲笔、亲耳、亲口、亲手、亲自、对脸、对面、迎面、迎头儿、劈脸、劈面、劈手、劈胸、劈头、多方、分别、分头、交互、并肩、比肩、迎风、应声、拦腰、特此、特地、特为、特意、专程、专诚、如实、如数、从实、梯次、梯度、顺次、顺口、顺序、顺带、着意、加意（特别注意）、重点、伴随。

表处所：沿街、沿路、沿途、从中、到处、处处、实地、就此、就中、就地、就近、当场、居间、居中、随地、随处。

表时间：届时、届期、按时、按期、如约、如期、临时、临机、克期、克日、改日、改天、适才、刚刚、不日、成天、成宿、从头儿、从小、生来、说话、连夜、长年、长夜、常年、常时、彻夜、成日、成年、成夜、早日、永远、永世、永续（长久持续地）、前脚儿，后脚儿、前后脚儿、自古、终年、终岁、终天、终日、逐年、逐日、回头、日渐、日见、日益、日臻、日趋。

表情状：敞开、畅怀、争相、竞相、恣意、纵情、恣情、肆意、公然、悍然、宛然、慨然、毅然、尽情、浑然、爽声、不禁、不觉、不胜、不由得、朗声、齐声、暗暗、暗自、默默、双双、偷眼、偷偷、大举、大力、大事、奋力、奋然、强行、悉力、悉心、稳步、极口、极力、极意、全力、全然、全身心、截然、竭诚、竭力、撑死、狠命、死命、誓死、锐意、通力、拼力、拼命、拼死、火速、飞速、源源、协力、草草、扬长、执意、贸然、百般、信笔、信手、有意识、无意识、无意、无心、假意、故意、刻意、成心、存心、空口、苦口、苦苦、本能、闷头、冒死、正色（神色严厉）、只身、来回、矢口、绝口、满心、满口、交口、万般、万分、万难、擅自、私自、大大、格外、无从、无缘。

表比况：鱼贯、一窝蜂、一阵风、一溜风、花搭着、花插着。

表目的：聊以。

表原因：借端、借故。

表工具：秉公、就便、就手儿、就势、顺便、顺手儿、顺道、顺脚、顺路、顺势、照实、照直、依法、凭空、趁便、趁机、趁势、搭便、乘便、乘机、乘势、乘时、乘隙、乘兴、乘虚。

关于情状副词的分类问题，张谊生（2018）将其分为四类，其中把"时""地""数""序"都放在表示"状态"这一类里，这样的分类略微有些宽泛，为了更好地看清情状副词内部的问题，本书将其分为独立的小类。以上，已经将能出现在 V'层的副词提取出来，下面对其句法位置高低等问题进行研究。

（二）V'层副词的句法位置分布

上一小节已经将 V'层副词按照语义分类，本部分研究它们共现时的句法位置高低。史金生（2003b）将情状副词分为：意志类、时机类、同独类、依照类、状态类、方式类共 6 类。史金生（2003b）根据相邻原则和线性顺序原则构建了情状副词的共现顺序，见图 3-2：

A.意志	+	+	（+）	（+）	++
	B.时机	+	（+）	+	
		C.同独	+	（+）	
			D.依照	（+）	+
				E.状态	+
					F.方式

图 3-2　史金生（2003b）情状副词共现顺序图

但是，史金生（2003b）对情状副词的分类，需要再商榷。例如，文中将"随口""随手""随身""随机""随笔"都归为时机类，将"亲自""亲笔""亲耳""亲口"归为同独类，张谊生（2018）将这两类副词都归为方式类，本书赞同张谊生的归类。对于现代汉语副词的共现顺序研究，已经不是一个新的课题，在现代汉语语法的研究历程中，对多层状语顺序的研究成果颇多。例如，黄伯荣、廖序东（2012）在《现代汉语》中提出多层状语的顺序大概是：时间、地点、范围、情态、对象等。张谊生（1996）针对汉语的副词体系，将副词分为十类，并做了副词共现的顺序研究，如需可参。

虽然诸位学者已经对副词的共现顺序有所研究，但是，前人对副词共现顺序的研究，是以句子为范域的，并没有关注 VP 范域内的问题，本部分对副词共现表现出来的句法位置高低是以 VP 层内，V'的句法位置为范域，应该说这是一个比较小的问题，但却是非常有价值的问题，因为如果句子层面有副词的共现分布的话，那么以 VP 为范域应该也有共现的分布，二者应该是相辅相成的。根据研究发现：

1. 表"时间"的副词位于表"原因"的副词之前

本章关于表"时间"的副词的选取，以《现代汉语词典》（第 7 版）为主，取词相对较为严格，而关于"原因"类的副词只有两个，即"借故"和"借端"。

（189）你届时借故离开就行了。

（190）＊你借故届时离开就行了。

（191）她刚刚借故大闹了一场。

（192）＊她借故刚刚大闹了一场。

（193）商家常年借故在发票上做文章，其目的是逃避法律义务。

（194）＊商家借故常年在发票上做文章，其目的是逃避法律义务。

（195）你**改日借故**去看看他。

（196）＊你**借故改日**去看看他。

由以上用例可知，表"时间"的副词位于表"原因"的副词之前。

2. 表"原因"的副词位于表"工具"的副词之前

本章讨论的"工具"其实比较宽泛，并不完全是具体的"实体"工具，而是能表达"依照……""利用……""采取……""凭借……"等抽象意义的"工具"也被收录在"工具"类。例如：

（197）王振举不同意，这位农民**借故乘机**冒雨溜走了。

（198）＊王振举不同意，这位农民**乘机借故**冒雨溜走了。

（199）犯罪嫌疑人**借故乘虚**从派出所逃了出来。

（200）＊犯罪嫌疑人**乘虚借故**从派出所逃了出来。

（201）法医**借故趁机**再次尸检，不料竟真的有新发现。

（202）＊法医**趁机借故**再次尸检，不料竟真的有新发现。

3. 表"工具"的副词应该位于表"处所"的副词之前

（203）法制宣传车**依法沿街**进行法制宣传活动。

（204）＊法制宣传车**沿街依法**进行法制宣传活动。

（205）售货员看见孩子喜欢那个玩具，于是**趁机就地**起价。

（206）＊售货员看见孩子喜欢那个玩具，于是**就地趁机**起价。

（207）暴乱分子**趁势到处**打砸抢掠。

（208）＊暴乱分子**到处趁势**打砸抢掠。

根据以上例句可知，表"工具"的副词应该位于表"处所"的副词之前。

4. 表"处所"的副词位于表"方式"的副词之前

本书关于表"方式"的副词的界定，采取张谊生（2018：25）的定义，即：表方式的描摹性副词几乎都是双音节的复合式合成词，主要表示与相关行为有关的人体五官和思维活动的方式。下面看具体例句：

（209）他们**沿街随手**丢垃圾，真是太不文明了。

（210）＊他们**随手沿街**丢垃圾，真是太不文明了。

（211）这部电影的剧情给人的印象似乎是**从中拦腰**折断。

（212）＊这部电影的剧情给人的印象似乎是**拦腰从中**折断。

（213）他们**就此并肩**前行。

（214）＊他们**并肩就此**前行。

从以上用例可知，表"处所"的副词位于表"方式"的副词之前。

5. 表"方式"的副词位于表"情状"的副词之前

张谊生（2000：27）对情状副词的定义是：主要是刻画与相关行为有关的情貌的。下面是方式副词与情状副词共现的用例：

（215）他赶忙从后面拦腰死命抱住她。

（216）＊他赶忙从后面死命拦腰抱住她。

（217）他吃完雪糕随手无意地把棒丢在脚下。

（218）＊他吃完雪糕无意随手地把棒丢在脚下。

（219）连通电源后，机械驱动的花朵们应声争相绽放。

（220）＊连通电源后，机械驱动的花朵们争相应声绽放。

从以上用例可知，表"方式"的副词位于表"情状"的副词之前。

6. 表"情状"的副词位于表"比况"的副词之前

表"比况"的副词按照张谊生（2018：28）的定义为：以比喻或夸张的方式来比况并突出相关行为的形象。①

（221）虽然有可能受伤，但为了抢夺粮食，这群乞丐还是冒死一窝蜂地冲了出去。

（222）＊虽然有可能受伤，但为了抢夺粮食，这群乞丐还是一窝蜂冒死地冲了出去。

（223）该政策使得整个手机产业也竞相一窝蜂地模仿和借鉴国外公司的设计。

（224）＊该政策使得整个手机产业也一窝蜂竞相地模仿和借鉴国外公司的设计。

（225）一段不属于她的记忆强行鱼贯而入，她感觉自己的脑袋都要炸开了。

（226）＊一段不属于她的记忆鱼贯强行而入，她感觉自己的脑袋都要炸开了。

从以上用例可知，表"情状"的副词位于表"比况"的副词之前。

7. 表"比况"的副词位于表"目的"的副词之前

本书找到的位于 V'层表示目的的副词就只有"聊以"一个，而且由于"聊以"是表示目的的，从逻辑上看前面应该是有表示"原因"的部分，故"聊以"不管是在句子线性顺序上，还是在逻辑语义上都是位于后面的，即表"目的"的副词句法上低于其他所有副词。下面是具体用例：

---

① "蜂拥"并不是副词，而是动词。语义为：像蜂群似的拥挤着（走）。

（227）这群乞丐一窝蜂地冲向垃圾堆，翻找食物聊以充饥。

（228）他一阵风地逃跑了，以为不在那就可以聊以自欺什么都没发生过。

从以上用例可知，表"比况"的副词位于表"目的"的副词之前。但是，该结论是根据副词"聊以"做出来的，实际上，如果不专门从副词的角度切入，只从逻辑的角度切入会发现，表"目的"的状语既可以位于线性顺序最后，也可以位于线性顺序最前，以介词"为"为例，如：

（229）为了适应社会发展，他们还不断进行教育改革，提高教育质量。

（230）说明问题时，为了周到或强调起见，往往也从正反两方面阐述表达。

（231）当代西方哲学也做了发挥，不过从不同的角度，为了不同的价值。

关于"为"的句法位置研究，冯胜利、苏婧（2018）在讨论上古汉语"为"为轻动词时的句法分级时，也得出"为"为轻动词时，最高一层的句法位置是表示"目的"的，如图 3-3：

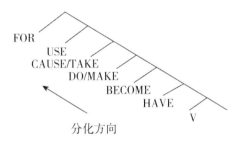

图 3-3　轻动词层级序列图（转引自冯胜利，苏婧 2018：105）

虽然冯胜利、苏婧（2018）的研究是关于轻动词的"为"，但是，因为此处都是关于表"目的"的概念，所以尽管有轻动词、介词以及副词的对象差异，但是讨论的本质问题是相同的，所以从句法上看，应该有相似或者相同的表现。综合以上分析，表"目的"的状语可以位于句首、句中、句尾三个位置，其差别取决于表达状语的成分不同，如果是介词短语作状语，其句法位置比较灵活。如果是副词作状语，句法位置就比较受限制。至此，对 V'的副词句法位置高低进行了全部的分析，得出的结论及句法分布图如图 3-4：

（目的$_{adverbial}$）>时间$_{adv}$>原因$_{adv}$>工具$_{adv}$>处所$_{adv}$>方式$_{adv}$>情状$_{adv}$>比况$_{adv}$>目的$_{adv}$

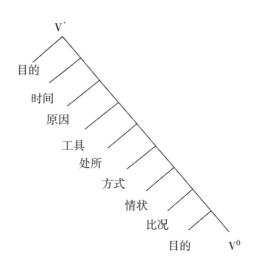

图 3-4　V'层副词句法位置分布图

关于 V'副词句法位置高低的研究，至此已经得出一个大概的顺序，下面还想追加一个跟轻动词句法位置高低对比的问题，分析这个问题的必要性在于：轻动词自己投射为一个功能核心，而 V'层副词的句法位置在附加语的位置上，虽然两者的句法属性完全不同，但是由于二者同属于笼统的 VP 范域，如果轻动词和副词都在 VP 范域内有句法高低表现的话，二者应该能表现出一定的相似性。根据骆健飞（2017）对单双音节动词带宾语的问题的研究，总结了"轻动词分层位置假说"，大概顺序为：时间>目的>处所>方式>工具（见图 3-5）。

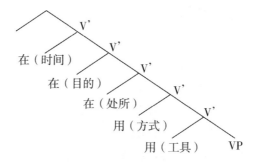

图 3-5　汉语不同类型的宾语轻动词分层图［转引自骆健飞（2018）］

对比本章关于 V'层副词句法共现高低的研究，发现 V'层副词的分布位置跟骆健飞（2017）的结论具有较高的一致性，其中关于"工具"的位置，在骆健飞（2017）一文中句法位置较低，但是在本研究中，因为对表

"工具"副词的选取较为抽象，比如"依法""秉公""趁机""搭便"等并不是表示具体"实体"的工具（例如"用刀切"），所以本部分表"工具"的副词其句法位置较高。另外，关于表示"目的"的副词，骆健飞（2017）一文是通过动词句法移位确定轻动词的位置，但是本章对表"目的"的副词（例如"聊以"）是以逻辑语义为切入点，所以本章中表"目的"的副词的句法位置最低，与骆健飞（2017）的研究在表"目的"这一层的句法位置判断上并不是一套操作系统，故与骆健飞（2017）的研究并不冲突，甚至以副词的句法高低为切入点间接证明了骆健飞（2017）提出的轻动词的句法顺序。分析至此，已经论述了 V' 副词的句法属性、分类以及句法位置高低的分布，下面从语体的角度对 V' 层副词进行分析。

（三）V' 层副词的语体研究

据上文可知，能出现在 V' 层的副词基本都是正式语体的副词，只有 57 个口语体副词，如：

搭便、趁便、满口、闷头、苦苦、苦口、来回、成心、草草、拼死、撑死、狠命、死命、偷偷、偷眼、回头、前脚儿、后脚儿、前后脚儿、改天、成天、从头儿、从小、说话、成宿、成夜、成日、成年、长年、单个儿、个别、随口、随手、当头、当众、迎头儿、迎面、分头、照直、就便、就手儿、顺手儿、就势、趁势、一窝蜂、一阵风、一溜风、花搭着、花插着、沿路、到处、就中、就地、就近、当场、随地、白手

位于 V' 层的副词，目前收集了 270 个，口语体有 57 个，故口语体副词占全部副词的 20%，由此表明，正式体副词占比高达 80%。故 V' 层的语体以正式体/正庄体为主。其中有语体对立的副词有 21 对，如下：

1. 白手（口）——徒手（正庄）

2. 成年（口）——终年（正）

3. 成天/成日（口）——终日（正）

4. 成心（口）——故意（正）

5. 成宿（口）——彻夜（正）

6. 从头（口）——重新（正）

7. 从小（口）——生来（正）

8. 搭便（口）——乘便（正）

9. 单个儿（口）——单独（正）

10. 改天（口）——改日（正）

11. 就地/当场（口）——就此（正）

12. 就手儿（口）——就便（正）

13. 就中（文白）——居中/居间（正）

14. 闷头儿（口）——默默（正）

15. 拼死（口）——拼命（口正）

16. 顺手儿（口）——顺便（正）

17. 随地（口）——随处（正）

18. 沿路（口）——沿途（正）

19. 一阵风/一溜风（口）——飞速（正）

20. 迎面（口）——劈面（正）

21. 迎头（口）——劈头（正）

以上选词，在词性、语义、音节都一致的情况下，以语体作为考察对象，分析由于语体不同而导致的句法差异。本小节共两部分：一是语体属性与句法高低对立的副词；二是语体属性与句法搭配对立的副词。

1. 语体属性与句法高低对立的副词

成天/成日（口：高）——终日（正：低）

成天：[副] 整天。

成日：[副] 整天。

终日：[副] 从早到晚。

副词位于谓语之前：

（232）这孩子成天/成日哭哭啼啼。

（233）第七次刑释后，兄长不肯让他进家门，他只好终日游荡。

根据以上用例，二词在修饰动词层面并无差异。于是在它们基本语法功能一致的前提下，考察二词"语体—句法"位置差异，此处借助外话题的位置。

副词位于外话题之前：

（234）成天/成日钱钱钱，你眼里除了钱还有啥？

（235）＊终日钱钱钱，你眼里除了钱还有啥？

从以上用例可知，口语体的"成天/成日"可位于话题之前，但是正式体的"终日"不可以，即口语体"成天/成日"的句法位置高于正式体"终日"

的句法位置。① 即:

成天/成日（口）>终日（正）

改天（口: 高）——改日（正: 低）

改天: ［副］以后的某一天（指距离说话时不很远的一天）。

改日: ［副］改天。

副词位于谓语之前:

（236）咱们**改天**再聚。

（237）咱们**改日**再聚。

根据以上用例，发现二词在修饰动词层面并无差异。于是在其基本语法功能一致的前提下，检验二词的"语体—句法"位置差异。

副词位于外话题之前:

（238）**改天**，关于他的案子，你再跟我详细说说。

（239）? *改日，关于他的案子，你再跟我详细说说。②

副词位于外焦点之前:

（240）如果不努力工作，**改天**连剩饭你都吃不上了。

（241）*改日连剩饭你都吃不上了。

以上用例表明，在"话题"前的位置，口语体的"改天"是正确的，正式体的"改日"基本是不被接受的，笔者在做语感测试的时候，有的人明确表示"改日"不可以，有的人表示也能接受，但是在外焦点的位置，大家语感比较一致认为"改天"是正确的，"改日"不合语感，因此口语体"改天"的句法位置高于正式体"改日"的句法位置，即:

改天（口）>改日（正）

从小（口: 高）——生来（正: 低）

生来: ［副］从小时候起。

从小: ［副］从年纪小的时候。

副词位于谓语之前:

---

① 此处需要说明的一个问题是，"成天"本是 V' 层的副词，但是外话题的位置已经到了 CP 层，是不是说明"成天"也是 CP 层的副词呢？本书并不这么认为，因为 CP 层和 V' 从句法上看，其句法功能完全不一样，因此"成天"最原始的句法位置还是 V' 层，但是由于移位或者其他句法操作上升到 CP 层话题的位置，具体是什么原因导致"成天"上移，容待日后解决。

② 例子前面的"?"表示该例句语感的接受度存在差异，有的人觉得可以说，有的人觉得不太好，下同。

（242）他从小不喜欢吃醋。

（243）他生来不喜欢吃醋。

以上用例表明，二词在修饰动词层面并无差异。于是在它们基本语法功能一致的前提下，检验二词的"语体—句法"位置差异。对于"从小"和"生来"的句法位置判定，本书此处采用的是二词与因果条件句的句法位置关系。例如：

（244）从小因为容貌出众，所以她交不到女性朋友。

（245）他原名叫富恩，因为从小喜爱音乐，立志要做一名歌唱家，所以后来把名字改成了"律成"。

（246）她是一个有趣的人，从小由于爱笑而常受指责。

（247）由于从小体质就差，在一家水产公司内退了以后，尝试了一些工作都不是很满意……

（248）由于生来体弱多病，他过早地告别了校园生活。

（249）＊生来由于体弱多病，他过早地告别了校园生活。

（250）亚历山大、拿破仑、纳尔逊，是因为生来身材矮小，所以他们立志要在军事上获得成就。

（251）＊亚历山大、拿破仑、纳尔逊，是生来因为身材矮小，所以他们立志要在军事上获得成就。

从以上例句可知，"从小"位于表示原因复句的前后都可以，但是"生来"只能位于表示原因的复句之内。即口语体"从小"的句法位置高于正式体"生来"的句法位置。即：

从小（口）>生来（正）

拼死（口：高）——拼命（口正：低）

拼死：［副］尽最大的力量；极度地：拼死挣扎。

拼命：［副］尽最大的力量；极度地：拼命地工作。

副词位于谓语之前：

（252）敌我双方拼死争夺那座山。

（253）敌我双方拼命争夺那座山。

以上用例表明，二词在修饰动词层面并无差异。于是在它们基本语法功能一致的前提下，检验二词的"语体—句法"位置差异。

副词位于主语之前：

（254）拼死我也要把泅渡本领练好。

（255）＊拼命我也要把泅渡本领练好。

由以上用例可知，"拼死"可以位于主语之前，但是"拼命"不可以，即：口语体"拼死"的句法位置高于口正体"拼命"的句法位置。此处，需要追述一点："拼命"位于主语前的时候，似乎语感是可以接受的，但其实是受到了干扰。因为"拼死"只有副词的词性，但是"拼命"既有动词也有副词的词性，"拼命"作为动词的时候，可以有如下的用法，如：

（256）拼了命我也要把他救出来。

（257）拼了这条老命我也要报仇。

由此表明，当"拼命"是动词的时候，可以位于主语前的位置，由此造成语感上的干扰，好像"拼命"作为副词也可以位于主语前，其实并非如此，当"拼命"位于主语前的时候，一定是动词的用法，并且是动词前省略了主语后再紧缩的用法，实际上以上两例的完整形式应该是：

（258）我拼了命也要把他救出来。

（259）我拼了这条老命，我也要报仇。

只是前一个主语"我"省略了，由两个小句紧缩成一个句子，因此生成"拼命"位于主语前的情况，从语感上易与"拼命"的副词词性发生混乱，实则是"拼命"的不同词性的不同用法。

迎头（口：高）——劈头（正：低）

迎头：［副］迎面；当面：迎头痛击。

劈头：［副］正冲着头；迎头：走到门口劈头碰见老王从里边出来。

副词位于谓语之前：

（260）正当大家都高兴的时候，德国媒体却迎头浇了一盆冷水。

（261）正当大家都高兴的时候，德国媒体却劈头浇了一盆冷水。

以上用例表明二词在修饰动词层面并无差异，于是在它们基本语法功能一致的前提下，采用主语前的位置，测试二词的"语体—句法"位置差异。

副词位于主语之前：

（262）我和他一同进了药房，迎头我就闻到一股很浓的药味儿。

（263）＊我和他一同进了药房，劈头我就闻到一股很浓的药味儿。

根据以上用例，只有口语体的"迎头"能位于主语之前，正式体的"劈头"不能出现在该位置。由此表明，口语体"迎头"的句法位置高于正式体"劈头"的句法位置。即：

迎头（口）>劈头（正）

迎面（口：高）——劈面（正：低）

迎面：［副］对着脸：西北风正迎面刮着。

劈面：[副] 劈脸。（劈脸：[副] 正冲着脸；迎面）

副词位于谓语之前：

（264）一个农民挑着两个空箩和一个凶犯迎面相遇。

（265）改革开放的深入发展，不可避免地与人们观念深处的传统文化劈面相撞。

以上用例表明二词在修饰动词层面并无差异。于是在它们基本语法功能一致的前提下，采用主语前的位置，检验二词的"语体—句法"位置差异。

副词位于主语之前：

（266）迎面我看到两双鞋，一双是他的，另一双是女人的。

（267）＊劈面我看到两双鞋，一双是他的，另一双是女人的。

根据以上用例，只有口语体的"迎面"能位于主语之前，正式体的"劈面"不能出现在该位置。由此可知，口语体"迎面"的句法位置高于正式体"劈面"的句法位置。即：

迎面（口）>劈面（正）

顺手儿（口：高）——顺便（正：低）

顺手儿：[副] 顺便；捎带着。

顺便：[副] 趁做某事的方便（做另一事）。

副词位于谓语之前：

（268）你去超市的话，顺手儿买二斤糖回来。

（269）你去超市的话，顺便买二斤糖回来。

以上用例表明二词在修饰动词层面并无差异。于是在它们基本语法功能一致的前提下，采用话题前的句法位置，检验二词的"语体—句法"位置差异。

副词位于外话题之前：

（270）顺手儿门口的垃圾，你一起带出去扔了。

（271）＊顺便门口的垃圾，你一起带出去扔了。

根据以上用例，口语体的"顺手儿"能位于话题前的位置，正式体的"顺便"不能出现在该位置。据此可知，口语体的"顺手儿"的句法位置高于正式体的"顺便"的句法位置。即：

顺手儿（口）>顺便（正）

就手儿（口：高）——就便（正：低）

就手儿：[副] 顺手；顺便。

就便：[副] 顺便：你上街就便把这封信发了。

副词位于谓语之前：

（272）　出差路过，就便来看望这老人家。　　（高行健《一个人的圣经》）

（273）　刚才去超市，就手儿买了点卫生纸。

以上用例表明二词在修饰动词层面并无差异。于是在它们基本语法功能一致的前提下，采用主语前的位置，测试二词的"语体—句法"位置差异。

副词位于主语之前：

（274）　一百二十里地，一天半就能赶到，就手儿我也看看路上的情形……

（275）　*一百二十里地，一天半就能赶到，就便我也看看路上的情形……

根据以上用例，只有口语体的"就手"能位于主语之前，正式体的"就便"不能出现在该位置。由此表明，口语体"就手"的句法位置高于正式体"就便"的句法位置。即：

就手儿（口）>就便（正）

沿路（口：高）——沿途（正：低）

沿路：［副］顺着路边。

沿途：［副］顺着路边。

副词位于谓语之前：

（276）　你们把附近的雪堆和树丛都仔细查看一下，再沿路搜索。

（277）　你们把附近的雪堆和树丛都仔细查看一下，再沿途搜索。

以上用例表明二词在修饰动词层面并无差异。于是在它们基本语法功能一致的前提下，检验二词的"语体—句法"位置差异。此处采用外焦点"连"字测试。

副词位于外焦点之前：

（278）　曾丫头这回着实气得不轻，沿路连废话她也不与他搭理一句，俨然打定主意与他老死不相往来。

（279）　*曾丫头这回着实气得不轻，沿途连废话她也不与他搭理一句，俨然打定主意与他老死不相往来。

关于上例（279）中，笔者在做"沿途连……"的语感接受度调查时发现，有的被试反馈"沿途连"并不是绝对非法的，只是接受度很低而已，"沿途连……"之所以会有较低的接受度的原因大概在于"沿途"和"沿路"的语义完全一样所致，实际上笔者在 BCC、CCL 语料库都没有找到"沿途连"的典型用例，可见在主语之前的外焦点位置，只有口语体的"沿路"可以携带"连"字焦点,正式体的"沿途"不能位于外焦点的位置。由此表明,口语体"沿路"的句法位置高于正式体"沿途"的句法位置。[1]

以上即为根据句法位置判定有语体对立的副词,但是由于 V'层的副词较为特殊,V'层副词不独自投射为句法短语,以动词为核心,具有较强的附谓性等。因此,下面这些有语体对立的副词,虽然没有找到它们句法位置高低上的差别,但是仍能论证"语体语法"理论的正确性,因为找到了其他语法上的对立。

2. 语体属性与句法搭配对立的副词

成宿(口)——彻夜(正)

成宿:[副]整夜。

彻夜:[副]整夜。

(280)发生了这些事,他成宿睡不着。

(281)发生了这些事,他彻夜失眠。

以上用例表明二词在修饰动词层面并无差异,由于这两对词的句法功能非常受限制,首先,它们都不可以出现在主语前。如:

(282)＊成宿他睡不着觉。

(283)＊彻夜他睡不着觉。

其次,二词都不能位于内焦点之前。

(284)＊他成宿连梦都不做一个。

(285)＊他彻夜连梦都不做一个。

最后,二词都不能位于轻动词之前。

(286)＊这件事成宿让他难过。

(287)＊这件事彻夜让他难过。

通过以上三点的对比研究,二词的句法功能和句法位置都非常受限,目前没有找到二词由于语体不同引发的句法位置高低的差别。但是,并不能否定"语体语法"理论的正确性,副词本身就是个性比较强的一类词,内部差

---

[1] 注:"沿途""沿路"二词都有名词的词性,语义为"靠近道路的一带"。①60年前,十世班禅由青海返藏,随行的3万多头牲畜抛尸沿途。②＊60年前,十世班禅由青海返藏,随行的3万多头牲畜抛尸沿路(虽然"沿路"也有名词的用法,但是我没有找到类似于"抛尸沿路"这样的用例)。这个用例应该是语体激活句法,例如我们说"在江边抛尸"(VP)—"抛尸在/于江边"—"抛尸江边"(vP)。这里应该是"抛尸"经历了中心语移位上升到轻动词的位置,整体由"动作"向"事件"转换,时空性从具时空到泛时空提升("在/于"的删除也是去时空的一种手段)。所以说"抛尸沿途/江边"这是由正式体语法促发的句法操作,也就是语体激活句法。

异较大，而且 V'副词同其他句法位置上的副词相比，更是在句法位置上极受限制。虽然目前没有找到"成宿"和"彻夜"在句法位置上的高低之分，但是并不表明着二词没有"由语体因素引发的句法之别"。本书第二章，讨论过口语体和正式语体的判定，其中的手段之一是"重叠"，即能重叠的多为口语体（注：但反过来并不是口语体的都能重叠），正式语体不能重叠。本组副词中，口语体的"成宿"可以重叠为"成宿成宿"，正式体"彻夜"不能重叠为"＊彻夜彻夜"，二者重叠方面的对立是由语体原因导致的，故重叠以后的句法功能实则亦是由二词语体不同导致的。因此，现在的研究目标转变为"成宿成宿"与"＊彻夜彻夜"之间的对立。

首先，在修饰动词层面，二者存在对立。如：

（288）一想起这些事他就成宿成宿睡不着。

（289）＊一想起这些事他就彻夜彻夜睡不着。

其次，带"地"修饰动词层面也有对立。

（290）整个晚上他都成宿成宿地狂赌。

（291）＊整个晚上他都彻夜彻夜地狂赌。

最后，带"地"修饰带介词短语的动词短语。

（292）我们的联防队成宿成宿地在寒夜里巡逻。

（293）＊我们的联防队彻夜彻夜地在寒夜里巡逻。

综上分析，口语体的"成宿"重叠后会跟"彻夜"形成一系列语法层面的对立，这些对立虽然并不直接论证"成宿"和"彻夜"的句法对立，但是间接论证了口语体的"成宿"和正式体的"彻夜"是遵循"语体不同则语法有异"理论的。

成年（口）——终年（正）

终年：［副］全年，一年到头。

成年：［副］整年。

（294）那栋房子成年不见阳光。

（295）那栋房子终年不见阳光。

以上用例表明二词在修饰动词层面并无差异。本组词同上一组"成宿"和"彻夜"一样，句法功能和句法位置都极其受限，故与上一组的处理情况相同，仍然借助"重叠"切入对二词的研究。口语体的"成年"可以重叠为"成年成年"，正式体的"终年"不可重叠为"＊终年终年"，因此下文直接进入对二词重叠后的句法对立的分析。

首先，在修饰动词层面的差异。

（296）姑姑跟安娜说农村一到冬天，成年成年不洗澡，缺水。

（297）＊姑姑跟安娜说农村一到冬天，终年终年不洗澡，缺水。

其次，带"地"修饰动词。

（298）他成年成年地病着，打针吃药花了家里不少钱。

（299）＊他终年终年地病着，打针吃药花了家里不少钱。

从以上用例可知，口语体的"成年"重叠后在修饰动词层面跟正式体"终年"形成对立。即间接论证了口语体"成年"和正式体"终年"遵循"语体不同则语法有异"的理论。

从头（口）——重新（正）

从头：重新（做）：从头再来。

重新：表示从头另行开始（变更方式或内容）：重新部署｜重新做人。

（300）他觉得迷茫惆怅，不知在什么地方出了差错，只能耐心地从头再来。

（301）他觉得迷茫惆怅，不知在什么地方出了差错，只能耐心地重新再来。

以上用例表明二词在修饰动词及动词短语层面并无差别，同样二词的句法功能和句法位置非常受限。同上，不能否定"语体语法"理论的正确性，因为发现二词有其他句法对立，用例见下：

（302）我的人生就是一错再错，错完了再从头。①　　（BCC微博语料）

（303）＊我的人生就是一错再错，错完了再重新。

（304）当我偷偷放开了你的手，看你小心地学会了走，为你我愿一切从头。

（305）＊当我偷偷放开了你的手，看你小心地学会了走，为你我愿一切重新。　　（BCC微博语料）

从以上用例可知，"从头"可以位于句子末尾，"重新"并不可以，之所以会形成这样的句法结构，笔者认为可能是省略了"从头"所修饰的动词，比如以上两例的完整形式应该是"错完了再从头开始""为你我愿一切从头再来"，但是可能因为是口语的原因，省略了"从头"所修饰的动词，如果是正式体的"我的人生就是一错再错，错完了再重新开始"是完全没有问题的。

闷头儿（口）——默默（正）

---

① BCC语料库中，在"综合"和"篇章"中，"从头"位于句尾的用例有55例（含重复例）。

闷头儿〔副〕：不声不响地（做某事）

默默〔副〕：不说话；不出声。

（306）为了能考第一名，他每天都**闷头**用功。

（307）为了能考第一名，他每天都**默默**用功。

以上用例表明二词在修饰动词及动词短语层面并没有差别，然而二词的句法功能和句法位置都非常受限。同上，二词在其他层面存在对立，用例见下：

（308）革命，不能靠嘴，而是要靠我们勤勤恳恳，**闷头**干。

（309）*革命，不能靠嘴，而是要靠我们勤勤恳恳，**默默**干。

（310）记住有什么想法要告诉我，不要一个人**闷头**想。

（311）*记住有什么想法要告诉我，不要一个人**默默**想。

从以上用例可知，口语体的"闷头"可以修饰单音节的动词，如"干""吃"等，但是正式体的"默默"必须修饰双音节动词，其原因可能是因为"默默"作为正式体要求"2+2"的节律模式，如"默默思考""默默等候""默默落泪"，其重音模式都是〔0213〕正式体的节律模式，而不是"稀里糊涂"〔2013〕口语体的节律模式，即〔默默 V_{66}〕是正式体节律要求的。由节律问题出发，进而引发一个新的问题，即"闷头干""闷头吃"和"默默思考""默默等候"在句法上的表现是一样的吗？其实是不一样的，"闷头干/吃"已经构成一个复杂的句法词了，因为在"闷头干/吃"中间不能有任何句法操作，如插入"地"就会造成非法的"*闷头地干/吃"，但是"默默"在修饰双音节动词时完全可以插入状语标记"地"，如"默默地等候""默默地思考"都是合法的，也即表明，"闷头干/吃"在句法上已经是一个 V^0，但是"默默（地）等候""默默（地）思考"在句法上是一个 VP 或者 DeP。以上是二词由于语体不同引发的不同句法表现。

成心（口）——故意（正）

成心：〔副〕故意。

故意：〔副〕有意识地（那样做）。

（312）他这么做是**成心**为难别人。

（313）他这么做是**故意**为难别人。

根据以上用例，二词在修饰动词层面并无差异。于是在它们基本语法功能一致的前提下，采用"否定"操作来检验二词的"语体—句法"位置差异。

（314）爸爸**成心**不回家，就是想看看女儿一个人在家行不行。

（315）爸爸**故意**不回家，就是想看看女儿一个人在家行不行。

（316）写论文要尽量选用普通的词汇，不**故意**卖弄土语和流行语。

（317）＊写论文要尽量选用普通的词汇，不**成心**卖弄土语和流行语。

从以上用例可知，"成心"和"故意"在搭配否定副词时形成差异，在句法上，否定副词"不"可以和被否定的成分构成否定词短语 NegP，即在句法上形成自己的最大投射，根据用例可知，"成心"和"故意"都可以位于否定副词"不"之前，但是只有"故意"可以位于否定副词"不"之后，"成心"没有该句法位置，也即，口语体的"成心"在否定词短语层面只能位于高位，而正式体的"故意"在否定词短语层面可以位于高低两个位置。

但是，在语料库中能找到下面这些"不成心"的用例，如：

（318）这**不成心**破坏世界和平吗？

（319）你这**不成心**欺负我眼神不好吗？

（320）这**不成心**让我睡不好觉吗？

虽然在语料库中能找到如上这些"不成心"的用例，但是实际上，上面这些用例都不是本部分要讨论的现象，上文中这些用例的句法格式是：这不……吗？也即，上文用例中的"不"的功能并不是用来否定副词"成心"的，而是"这不……吗？"整体构成一个反义疑问句的固定格式，本部分讨论的句法格式是［不成心 VP］，但是上面用例的句法格式是［这不［成心 VP］吗］，由此观之，上面"不成心"的用例并不是反例，而是另一个问题。

随地（口）——随处（正）

随地：［副］不拘什么地方。

随处：［副］不拘什么地方；到处。

（321）巷子里的垃圾**随地**丢弃，臭味熏天。

（322）巷子里的垃圾**随处**丢弃，臭味熏天。

以上用例表明，二词在修饰动词及动词短语层面并没有差别，由于二词的句法功能和句法位置都非常受限，目前没有找到二词由于语体不同引发的句法位置的高低差别。同上，不能否定"语体语法"理论的正确性，因为二词在其他层面存在对立，用例见下：

（323）原来这里工具乱扔，粪便**随地**。一经整顿，面貌崭新。（《人民日报》1991）

（324）＊原来这里工具乱扔，粪便**随处**。一经整顿，面貌崭新。

从以上用例可知，口语体的"随地"可以同名词一起构成"粪便随地"这样类似的主谓结构，但是实际上"粪便随地"这个结构到底该怎么定性还需要再研究，因为在《现代汉语词典》（第 7 版）中，"随地"只有副词一个词性，所以此处构成的"粪便随地"这个［N Adv］结构的句法性质极有可能是因为省略了动词造成的，即完整结构可能是"粪便随地堆积"，由于口语体的性质，省略了其后的动词，但是正式语体的"随处"无这样的省略操作。故针对本对词条，此处分析了它们语体不同而导致的不同的语法表现。

以上词条笔者虽然没有找到直接论证句法高低对立的用例，但是找到了其他方面的差异，同样能证明"语体不同则句法有别"。另外，在检测有语体对立的副词时，会有一些凭借语感来看特别像语体对立的副词，但是经过分析，实际上它们的语义并不相同，为避免引起混乱，本部分对其进行分析解释，作为特殊处理，不再对其进行句法分析。这些词条如下。

就地/当场（口）——就此（正）

就地：［副］就在原处（不在别处）：就地正法｜就地取材。

当场：［副］就在那个地方和那个时候：当场捕获。

就此：［副］就在此地或此时：就此前往｜文章就此结束。

这三词就个人认知而言，特别像一组有语体对立的词，但是仔细分析它们的语义就会发现，它们三个各自在"时""地"义项上并不一致，而且"当场"的释义用的是并列连词"和"，"就此"的释义用的是选择连词"或"，也即其内部的逻辑关系也是不一样的，故本部分不将其作为有语体对立的一组词分析。

单个儿（口）——单独（正）

单个儿：［副］独自一个：说好了大家一起去，他偏要单个儿去。

单独：［副］不跟别的合在一起；独自：单独行动｜请抽空到我这里来一下，我要单独跟你谈谈｜他已经能够离开师傅，单独操作了。

这组词也特别像一组有语体对立的词，但是仔细分析语义，发现它们并不相同，"单个儿"的语义重心强调"独自一个"，与"单独"语义并不一致，如果将"单个儿"替换到"单独"的短语/句子中，所得结果都是非法的。如"单独行动"替换为"＊单个儿行动"，"单独操作"替换为"＊单个儿操作"，由此可见，它们并不是一对"语义一致语体有别"的词条，故本部分不再对其进行分析。

白手（口）——徒手（正庄）

白手：［副］空手、徒手：白手起家｜这一样白手夺刀演得很精彩。

徒手：［副］空手（不拿器械）：徒手格斗。

空手：［动］①手中没有拿东西：空手对打｜空手夺刀。②指身上没有携带东西。

从语义上看，"白手"和"徒手"都是"空手"的意思，都是"手里没有拿东西"，但是"白手"的语体属性是极其口语化，"徒手"的语体属性已经正式偏向庄典体了，因此，二词的语体属性距离较远，故不再对本组词进行分析。

搭便（口）——乘便（正）

搭便：［副］顺便。

乘便：［副］顺便（不是特地）：请你乘便把那本书带给我。

"搭便"在《现代汉语词典》（第7版）中只给了一个释义，即"顺便"，词典中并未明确标注该词是方言词汇还是其他，笔者在BCC、CCL两大语料库都没有找到该词的正确用例，《新华方言词典》和《现代汉语方言大词典》都没有收录该词，但是笔者在《汉语方言常用词词典》上发现该词被标注为"北方方言"词汇，即为方言词汇，本书便不再对其进行分析。

一阵风／一溜风（口）——飞速（正）

一溜风：形容跑得很快：他一溜风地从山上跑下来。

一阵风：形容动作快：战士们一阵风地冲了上去。

飞速：非常迅速地：飞速发展｜飞速前进。

虽然"一阵风""一溜风"的语义包含着"快"的含义，跟"飞速"中的"迅速"义非常接近，但是"一阵风""一溜风"的对象非常有限，仅限于"动作""跑"，"飞速"并没有明确的语义对象，同"一阵风""一溜风"相比，"飞速"的语义对象是非常广的，因此，这三个词看起来虽语义相近，但实则并不可以作为一对同义／近义词分析。

就中（文白）——居中／居间（正）

就中：［副］居中（做某事）：就中调停。

居中：［副］居间；从中：居中调停｜居中斡旋。

居间：［副］在双方中间（说和、调解）：居间调停。

《现代汉语词典》（第7版）对"就中"的释义就是"居中（做某事）"，并未对其再做其他说明，但是查找BCC、CCL语料库发现，找不到关于"就中"的用例，《汉语大词典》、台湾《重编国语辞典》都只给了《红楼梦》中的用例，并没有现代汉语的用例，也即"就中"这个词是有特殊文体色彩的文白词，不是现代汉语普通话的通用词汇，故本书不再对本对词条进行分析。

就势／趁势／顺势

趁势：［副］利用有利的形式（做某事）；就势：他晃过对方，趁势把球踢入球门。

就势：[副] 顺着动作姿势上的便利（紧接着做另一个动作）：他把铺盖放在地上，就势坐在上面。

顺势：[副] 顺着情势；趁势：见有人先退场，他也顺势离去。

《现代汉语词典》（第 7 版）对以上三词都进行了解释，但是并没有说明以上三词的语体属性，首先从语言使用的频率来看，"趁势"是日常口语中的常用词。"就势"这个词用得相对较少，《汉语大词典》中并没有收录该词，《新华方言词典》中也未收录该词，常见的虚词词典，如张斌主编的《现代汉语虚词词典》也没有收录该词，可见这不是一个基于日常使用的词，但是其口语特征还是比较典型的，比如可以有"儿化"的用法。

（325）祥子进去，把铺盖放在地上，就势儿坐在上面，又没了话。

（老舍《骆驼祥子》）

从上例可见，"就势"是一个可以儿化的口语词汇，但是可能是语言发展演变的原因，《骆驼祥子》这部作品是 1936 年的，距今已经 80 多年了，如今对"就势"一词的使用已经减少。关于"顺势"，朱景松（2007：392）明确提出"顺势"只在口语里使用。例如：

（326）白灵顺势在一张椅子上坐了下来，心情平静了许多……

（陈忠实《白鹿原》）

但是有人可能会觉得"顺势"会有正式语体的用法，比如"顺势而为""顺势利导""顺势应时""顺势有为"等，其语体色彩都是非常正式的，但是此处需要强调的是，以上由"顺势"构成的四字形式确实是正式体，但是以上四字形式已经不是本书分析的对象了，因为这些四字形式已经类似于成语一样，是一个固化结构，同时也有了固定的重音及节律模式，故不再是本书的分析对象，也不能作为"顺势"是正式语体的证明。综上所述，以上三词"就势""趁势""顺势"都是口语体词汇，因此不再对其进行句法分析。

综合以上分析，对 V' 层有语体对立的副词进行了句法位置的分析，除了一些特殊处理的词外，目前得出的结论是口语体的句法位置高于正式语体的句法位置。这个结论同本书对单音节副词的分析一致。

4. V' 层副词修饰动词带"地"的问题

根据本书的研究，V' 层副词具有"附谓性"，修饰动词时是不能带"地"的，因为这是句法要求的，但还是发现有以下反例，如：

飞速

（327）目前中国经济正在飞速发展，中国在很多领域都取得了令人瞩目的成就。

（328）目前中国经济正在飞速地发展，中国在很多领域都取得了令人瞩目的成就。

纵情

（329）台上台下纵情歌唱《东方红》。

（330）漫天的歌声啊遍地的诗，纵情地倾泻了全国人民对你的思念！

尽情

（331）整整一个白天，我们尽情观赏了罗马尼亚的风土山川。

（332）她尽情地享受着新婚的幸福。

（333）她在这东方的奢华秀丽之中尽情地沉醉下去。

（334）＊她在这东方的奢华秀丽之中尽情沉醉下去。

默默

（335）不看表怎么判断自己跑了2到3分钟呢？其实只要在心里默默数着动作即可。

（336）为了丈夫的事业，她默默地奉献着自己所能付出的一切。

一溜风

（337）他一溜风跑了。

（338）他一溜风地跑了。

甚至"一溜风"在某种情况下必须带"地"，不带"地"反而不好，如下例：

（339）他的汽车，沿着风光明媚的海滨地带一溜风地跑向远方去了。

（340）＊他的汽车，沿着风光明媚的海滨地带一溜风跑向远方去了。

以上用例表明，"一溜风"有时候必须要有"地"，这和上文的研究似乎是相反的，那么这些是反例吗？如果不是反例，该怎么解释这些带"地"的情况呢？

就本研究而言，V'层副词在修饰动词的时候不带"地"是正确的，这些带"地"的副词，即"飞速地、纵情地、尽情地、默默地、一溜风地"其句法位置仍然是V'层，但是这个形式（adv+地）有其特殊的功能。以"飞速""纵情"为例讨论：

（341）目前中国经济正在飞速发展，中国在很多领域都取得了令人瞩目的成就。

（342）目前中国经济正在飞速地发展，中国在很多领域都取得了令人瞩目的成就。

（343）台上台下纵情歌唱《东方红》。

（344）漫天的歌声啊遍地的诗，纵情地倾泻了全国人民对你的思念！

当用"中国经济正在飞速发展"的时候，说的是"发展"的现状、情况，"纵情歌唱《东方红》"说的是"歌唱"的"状态"，都是在对动词自身进行说明，"发展"的速度是"飞速"，"歌唱"的情状是"纵情"，但是如果带"地"以后，就和不带"地"情况不一样了，带"地"以后是一种"描述"，是一种"描写"性的说明，这个时候，"飞速地、纵情地、尽情地、默默地、一溜风地"就不仅仅是对动词的情况进行说明，而是描述性的、描写性的表达一种"超时空"的状态，或者是意识形态层面的感觉，有文艺体、散文体的特色。例如：

（345）漫天的歌声啊遍地的诗，纵情地倾泻了全国人民对你的思念！

（346）她尽情地享受着新婚的幸福。

（347）为了丈夫的事业，她默默地奉献着自己所能付出的一切。

观察以上用例还发现，副词带"地"修饰的动词，跟副词不带"地"修饰的动词也是不一样的，副词带"地"修饰的动词可以是抽象动词，例如"纵情地倾泻"和不带"地"的"纵情歌唱"不一样，同时，"倾泻"的对象也是抽象的"思念"，"尽情观赏"和"尽情地享受"中的动词也不一样，"观赏"是典型的动作动词，而"享受"是抽象动词，并且它们的宾语也不一样，"观赏"的是"风土山川"，而"享受"的是"新婚的幸福"，"默默数着动作"和"默默地奉献"也不一样，具体的动作动词"数"和抽象动词"奉献"。另外，还观察到下面的对立：

（348）她在这东方的奢华秀丽之中尽情地沉醉下去。

（349）＊她在这东方的奢华秀丽之中尽情沉醉下去。

（350）他的汽车，沿着风光明媚的海滨地带一溜风地跑向远方去了。

（351）＊他的汽车，沿着风光明媚的海滨地带一溜风跑向远方去了。

从以上用例可知，在表达一种绝对的描绘性的表述中，副动结构之间的"地"是不能没有的，如果没有，句子就不合法。也即，当表达一种绝对的超时空范畴时，"地"不能没有，即"地"打破了副词原有的"附谓性"，使其和原来的核心动词分离，这种分离使原来的副动结构的"动词性"消失了，时空度提高，从具时空范畴到泛时空范畴，使其从原有的叙述体、说明体变成了散文体、文艺体。

分析至此，从理论上来说，是"形式—功能对应律"在发挥作用，即不同的形式具有不同的功能。V'层的副词，可以分为两类，一类是不带"地"

的"副词₁",另一类是带"地"的"副词₂",因此形成两个结构,结构一是"副词₁+动词",结构二是"副词₂地+动词"(注:可能会有质疑副词带"地"以后的句法位置就不应该在V'层了,因为"地"在句法上可以单独投射为一个功能核心"DeP"),本书针对该句法结构的讨论参考 Larson(2018),见图 3-6,认为即便带"地"以后,这个副词的句法位置仍在 V'层,"副词+地"构成的短语是 AdvP,不是 DeP,"地"在这里是黏附成分(Clitic),这两个结构表达两个功能,结构一是表"说明"的叙述体,表达具时空特征,修饰的动词多为具体的动作动词,结构二是表"描写"的文艺体,表达泛时空特征,修饰的动词多为抽象动词。

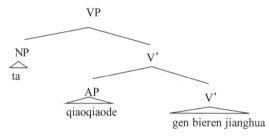

图 3-6 形容词短语句法位置图(转引自 Larson 2018:4)

因此,关于 V'层副词是否带"地"的问题,现已有了一个较为合理的解释,即"形式—功能对应律"在发挥作用,当 V'层副词带"地"以后,就从原有的叙述体、说明体变成了散文体、文艺体,因此,"地"具有实现从"语"到"文"的功能,因此 V'层副词带"地"有其特殊的功能,与本书对 V'层副词句法属性的讨论并不矛盾,甚至更深化了本书的研究。

综合以上内容,关于 V'层副词,共有 270 个,口语体有 57 个,口语体副词占全部副词的 20%,由此表明,正式体副词的比例为 80%。可见,V'层副词的词汇语体以正式体、正庄体为主。从句法上看,V'层副词在句法上以动词为核心,起修饰限定作用,具有较强的附谓性,V'层副词内部可以分为八类,具有较为统一的句法位置分布。从语义上看,语义较为实在,是典型的词汇性副词。从语体上看,V'层副词也是口语体的句法位置高,正式语体的句法位置低。最后,又讨论了 V'层副词带"地"的问题。以上,暂时结束对 V'层副词的研究,下面开始对 VP 层副词进行分析。

三、VP 层副词的范围及语体研究

（一）VP 层副词的句法属性及分类

根据 Cinque（1999）的研究，VP 层副词相对于 TP 层副词和 CP 层副词来说，是 Lower AdvPs，其句法功能是表示各类"体"范畴（Aspect）的副词，有自己的中心语投射。在 Cinque 的研究体系中，相关的"体"范畴有："惯常体（Habitual）""重复体（Repetitive）""频率体（Frequentative）""终结体（Terminative）""进行体（Progressive）""完成体（Completive）""持续体（Continuative）""回顾体（Retrospective）"等。此处需要对"体"范畴进行说明，我们谈到"体"范畴的时候，通常都是针对句子的"时体"成分而言，比如汉语中的"着""了""过"，虽然"着""了""过"也是紧跟在动词之后，但是其句法功能是表达整个句子的时体状态，如果没有"着""了""过"等时体成分，句子就非法，比如：

（352）＊我已经吃饭。（预设：你不用再给我做饭了）

该句不合语法要求，因为整个句子没有表示"体"功能的成分，即由于表"体"功能成分的缺失，整个句子都不正确，其完整的正确形式应该是：

（353）我已经吃饭了。（你不用再给我做饭了）

当补出"体"成分"了"后，整个句子就合语法要求了，而本部分提出副词的"体"功能和"着""了""过"表达的"体"功能不一样，副词表示的"体"功能并不是针对整个句子，而是针对句中动词/动词短语（VP）的。换而言之，副词表示的"体"范畴缺失与否并不影响句子的正确性，如下例：

（354）我吃饺子。

（355）我常常吃饺子。

从以上用例可知，"常常"是表示惯常体的副词，句中"常常"的有无并不影响句子的正确度，即"常常"表示的体功能并不是针对整个句子的，而是针对整个动词短语（VP）的，例（354）（355）中"吃饺子"这个行为/事件是"常常"发生的，而不对整个命题的句法合法度产生影响。因此，虽然 VP 层副词是表示"体"范畴的副词，但是其句法结构是和 VP 在一个大的层次下，即：

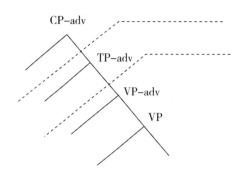

图3-7 VP层"体"范畴副词的句法位置图

以上讨论了 VP 层副词的句法属性，即为功能性副词（Functional Adverb），表达"体"范畴，不以动词为核心，形成自己的中心语投射。下面，针对汉语副词的情况，对 VP 层副词进行分类研究，为下文的句法位置和语体研究做铺垫。本部分穷尽式地查找了《现代汉语词典》（第7版），能出现在 VP 层的副词共计100个，可以分为九类，详请见下：

持续体：

① "一直"类：一直、始终。

② "仍旧"类：仍旧、仍然、依旧、依然、照常、照旧。

③ "历来"类：历来、从来、向来、素来。

短时体：

① "立刻"类：立刻、立地、立即、立时、即刻、马上、顿时、登时、顿然、当即、迅即、当时、即时、应时、眼见、眼看、赶快、赶紧、急忙、连忙、赶忙、早早、早日。

② "忽然"类：忽地、忽然、忽而、蓦地、蓦然、霍地、霍然、倏地、倏忽、猛可ㄦ、猛然、猝然、骤然、陡然。

③ "暂时"类：姑且、暂且、权且。

接续体：接连、接着、连连、连声、连番、轮番、轮次、陆续、相继、相率、先后。

频率体：常常、时时、偶尔、偶或、偶然、偶一、间或、有时、老是、总是、经常、时常、屡屡、屡次、常/长川、常时、时常、时而。

重复体：一再、再三。

完成体：已经、已然、业已、业经、早已、久已。

惯常体：往往、每每、通常、惯常。

已然体①：一朝、一旦。

未然体②：一朝、一旦、早晚、迟早。

以上，分析了 VP 层副词的句法属性，虽然 VP 层副词是表示"体"范畴的副词，但是其句法范域与"着、了、过"并不相同，VP 层"体"范畴副词的作用范围在 VP 层，不针对整个句子。其后，又对 VP 层副词进行分类，共计可分为持续体、短时体、接续体、频率体、重复体、完成体、惯常体、已然体和未然体 9 类。下面，就从这 9 类副词出发，论证其句法位置高低。

（二）VP 层副词的句法位置分布

上一小节已经对 VP 层副词进行了分类，下面的研究工作是对 VP 层副词进行句法位置高低分布的研究。Cinque（1999）从语言类型学的视角做了副词的句法位置层级研究，其研究得出来的一个层级类型大概是（">"表示"高于"）：

$$\text{Asp}_{habitual} > \text{Asp}_{perfect} > \text{Asp}_{retrospective} > \text{Asp}_{durative} > \text{Asp}_{progressive} > \text{Asp}_{prospective} > \text{Asp}_{celerative} >$$
$$\text{Asp}_{completive} > \text{Asp}_{(semel)\,repetitive} > \text{Asp}_{iterative} \hspace{2cm} （\text{Cinque } 1999：76）$$

同时，Cinque 也做了汉语副词的句法层级研究，但是本书认为，Cinque 的研究，有的结论跟汉语的实际情况并不相符，例如：

（356）Honestly I unfortunately have prejudice to them.（P39）

老实说，我不幸对他们有偏见。

（357）He wisely usually does not commit himself.（P40）

他明智地一般不表态。

从以上两例可知，Cinque 针对汉语的研究，有些是不正确的，当然这种情况很少，"老实说"和"不幸"是 CP 层的副词，因为下面章节会讨论 CP 层的情况，故此处一并讨论。之所以在此处讨论 Cinque 对汉语的研究，一是因为他对汉语下的有些结论与正确结论不符，二是想说明 Cinque 的研究虽然有语言类型学上的证据，但是由于语言之间个体差异性，即在大原则一致的情况下也会有参数的差异，所以汉语的研究要根据自身情况而定。下面分析 VP 层副词的句法层级。

持续体"向来"类>惯常体

（358）向来我们从事戏曲工作的同志往往有一种成见，好像富有民族色彩的戏曲就只能演历史故事。

---

① "一朝、一旦"作为已然体表示"忽然有一天"的意思。

② "一朝、一旦"作为未然体表示"要是有一天"的意思。

（359）＊往往我们从事戏曲工作的同志向来有一种成见，好像富有民族色彩的戏曲就只能演历史故事。

（360）历来人们评论书法往往透过不同字体面貌，看出书家的品格气质，这就是"字如其人"。

（361）＊往往人们评论书法历来透过不同字体面貌，看出书家的品格气质，这就是"字如其人"。

（362）历来关于农民斗争的记载通常是说农民被排出土地、流聚山泽，然后"转而为盗"。

（363）＊通常关于农民斗争的记载历来是说农民被排出土地、流聚山泽，然后"转而为盗"。

惯常体>频率体

（364）所以你说在教育孩子的问题上，往往我们老是被孩子所教育，所左右，不成功。

（365）＊所以你说在教育孩子的问题上，老是我们往往被孩子所教育，所左右，不成功。

（366）通常在技术开发区集团总部上班的集团新任董事长仇旭东偶尔在此办公。

（367）＊偶尔在技术开发区集团总部上班的集团新任董事长仇旭东通常在此办公。

频率体>未然体

（368）因喜欢一个人的容貌而爱上对方相对容易，同样，移情也容易。然而，如果因对方的内心而爱上他，常常是一旦发生就直奔根深蒂固的不归路。

（369）＊因喜欢一个人的容貌而爱上对方相对容易，同样，移情也容易。然而，如果因对方的内心而爱上他，一旦是常常发生就直奔根深蒂固的不归路。

（370）医学专家指出，当心儿童患上"玩具孤独症"。有些孩子有时一旦离开玩具，就变得烦躁不安，对父母或周围的人不屑一顾。

（371）＊医学专家指出，当心儿童患上"玩具孤独症"。有些孩子一旦有时离开玩具，就变得烦躁不安，对父母或周围的人不屑一顾。

未然体>接续体

（372）大部分的艺人都知道，网民的批评其实没有什么，但是网民一旦轮番炒作，文化执法部门的同志就要出来管管了。

（373）＊大部分的艺人都知道，网民的批评其实没有什么，但是网民轮番一旦炒作，文化执法部门的同志就要出来管管了。

（374）由于不少科技股的基本面依然良好，一旦科技公司陆续传出获利佳音，纳斯达克指数很快就会反弹。

（375）＊由于不少科技股的基本面依然良好，陆续科技公司一旦传出获利佳音，纳斯达克指数很快就会反弹。

接续体>完成体

（376）首先是地下水位逐渐抬高，把良田变成盐碱地，接着已经盐化的地下水像自流井一样向田里倒灌，眼睁睁看着良田成了沼泽……

（377）据了解，在周锡玮（现任台北县长）于去年台湾"三合一"县市长选举前夕加入国民党后，陆续已经有8位原来的亲民党籍"立委"加入了国民党。

完成体>接续体

（378）全国各地秋收的农作物已经陆续上市。

（379）汽车行业变革的信号已经连番袭来。

从以上用例可知，"完成体"和"接续体"的句法位置是在一个层级上。

完成体>持续体

（380）阿拉伯民族主义的怒火已经一直烧到巴格达条约的根据地，这并不是意外。

（381）＊阿拉伯民族主义的怒火一直已经烧到巴格达条约的根据地，这并不是意外。

（382）因为这些天来，她料定正院将会有所举动，已经一直做着应变的打算。

（383）＊因为这些天来，她料定正院将会有所举动，一直已经做着应变的打算。

完成体>短时体

（384）他这句话才一出口，自己已经立刻有了答案。

（385）＊他这句话才一出口，自己立刻已经有了答案。

（386）那男人刚要跑到的时候，她已经赶紧把后门关上了。

（387）＊那男人刚要跑到的时候，她赶紧已经把后门关上了。

短时体>已然体

（388）十几年的朋友，一旦忽然散伙，连想也不能这么想。

（389）＊十几年的朋友，忽然一旦散伙，连想也不能这么想。

（390）我想起我一家人无可救药的情形，又想起回到乡下以后的情形，又想到我母亲真会一旦忽然死去。……

（391）＊我想起我一家人无可救药的情形，又想起回到乡下以后的情形，又想到我母亲真会忽然一旦死去。……

到目前为止，可以初步总结 VP 层副词的句法层级系统，即：

持续体"历来"类>惯常体>频率体>未然体>接续体、完成体>持续体"一直、仍旧"类/短时体>已然体

但是，在进行验证分析的时候，发现"接续体"和"短时体"之间的句法位置可以前后互换，如下：

（392）他先是吃了一片阿司匹林，接着立刻呼叫急救中心。

（393）侦查员俯身看了看，立刻接着说："你没有错，孩子，这正是我们要追踪之人的脚印。"

（394）旁边的群众一阵惊呼，接着赶紧掩口偷笑。

（395）爱说话的人会一劲儿地说，直到茶凉了，一口灌下去，赶紧接着再说。

但是在短时体中表示"暂时"的这一小类，接续体只能位于其后，例如：

（396）新的洗衣机还没来，这个旧的，你暂且接着用，等新的来了就给你换。

（397）＊新的洗衣机还没来，这个旧的，你接着暂且用，等新的来了就给你换。

又因为"未然体"位于"接续体"之前，所以下面要考察"未然体"和"短时体"的句法位置关系，从语料可知，"未然体"高于"短时体"，用例见下：

未然体>短时体

（398）一旦母亲发现立刻承认错误。

（399）＊立刻母亲发现一旦承认错误。

因此，关于"未然体""接续体"和"短时体"之间的关系，可表示如下：

未然体>短时体、接续体>短时体"＊暂时类"

这个序列的意思是："未然体"高于"短时体"和"接续体"，"短时体"和"接续体"处在同一位置，即可前后互换，但是"接续体"只能位于"短时体"中非"暂时类"的副词之前，也即说明"接续体"的句法位置低于"短时体"中的"暂时类"。

另外，还发现"完成体"的句法位置高于"重复体"的句法位置，例如：

完成体>重复体

（400）中华人民共和国政府已经一再以实际的裁军行动表现了对自己维护和平和实现裁军的诚意。

（401）＊中华人民共和国政府一再已经以实际的裁军行动表现了对自己维护和平和实现裁军的诚意。

（402）关于会议的细节，我们已经再三讨论过了，大家还有什么意见吗？

（403）＊关于会议的细节，我们再三已经讨论过了，大家还有什么意见吗？

因此，最后总结出来 VP 层副词的句法层级如下：

持续体_{"历来"类}>惯常体>频率体>未然体>接续体、完成体>持续体_{"一直、仍旧"类}/短时体>已然体

当确定"完成体"的句法位置高于"重复体"后，接下来要考察"重复体"与"完成体"前后的其他体范畴的副词之间的句法关系，例如"接续体""持续体"和"短时体"等。

首先是"接续体"与"重复体"的句法关系，如下：

接续体>重复体

（404）接着她再三打听阿晓的消息，可我也真答不出什么可靠情况。

短时体>重复体

（405）当地某村革委会闻讯后，立刻带领全村群众再三向边防部队要求参加这项架线工程。

持续体>重复体

（406）这天晚上，谭功达在西津渡一家小饭馆中喝了点白酒，一直到店主人再三催促打烊，才怏怏不乐地离开。

根据以上用例，形成下面的句法位置层级关系，即：

接续体、短时体、持续体>重复体

到目前为止，已经分析了所有 VP 层副词的句法层级，另外，为了验证上面提出的句法层级系统的正确性与严谨性，下面又做了小类之间的检测，以确保整个体系没有疏漏。

接续体>持续体_{"一直、仍旧"类}

（407）一路战士很快占领了敌人的桥头堡，接着一直冲向敌人的指挥所。

（408）＊一路战士很快占领了敌人的桥头堡，一直接着冲向敌人的指

挥所。

（409）他在她坠下去的瞬间抓住了她，但雨水打滑了彼此的双手，她接着依旧下坠……

（410）*他在她坠下去的瞬间抓住了她，但雨水打滑了彼此的双手，她依旧接着下坠……

惯常体>完成体

（411）另外，等你数到第三下时，通常你的忍耐已经达到极限，你会很容易带着怒气去管教孩子。

（412）*另外，等你数到第三下时，已经你的忍耐通常达到极限，你会很容易带着怒气去管教孩子。

未然体>完成体

（413）不能鼓励穷人去要饭，这我完全同意，但一旦他们已经成了乞丐，那就要给他们食物吃，以免他们去当强盗。

（414）*不能鼓励穷人去要饭，这我完全同意，但已经他们一旦成了乞丐，那就要给他们食物吃，以免他们去当强盗。

频率体>完成体

（415）有些家属去上学了，回来的时候，邻居常常已经把青菜给她买回来了。

（416）*有些家属去上学了，回来的时候，邻居已经常常把青菜给她买回来了。

频率体>接续体

（417）这些士兵头刚刚挨着地面就呼呼大睡，甚至有时连番战斗，连饭都顾不上吃。

（418）*这些士兵头刚刚挨着地面就呼呼大睡，甚至连番有时战斗，连饭都顾不上吃。

惯常体>短时体

（419）过去人们提及"涉外婚姻"往往立刻想到"老夫少妻"。

（420）*过去人们提及"涉外婚姻"立刻往往想到"老夫少妻"。

（421）夜里，她孤独地躺在床上，想想发生的这些事，往往，她会忽然从床上坐起来，用双手紧抱住头，无声地啜泣到天亮。

（422）*夜里，她孤独地躺在床上，想想发生的这些事，忽然，她会往往从床上坐起来，用双手紧抱住头，无声地啜泣到天亮。

频率体>短时体

（423）以社会问题为主题的文学作品，哪怕是一个短篇小说，常常立刻就引起全社会的喧哗。

（424）＊以社会问题为主题的文学作品，哪怕是一个短篇小说，立刻常常就引起全社会的喧哗。

以上又对各个小类之间进行了检测式的验证。综合以上分析，目前可以得出 VP 层副词的句法层级系统是：

持续体"历来"类>惯常体>频率体>未然体>接续体/完成体>持续体"一直、仍旧"类/短时体>已然体/重复体

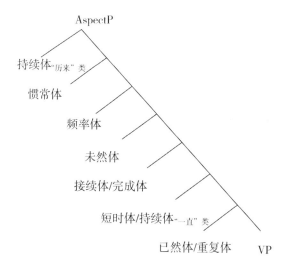

图 3-8　"体"范畴的副词句法层级（VP 层副词）

其中有一些小的内部的句法层级系统，就不放到这个大的类别上了。分析完 VP 层的句法位置，下面进一步考察 VP 层副词的语体表现。

（三）VP 层副词的语体研究

以上讨论了 VP 层副词的句法属性及分类，明确 VP 层副词是表示"体"范畴的功能性副词，下面从语体的角度，考察 VP 层副词的语体表现。根据本书第二章的内容，已经分析了副词语体判定的依据及判定副词句法位置的方法，此处略去不谈，直接看副词语体差异引发的句法表现。本部分共分为两部分，一是语体属性与句法高低对立的副词；二是语体属性与句法搭配对立的副词。根据上文对副词的分类研究，共有 25 对有语体对立的副词进行句法分析，下面是具体的分析：

1. 语体属性与句法高低对立的副词

一直（口：高）——始终（正：低）

一直：[副]表示动作始终不间断或状态始终不变。

始终：[副]表示从头到尾；一直。

副词位于谓语之前：

（425）这么多年，他一直坚持洗冷水澡。

（426）这么多年，他始终坚持洗冷水澡。

从上例可知，二词在修饰动词/动词短语层面完全一致，于是进一步看二词句法位置的高低，此处采用"共现法（Co-occur）"来判定二词的句法位置。

（427）我一直以来始终在寻找跟你相似的背影，可惜每当一转身，都不是你。

（428）*我始终以来一直在寻找跟你相似的背影，可惜每当一转身，都不是你。

（429）母亲喊哑了嗓子，一直寻找始终没有下落。

（430）*母亲喊哑了嗓子，始终寻找一直没有下落。

通过共现法可知，口语体"一直"的句法位置高于正式体"始终"的句法位置。即：

一直（口）>始终（正）

忽然（口：高）——忽地①（正：低）

忽地：[副]忽然；突然。

忽然：[副]表示情况发生的迅速而又出乎意料。

副词位于谓语之前：

（431）他正要出去，天忽地下起雨来了。

（432）他正要出去，天忽然下起雨来了。

从上例可知，二词在修饰动词/动词短语层面完全一致，于是进一步测试二词句法位置的高低，此处采用外话题的位置判定二词的句法位置。

副词位于外话题之前：

（433）忽然这个消息，人们一夜之间都知道了。

（434）*忽地这个消息，人们一夜之间都知道了。

通过上例可知，口语体"忽然"可位于外话题的位置，而正式体"忽

---

① 关于"忽地"的语体问题，朱景松（2007：205）指出"只用于书面语里"。在 BCC 语料库中检索"忽地"的报刊语料也多达430条。

地"不能位于该位置。由此可见，口语体"忽然"的句法位置高于正式体"忽地"的句法位置。即：

忽然（口）>忽地（正）

蓦地（口：高）——蓦然（正：低）

蓦地：［副］出乎意料地；突然。

蓦然：［副］猛然。

副词位于谓语之前：

（435）他蓦地发现读书这件事也不是很难。

（436）他蓦然发现读书这件事也不是很难。

从上例可知，二词在修饰动词/动词短语层面完全一致，于是进一步考察二词句法位置的高低，此处采用模态词"能"的位置来判定二词的句法位置。

副词位于模态词"能够"之前：

（437）沉默半年后，这个孩子蓦地能₃开口说话了。

（438）＊沉默半年后，这个孩子蓦然能₃开口说话了。

从上例可知，此处借用模态词"能₃"表示"能够"的语义，区分二词的句法位置，口语体"蓦地"能位于该位置，正式体"蓦然"不能位于该位置，可见口语体"蓦地"的位置高于正式体"蓦然"的句法位置。即：

蓦地（口）>蓦然（正）

霍地（口：高）——霍然（正：低）

霍地：［副］表示动作突然发生。

霍然：［副］突然。

副词位于谓语之前：

（439）摸黑进了一个小四合院，她眼前霍地一亮。

（440）摸黑进了一个小四合院，她眼前霍然一亮。

从上例可知，二词在修饰动词/动词短语层面完全一致，于是进一步验证二词句法位置的高低，此处采用主语前的位置判定二词的句法位置。

副词位于主语之前：

（441）霍地，她从床上跳了起来，因为她想起母亲必定正为她的安危而担心，她必须速速逃离这里，奔回母亲身边。

（442）＊霍然，她从床上跳了起来，因为她想起母亲必定正为她的安危而担心，她必须速速逃离这里，奔回母亲身边。

据上例可知，口语体"霍地"能位于主语之前，正式体"霍然"不能出现在该位置。由此表明，口语体"霍地"的句法位置高于正式体"霍然"的句法位置。即：

霍地（口）>霍然（正）

倏地（口：高）——倏忽（正：低）

倏地：［副］极快地；迅速地。

倏忽：［副］很快地；忽然。

副词位于谓语之前：

（443）她的眼睛倏地一闪，看到一个移动的影子。

（444）她的眼睛倏忽一闪，看到一个移动的影子。

从上例可知，二词在修饰动词/动词短语层面完全一致，于是进一步考察二词句法位置的高低，此处采用主语前的位置判定二词的句法位置。

副词位于主语之前：

（445）倏地，他从床上跳起，冲到她前面。

（446）*倏忽，他从床上跳起，冲到她前面。

从上例可知，通过"主语前"的位置考察二词的句法位置，只有口语体的"倏地"能位于该位置，正式体的"倏忽"不能出现在主语前。由此表明，口语体"倏地"的句法位置高于正式体"倏忽"的句法位置。即：

倏地（口）>倏忽（正）

趁早（口：高）——及早（正：低）

趁早：［副］抓紧时机或提前（采取行动）。

及早：［副］趁早。

副词位于谓语之前：

（447）因为三年以来没人管理，荒废的大闸一切设备必须趁早修复。

（448）因为三年以来没人管理，荒废的大闸一切设备必须及早修复。

从上例可知，二词在修饰动词/动词短语层面完全一致，于是进一步测试二词句法位置的高低，此处采用主语前的位置进行判定。

副词位于主语之前：

（449）趁早儿，你先到法院起诉他对你所犯的虐待罪，然后要求平分财产。

（450）*及早，你先到法院起诉他对你所犯的虐待罪，然后要求平分财产。

从上例可知，通过"主语前"的位置考察二词的句法位置，只有口语体的"趁早"能位于该位置，正式体的"及早"不能出现在主语前。由此可知，口语体"趁早"的句法位置高于正式体"及早"的句法位置。即：

趁早（口）>及早（正）

先后（口：高）——相继（正：低）

先后：［副］前后相继。

相继：［副］一个跟着一个。

副词位于谓语之前：

（451）这是最后一次产品方针会议，类似的会议已经先后举行过两次。

（452）这是最后一次产品方针会议，类似的会议已经相继举行过两次。

从上例可知，二词在修饰动词/动词短语层面完全一致，于是进一步考察二词句法位置的高低，此处采用共现法进行判定：

（453）北京城内的大茶馆已先后相继关了门。

（454）北京城内的大茶馆已相继先后关了门。

（455）随着以上两部法律的颁布和实施，与之配套的法规、规章也先后相继出台。

（456）＊随着以上两部法律的颁布和实施，与之配套的法规、规章也相继先后出台。①

通过共现法，以上诸例表明，口语体"先后"的句法位置高于正式语体"相继"的句法位置。即：

先后（口）>相继（正）

眼见（口：高）——眼看（正：低）

眼见：［副］马上。

眼看：［副］马上。

副词位于谓语之前：

（457）暑假眼看结束，再过两天就要开学了。

（458）暑假眼见结束，再过两天就要开学了。

从上例可知，二词在修饰动词/动词短语层面完全一致，于是进一步测试二词句法位置的高低，此处采用外焦点的位置判定二词的句法位置。

副词位于外焦点之前：

（459）眼看连米饭他们都快要吃不上了。

（460）＊眼见连米饭他们都快要吃不上了。

从上例可知，通过"连"字焦点的位置考察二词的句法位置，只有口语

---

① 注：BCC 语料库中只有 1 例"相继先后"，这是金庸先生武侠小说中的用例，我们认为不影响。

体的"眼看"能位于该位置，正式体"眼见"不能出现在该位置，因此表明口语体"眼看"的句法位置高于正式体"眼见"的句法位置。即：

眼看（口）>眼见（正）

姑且/暂且（口：高）——权且（正：低）

姑且：［副］表示暂时地。

暂且：［副］暂时；姑且。

权且：［副］暂且；姑且。

副词位于谓语之前：

（461）办公桌上铺了一块白布，姑且作为颁奖台。

（462）办公桌上铺了一块白布，暂且作为颁奖台。

（463）办公桌上铺了一块白布，权且作为颁奖台。

从上例可知，三词在修饰动词/动词短语层面完全一致，于是进一步考察三词句法位置的高低，此处采用主语前的位置判定三词的句法位置。

副词位于主语之前：

（464）这里有台旧洗衣机，姑且你先用着。

（465）这里有台旧洗衣机，暂且你先用着。

（466）＊这里有台旧洗衣机，权且你先用着。

由上例可知，在主语前的位置，只有口语体的"姑且"和"暂且"可以位于该处，正式体的"权且"不能位于该位置，因此可知，口语体"姑且""暂且"的句法位置高于正式体"权且"的句法位置。即：

姑且/暂且（口）>权且（正）

偶尔（口：高）——偶或（正：低）

偶尔：［副］间或；有时候。

偶或：［副］间或；有时候。

副词位于谓语之前：

（467）记者的足迹也多半是在城里，偶尔下乡村，多半是到乡镇企业。

（468）记者的足迹也多半是在城里，偶或下乡村，多半是到乡镇企业。

从上例可知，二词在修饰动词/动词短语层面完全一致，于是进一步考察二词句法位置的高低，此处采用主语前的位置来判定二词的句法位置。

副词位于主语之前：

（469）偶尔 [$_{DP}$这种无言的关切$_{subject}$] 使他感到欣慰。

（470）＊偶或 [$_{DP}$这种无言的关切$_{subject}$] 使他感到欣慰。

从上例可知，通过"主语前"的位置检验二词的句法位置，只有口语体的"偶尔"能位于该位置，正式体的"偶或"不能位于该位置，由此表明口语体"偶尔"的句法位置高于正式体"偶或"的句法位置。即：

偶尔（口）＞偶或（正）

偶然（口正：高）——偶一（正庄：低）

偶然：［副］间或；有时候。

偶一：［副］偶然一次；偶尔。

副词位于谓语之前：

（471）古书没有标点，引述他人语句时，偶然不慎，极易出错。

（472）古书没有标点，引述他人语句时，偶一不慎，极易出错。

从上例可知，二词在修饰动词/动词短语层面时完全一致，于是进一步考察二词句法位置的高低，此处采用主语前的位置判定二词的句法位置。

副词位于主语之前：

（473）偶然他捡得一只烂苹果或半截老萝卜，就这么当作晚饭了。

（474）＊偶一他捡得一只烂苹果或半截老萝卜，就这么当作晚饭了。

从上例可知，通过"主语前"的位置检验二词的句法位置，只有口正体的"偶然"能位于该位置，正庄体的"偶一"不能位于该位置。由此可知，口正体"偶然"的句法位置高于正庄体"偶一"的句法位置。即：

偶然（口正）＞偶一（正庄）

有时（口：高）——间或（正：低）

有时：［副］有时候。

间或：［副］偶尔；有时候。

副词位于谓语之前：

（475）野花漫山遍野地开着，有时也可以看见一株两株杜鹃。

（476）野花漫山遍野地开着，间或也可以看见一株两株杜鹃。

从上例可知，二词在修饰动词/动词短语层面完全一致，于是进一步考察二词句法位置的高低，此处采用外话题的位置进行判定。

副词位于外话题之前：

（477）有时这种事情，我们也不能避免。

（478）＊间或这种事情，我们也不能避免。

从上例可知，通过"外话题"的位置检验二词的句法位置，只有口语体的"有时"能位于该位置，正式体"间或"不能位于该位置。据此可知，口语体"有时"的句法位置高于正式体"间或"的句法位置。即：

有时（口）>间或（正）

常常（口：高）——时时（口：低）

常常：［副］表示事情的发生不止一次，而且相隔时间不久。

时时：［副］常常。

副词位于谓语之前：

（479）二十年来我常常想起这件事。

（480）二十年来我时时想起这件事。

从上例可知，二词在修饰动词/动词短语层面完全一致，于是进一步考察二词句法位置的高低，此处采用主语前的位置来判定二词的句法位置。

副词位于主语之前：

（481）常常我们为了达到自己的目标而错过很多。

（482）＊时时我们为了达到自己的目标而错过很多。

从上例可知，通过"主语前"的位置验证二词的句法位置，只有口语体的"常常"能位于该位置，正式体的"时时"不能出现在主语前，因此表明口语体的"常常"的句法位置高于正式体"时时"的句法位置。即：

常常（口）>时时（正）

往往（口：高）——每每（正：低）

往往：［副］表示根据以往的经验，某种情况在一定条件下时常存在或经常发生。

每每：［副］表示同样的事情发生多次，跟"往往"相同（一般用于过去的或经常性的事情）。

副词位于谓语之前：

（483）他们常在一起，每每一谈就是半天。

（484）他们常在一起，往往一谈就是半天。

从上例可知，二词在修饰动词/动词短语层面完全一致，于是进一步考察二词句法位置的高低，此处采用外话题的位置来判定二词的句法位置。

（485）往往这种问题，我们都找后勤部门解决。

（486）＊每每这种问题，我们都找后勤部门解决。

从上例可知，通过"外话题"的位置检验二词的句法位置，只有口语体的"往往"能位于该位置，正式体的"每每"不能位于该位置。由此可知，口语体"往往"的句法位置高于正式体"每每"的句法位置。即：

往往（口）>每每（正）

早已（口：高）——久已（正：低）

早已：［副］很早已经；早就。

久已：［副］很久以前已经；早就。

副词位于谓语之前：

（487）这件事情我**早已**忘了。

（488）这件事情我**久已**忘了。

以上用例表明二词在修饰动词/动词短语层面没有差别。于是借助内焦点的位置进一步判定二词句法位置的高低。

副词位于内焦点之前：

（489）他们家**早已**连饭都吃不上了。

（490）＊他们家**久已**连饭都吃不上了。

（491）等他出来时，小偷**早已**连影子都看不见了。

（492）＊等他出来时，小偷**久已**连影子都看不见了。

通过引入"连"字焦点，发现只有口语体的"早已"可以位于该位置，正式体的"久已"在该位置是非法的。因此，口语体"早已"的句法位置高于正式体"久已"的句法位置。即：

早已（口）>久已（正）

已经（口：高）——已然（正：中）——业已/业经（正/庄：低）

已经：［副］表示动作、变化完成或达到某种程度。

已然：［副］已经。

业已：［副］已经（多用于公文）。

业经：［副］已经（多用于公文）。

副词位于谓语之前：

（493）会议文件**已经**准备就绪。

（494）会议文件**已然**准备就绪。

（495）会议文件**业已**准备就绪。

（496）会议文件**业经**准备就绪。

首先，以上四个副词在修饰 VP 层面没有任何差异，因此又考察了"内焦点"的位置，因为这四个副词都不能位于主语前，所以没有必要考察外话题、外焦点的位置。

副词位于内焦点之前：

（497）我现在**已经**连英语都不会了。

（498）＊我现在**已然**连英语都不会了。

（499）＊我现在**业已**连英语都不会了。

（500）＊我现在业经连英语都不会了。

上例表明，只有口语体的"已经"可以位于内焦点的位置，正式的"已然"、正庄体的"业已""业经"都不可以位于该位置，表明口语体的"已经"的句法位置高于正式体"已然"及正庄体"业已""业经"的句法位置。因此，接下来继续考察正式体的"已然"和正庄体的"业已""业经"的句法位置。下面采用轻动词"让"的位置作为验证的手段。

副词位于轻动词之前：

（501）长时间的战争已然让他学会在战争中保持冷静。

（502）＊长时间的战争业已让他学会在战争中保持冷静。

（503）＊长时间的战争业经让他学会在战争中保持冷静。

以上用例表明，正式体的"已然"可以位于轻动词短语的位置，但是正庄体的"业已""业经"都不可以位于此，由此可知，正式体"已然"的句法位置要高于正庄体"业已""业经"的句法位置。至此，通过内焦点的位置、轻动词的位置终于把以上四个词的句法位置高低判断出来。即：

已经（口）>已然（正）>业已/业经（正庄）

经常（口：高）——时常（正：中）——时而（正/庄：低）

经常：［副］常常；时常。

时常：［副］常常；经常。

副词位于谓语之前：

（504）父子俩在林间穿行，经常抬头看看四周的环境。

（505）父子俩在林间穿行，时常抬头看看四周的环境。

（506）父子俩在林间穿行，时而抬头看看四周的环境。

从上例可知，三词在修饰动词/动词短语层面完全一致，于是进一步判定三词句法位置的高低，此处采用模态词"会"的位置来考察三词的句法位置。

副词位于表"未来"的模态词之前：

（507）物业说未来几天我们经常会$_5$收到各类整改文件。（表示"未来"）

（508）物业说未来几天我们时常会$_5$收到各类整改文件。

（509）＊物业说未来几天我们时而会₅收到各类整改文件。①

从上例可知，只有"经常"和"时常"能位于高位模态词"会"的位置，"时而"不能位于该位置，"经常""时常"的句法位置高于"时而"。于是进一步判定"经常"和"时常"的句法位置，此处借用语气词：

（510）他们休息的时候会看看画展。

——经常吗？／＊时常吗？

"经常""时常"二词在外话题、外焦点两者都不能接受的情况下，语气词作为 CP 的核心，处于最高的句法位置，因此"经常"可以带语气词，而"时常"不可以，表明"经常"的句法位置更高，所以这三个词的句法位置高低是口语体"经常"高于正式体的"时常"，正式体的"时常"高于庄典体的"时而"。即：

经常（口）＞时常（正）＞时而（庄）

当即（口）——立即（正）——迅即（正庄）

立即（正）——立时／即时／应时（正庄）

立地／当下（口）——立刻（口正）——即刻（正）

随即（正）——旋即（正庄）

上面这一组是表示"短时"体的副词，初步将其分成四小组，对这一系列副词的"语体—句法"位置的判定，通过外焦点、主语前和共现三个位置进行验证，其标准是：

外焦点＞主语前

其中可以出现在外焦点（"连"字焦点）位置的是：当下、当即、立刻、立即。

副词位于外焦点之前：

（511）当下连一句话他都不敢说了。

（512）立刻连一句话他都不敢说了。

---

① 在语料库中，我们发现"时而"与"会"组配的用例也很多，例如：①北京人……越来越真切地感受到，过日子，虽然时而会发生一些令人讨厌的事……②在一些治安不好、政府管理效率低下的地区，时而会发生华人遭抢劫的案件。③爬山的时候，时而会看到小松鼠在你面前慢悠悠地跳来跳去。但是，以上用例中的"会"都不是表示"未来"的，按照蔡维天（2010）的分析，例①②中"会₃"，表示一种"习性"，比如"他在西餐厅时会说法语"，表示在某种条件／环境下"会"做某件事，而例③中"会"是表"能力"的"会₂"，大意是"爬山的时候时而能看到……"因此，以上用例都不是我们文章中的表"未来"的，我们面对语料时，要仔细甄别到底是哪个"会"，并且在BCC、CCL 语料库中也没有找到能表示"未来"的"会"与"时而"组配。

（513）当即连一句话他都不敢说了。

（514）立即连一句话他都不敢说了。

（515）＊随即连一句话他都不敢说了。

（516）＊旋即连一句话他都不敢说了。

（517）＊迅即连一句话他都不敢说了。

（518）＊立时连一句话他都不敢说了。

（519）＊即刻连一句话他都不敢说了。

以上用例表明："当下、当即、立刻、立即"的句法位置高于"随即、旋即、迅即、立时、即刻"。然后对"当下、当即、立刻、立即"进行判定，用的是"共现法"。

（520）他当下立刻换上一副亲和的笑容。

（521）＊他立刻当下换上一副亲和的笑容。

（522）他当即立刻出去查看情况。

（523）＊他立刻当即出去查看情况。

也即说明"当下、当即"句法位置高于"立刻、立即"。

通过外焦点的位置，已经判定了部分副词的句法位置，下面借助比外焦点低的"主语前"的位置进行二次判定，经过论证，能出现在主语前的有：当下、当即、立即、立刻、随即、旋即、即刻、迅即、立时。

不能出现在主语前的有"即时"和"应时"，即这二词只能位于主语后。

副词位于主语之前：

（524）当下，她的脸就红了起来。

（525）当即，他和村干部一起研究如何使这户人家脱贫致富。

（526）立即，我的心中泛起巨大的幸福。

（527）立刻，我的家里就热闹了起来。

例（524）—（527）表明，这四个能出现在外焦点的副词也可以出现在主语前，说明它们的位置确实高。

副词位于主语之前：

（528）随即，我们驶入了尘土飞扬的湖区公路。

（529）旋即，他直奔新东京饭店。

（530）即刻，她的神色又变得严肃起来。

（531）迅即，他脸上泛起了温暖的笑意。

（532）立时，所有的人都鸦雀无声。

（533）＊即时，我也不知道该说什么好。

（534）＊应时，他昏厥在地。

也即："随即、旋即、即刻、迅即、立时"句法位置高于"即时、应时"。

根据上文一系列的验证，可总结其句法位置高低如下：

当即（口）、当下（口）>立刻（口正）、立即（正）>随即（正）、旋即（正）、即刻（正）、迅即（正庄）、立时（正庄）>即时（正／庄）、应时（正／庄）

猛然（口正：高）——猛可①（正庄：低）

猛可：［副］（~的）突然（多见早期白话）。

猛然：［副］忽然；骤然。

副词位于谓语之前：

（535）她的心中猛可地升起一个可怕的念头。

（536）她的心中猛然地升起一个可怕的念头。

从上例可知，二词在修饰动词/动词短语层面完全一致，于是进一步判定二词句法位置的高低，此处采用主语前的位置进行判定。

副词位于主语之前：

（537）猛然他记起了正在发生的一切。

（538）＊猛可他记起了正在发生的一切。

从上例可知，通过"主语前"的位置检验二词的句法位置，只有口正体的"猛然"能位于该位置，正庄体的"猛可"不能出现在主语前，这就表明口正体"猛然"的句法位置高于正庄体"猛可"的句法位置。即：

猛然（口正）>猛可（正庄）

屡次（口正：高）——屡屡（正庄：低）②

屡屡：［副］屡次。

屡次：［副］一次又一次。

副词位于谓语之前：

---

① 朱景松（2007：305）明确提出"猛可"是早期白话，现只在书面语里使用。

② 关于"屡次"和"屡屡"的语体问题，张丰（2011）提出"屡次"与"屡屡"的语体不同，"屡次"用于口语和书面语，但是"屡屡"几乎不用于口语。本书第二章曾经指出，重叠式/重复皆为口语体，但是本组词中的"屡屡"却为书面正式体的问题，是否与本书的研究相左呢？我们认为，这是不矛盾的，因为根据朱景松（2007：281）指出"屡屡"本身就是文言词汇，并不是后起的通过重叠等手段构词，跟"奶奶""姐姐"等不一样。当然，这是关于词汇历时演变的重大问题，限于本书主题，不做深入讨论。因此，并不影响本书的研究思路及结论。

（539）自然界里弱肉强食的一面屡屡上演。

（540）这种情形后来也屡次发生。

从上例可知，二词在修饰动词/动词短语层面完全一致，于是进一步考察二词的句法位置高低，此处采用外话题的位置判定二词的句法位置。

副词位于外话题之前：

（541）（经济破坏事件中带政治性者二二四次）在屡次事件中，我伤亡干部、工作人员二七六一人。　　　　　　　　　　（人民日报 1950）

（542）＊（经济破坏事件中带政治性者二二四次）在屡屡事件中，我伤亡干部、工作人员二七六一人。

从上例可知，采用外话题的位置检验二词的句法位置，只有口正体的"屡次"可以修饰名词，跟名词一起构成外话题，正庄体的"屡屡"不能出现在该位置，由此表明口正体的"屡次"的句法位置高于正庄体"屡屡"的句法位置。即：

屡次（口正）>屡屡（正庄）

赶快/赶紧（口：高）——作速（正庄：低）

赶紧：［副］抓紧时机，毫不拖延。

赶快：［副］抓紧时机，加快速度。

作速：［副］赶快；赶紧。

副词位于谓语之前：

（543）岛上严重的住房问题必须赶紧/赶快解决。

（544）事情来得太突然，务必作速派出精干的力量，迅速处理。

从上例可知，三词在修饰动词/动词短语层面完全一致，于是进一步考察三词句法位置的高低，此处采用主语前的位置判定三词的句法位置。

副词位于主语之前：

（545）赶紧/赶快，我们没有时间浪费了。

（546）＊作速，我们没有时间浪费了。

从上例可知，通过"主语前"的位置检验三词的句法位置，只有口语体的"赶紧/赶快"能位于该位置，正式体的"作速"不能位于该位置。据此可知，口语体"赶紧/赶快"的句法位置高于正式体"作速"的句法位置。即：

赶紧/赶快（口）>作速（正）

2. 语体属性与句法搭配对立的副词

一再——再三

一再：〔副〕表示一次又一次。

再三：〔副〕用在动词前或后，表示一次又一次。

"一再"和"再三"是重复体副词，关于二词的语体判定，晏婧（2015）认为"一再"和"再三"对语体的选择基本一致，其选择顺序大体是：书卷语体>文艺语体>口语语体。根据晏婧（2015）的研究，"一再"和"再三"这对词没有明确的语体差异，但是本部分依然找到二词的某些句法对立，如：

第一，"再三"可以位于句尾做补语，"一再"不可以。

（547）他每说一句话都要考虑再三。

（548）＊他每说一句话都要考虑一再。

第二，周小兵等（2002）论文中指出："一再"可以位于"要"之前，但是"再三"不可以。

（549）他自己不专一，却一再要指责别人。（周小兵 2002）

（550）＊他自己不专一，却再三要指责别人。

但是，在 BCC 语料库也找到了 11 例"再三"位于"要"前的用例，如：

（551）我再三要强调，这个大会对南朝鲜工人运动有着巨大意义。

（《人民日报》1949）

（552）我再三要送县长回去，县长怎么也不肯，跳上车径自去了。

关于以上"再三"位于"要"之前是否合法的问题，还没有找到满意的解释，但应该不是语体的问题，位于"要"之前的"再三"和不能位于"要"之前的"再三"可能有不同的语义要求。

照旧/照样儿/照常

照旧：〔副〕表示情况持续不变或恢复原状。

照样ₙ：〔副〕照旧。

照常：〔副〕表示情况持续不变。

根据《现代汉语词典》（第7版）的释义，以上三词基本为同义词，但是三词并没有语体差别，都是口语体词汇，句法上的对立极少，只有一个："照常"可以跟准助词"说""来说""说来"等构成句首状语。如：

（553）照常说来，这家日子很不好过，但是由于……

（554）＊照样/照旧说来，这家日子很不好过，但是由于……

（555）照常来说，他这会应该已经到了学校了。

（556）＊照样/照旧来说，他这会应该已经到了学校了。

因为以上对立并不是由语体造成的，故本书只是浅尝辄止，不再对其原因等进行深入挖掘。另，吴建华（2018）将"照常""照旧""照样""照例"放在一起研究，从词汇构成或词源上来说，确实这几个副词都是"照X"类，但是作者并没有分清楚"照例"跟"照常""照旧""照样"的区别，"照例"的《现代汉语词典》释义是"按照惯例；按照常情"，从释义上看，跟"照常"等不一样，"照例"与"照常"等根本就不是同一类副词，"照常"是VP层副词，表示"持续体"功能，而"照例"是V'层副词，是表示抽象的"工具"类的方式情状类副词，因此，不能将"照例"跟"照常"等放在一起研究，因此通过句法位置给副词分类，会厘清很多由于语义相近或者表层构词类似而产生的混乱，这也是按照句法对副词进行分类的优势。

犹然/犹自（正庄体）

犹然：［副］仍然；照旧。

犹自：［副］尚且；仍然。

"犹然"和"犹自"二词，在《现代汉语词典》中只给出了具体的释义，但是并没有对其语体进行更多的说明，根据本章的分析，二词都偏向正庄体，关于"犹然"，《汉语大词典》中只给了《儒林外史》中的用例。关于"犹自"，《汉语大词典》中只给了（唐）许浑《塞下曲》中的用例。可见二词在现代汉语中的使用频率较少，笔者检索了CCL语料库，"犹然"有22例，"犹自"有116例（含重复例）。虽然二词都是副词，语义相近，语体也基本相同，但是笔者仍然找到二词的句法对立，如下：

（557）那浓浓的年味总让我梦回神牵，余味犹然。

（558）＊那浓浓的年味总让我梦回神牵，余味犹自。

（559）北京的春夜，寒意犹然。

（560）＊北京的春夜，寒意犹自。

上面两组例子表明，只有"犹然"可以做谓语，"犹自"不可以，在《现代汉语词典》（第7版）中，"犹然"只有副词的词性，并没有动词的词性，关于"寒意犹然"中"犹然"做谓语的事实，笔者认为，这种情况可能是"犹然"有了动词的词性，就如"依然""依旧"一样，可以构成如下例句：

（561）在从机场到市区的出租车上，眼前的一切也旧貌依然。

（562）世界发生了变化，但是自然景观依旧。

以上两例是动词性的"依然""依旧"做谓语的用法，"犹然"的这种情况跟"依然""依旧"相似，故笔者猜测"犹然"有了动词的词性，但还需要深入论证，由于不是本书的研究重点，暂时止步于此。

老是——总是

老是：［副］表示一直如此；经常如此。

总是：［副］表示一直如此；经常如此。

关于本组词的语体问题，"老是"是口语体没有任何争议，而"总是"的语体并不非常明朗，关于"总是"的语体问题，张谊生等人（2005）的研究发现："总是"与"老是"在以下三类文体中的使用频率比分别为：小说，"总是" 156 例，"老是" 45 例，比例为 3.47∶1；科普说明文，"总是" 68 例，"老是" 2 例，比例为 34∶1；政论文章及专著，"总是" 99 例，"老是" 6 例，比例为 16.5∶1。可见，在科普说明文及政论文章及专著中，"总是"的占比是很高的，但是在小说中，二者的比例相对来说比较均衡，即"总是"可以出现在口语中也可以出现在正式体中，以下为二词在修饰动词层面的句法表现：

（563）孩子夜里老是哭。

（564）孩子夜里总是哭。

从上例可知，二词在修饰动词/动词短语层面完全一致，于是进一步看二词的句法位置高低，此处采用模态词"能"的位置判定二词的句法位置。

首先，用低位的表示"能够"（主语的能力、意愿）的"能"进行验证，发现二者可通用：

（565）我老是能₃看见奇奇怪怪的东西。

（566）我总是能₃看见奇奇怪怪的东西。

以上用例表明，二词在较低位的"能"层面都是合法的，于是用最高位的知识模态"能"（表可能）的"能"进行测试：

（567）由于我们一起长大，他总是能₄理解我的苦衷。（表"命题的可能性"）

（568）*由于我们一起长大，他老是能₄理解我的苦衷。

（569）他学识深厚，因此他总是能₄看到事物的本质和发展前途。

（570）*他学识深厚，因此他老是能₄看到事物的本质和发展前途。

其次，在较高位的模态词"要"上面，二词也存在对立，见下：

（571）人活着，总是要₃干点事，干点对社会有意义的事。（表"义务"）

（572）*人活着，老是要₃干点事，干点对社会有意义的事。

根据以上用例，发现在高位的模态词层面，只有"总是"是合法的，"老是"是非法的，这是否能说明，该用例是"正式体"的句法位置高于"口语体"呢？是不是本书的研究和结论的反例呢？以上三例，虽然"总是"的句法位置高于"老是"，但这种句法位置的不对称并不是由语体原因造成的，而是二词本身的语用功能的差别导致的，根据张谊生等人（2005），张丹（2011），王灿龙（2017），刘守军、王恩建（2019）等的研究，发现：（1）"总是"的基本语用功能为客观判断，"老是"的基本语用功能为主观评价，"老是"比"总是"更容易主观化；（2）"老是"具有突出强调负面评价的语用含义，而"总是"则不是一直这样。在以上与高位模态词"能""要"搭配时，从语义和语用的角度看，"总是"表达客观事实，并且都是积极的语义，因此只有"总是"合法，"老是"非法。此处并不是语体促发的句法位置的高低，而是语用和语义在发挥作用。故，本对词的情况并不对研究结论构成反例。

下面这四对词，"仍旧/仍然""依旧/依然""通常/惯常""顿时/顿然"需要特殊说明，否则容易造成误解。分析见下。

仍旧/仍然

仍旧：［副］仍然。

仍然：［副］表示情况不变或恢复原状。

依旧/依然

依旧：［副］仍旧。

依然：［副］仍然。

"仍旧/仍然""依旧/依然"两组词根据《现代汉语词典》（第7版）的释义都是"仍然"的意思，首先讨论"依旧/依然"这组词，朱景松（2007：493-494）关于二词的语体界定为书面语体，只在书面语中使用，笔者查找了《汉语大词典》，在《汉语大词典》中，关于"依然"只给出了《大戴礼记·盛德》中的用例，关于"依旧"给出的是《南史·梁昭明太子统传》中的用例，可见"依旧"和"依然"确实都是偏古的的词汇，由于二词的语体比较接近，故本部分不再对二词进行句法分析和讨论，而"仍旧""仍然"这组词，在《汉语大词典》中，"仍然"给出的用例是巴金的《秋序》中的用例，"仍旧"给出的用例是《魏书·王禧传》中的用例。由此可见，"仍旧"可能比"仍然"还要更古一点，关于本组词，笔者目前尚未找到好的办法进行分析。关于这两组词，有一个有趣的现象是，"依旧/依然/仍旧"兼具副词和动词的词性，但是"仍然"只有副词的词性。这四个词在语义、韵律都一样的情况下，不知是何原因导致"仍然"与另三个词的词性不同。

通常——惯常

通常：［副］表示在一般情况下，行为、事情有规律地发生。

惯常：［副］经常。

《现代汉语词典》（第 7 版）中关于"惯常"只给了语义解释，并未对其作出其他说明，但是笔者在《新华方言词典》中找到"惯常"是柳州、上海、宁波等地区的方言，语义解释为"一贯""经常"，故由于"惯常"是方言词汇，故不再对本组词进行"语体—句法"方面的分析。

顿时——顿然

顿时：［副］立刻（多用于叙述过去的事情）。

顿然：［副］忽然；突然。

"顿时"和"顿然"这对词，如果不熟悉的话，看上去是同近义词，但是根据《现代汉语词典》（第 7 版）可知，这两个词语义并不一致，"顿时"是"立刻"的意思，"顿然"是"忽然、突然"的意思，并不是一对语义相同的语体词，故本书不再对其进行分析。

通过对 VP 层副词分析可知，VP 层副词是表达"体"范畴的功能性副词（Functional adverbs），共有 100 个，其中口语体有 65 个，正式体有 35 个，可知口语体副词占 65%，正式体副词占 35%，从词汇的语体分布看，口语体词汇占比稍高。从句法上看，VP 层副词的句法功能表达"体"范畴，共可以分为 9 大类，内部有较为统一的句法分布顺序。从"语体—句法"上看，VP 层副词口语体的句法位置高于正式体的句法位置。

目前，本章已经完成中层的副词分析，根据分析，整个 VP 层共有副词 530 个，其中 V^0 层副词共有 160 个，V'层副词有 270 个，VP 层副词有 100 个。下面就对整个 VP 层的副词在句法、韵律、语体上的表现进行统一说明。

在句法上：

1. 副词的分类：

V^0 层：V^0 层的副词全部是单音节，跟所修饰的动词一起构成复杂句法词 V^0，所以称 V^0 层副词为句法词副词（syntactic compound adverbs）。

V'层：V'层副词是"摹状副词/情状副词"等词汇性副词（Lexical adverbs），在句法上以动词为核心，起修饰限定作用，具有较强的附谓性。

VP 层：VP 层副词是表达"体"范畴的功能性副词（Functional adverbs），在句法上不以动词为核心，有自己的功能中心。

2. 句法位置高低分布：

V'层：

（目的$_{adverbial}$）＞时间$_{adv}$＞原因$_{adv}$＞工具$_{adv}$＞处所$_{adv}$＞方式$_{adv}$＞情状$_{adv}$＞比况$_{adv}$＞

目的$_{adv}$

VP 层：

持续体$_{"历来"类}$>惯常体>频率体>未然体>接续体、完成体>持续体$_{"一直、仍旧"类}$/短时体>已然体/重复体

在韵律上：

V^{0}层：本层分布的副词是单音节副词；

V'层、VP 层：这两层分布的副词以双音节为主，偶有三音节。

语体上：

1. 词汇的语体分布：

V^{0}层：口语体副词占 43%，正式体副词占 57%。

V'层：口语体副词占 20%，正式体副词占 80%。

VP 层：口语体副词占 65%，正式体副词占 35%。

总体上看，整个大 VP 层的词汇语体中，口语体占 28%，正式体占 72%，即整个大 VP 层以正式体为主。

2. "语体—句法"的高低分布：

V^{0}层、V'层、VP 层都是口语体的句法位置高于正式语体的句法位置。

第四章

TP 层副词的分类、句法位置及语体研究

TP 层是句子的时态（Tense）层，从"语体语法"理论出发，依据制图理论对 IP 分裂的研究及 Cinque（1999）对 TP 层的分层研究，就汉语的情况而言，本章拟解决如下问题：

1. TP 层的副词有哪些？其句法位置分布是什么？

2. TP 层的副词有何语体表现？TP 层的语体特征是什么？

Cinque（1999）从跨语言的视角出发，根据制图理论，对副词的句法位置进行了深入的研究，得出具有跨语言普遍性的副词句法层级系统。他将副词分为高位的修饰句子的副词和低位的修饰动词短语的副词，高位的修饰句子的副词有 Mood 和 Mod 两类，低位的修饰动词短语（VP）的副词是表示各类"体"范畴的 AspP 副词，在高位副词和低位副词中间的是表示"时态"（Tense）范畴的副词，在 Cinque 的研究中，他将副词的类别、共现顺序及句法位置分布总结为如下序列：

The universal hierarchy of clausal functional projections（a second approximation）

[frankly Mood$_{speech\ act}$ [fortunately Mood$_{evaluative}$ [allegedly Mood$_{evdential}$

[probably Mod$_{epistemic}$ [once T（Past）[then T（Future）[perhaps Mood$_{irrealis}$

[necessarily Mod$_{necessity}$ [possibly Mod$_{possibity}$ [usually Asp$_{habitual}$

[again Asp$_{repetitive}$（I）[often Asp$_{frequentatve}$（I）[intentionally Mod$_{volitional}$

[quickly Asp$_{celeratrve}$（I）[already T（Anterior）[no longer Asp$_{terminatve}$

[still Asp$_{continuative}$

[always Asp$_{perfect(?)}$ [just Asp$_{retrospective}$ [soon AsP$_{pioximative}$

[briefly Asp$_{durative}$ [characteristically（?）Asp$_{generic/progressive}$ [almost Asp$_{prospective}$

[completely Asps$_{gcompletive(I)}$ [tutto Asp$_{PI\ completive}$ [well Voice [fastlearly

Asp$_{celerative(II)}$ [again Asp$_{repetitve(II)}$ [often Asp$_{frequentatyive(II)}$

[completely Asp$_{sgCompletive(II)}$

从上面的序列中可知，出现在 CP 层的副词，即"Higher"sentence AdVPs，包括言语行为副词（Speech Act Adverbs）、评价副词（Evaluative Adverbs）、传信副词（Evidential Adverbs）及认知副词（Epistemic Adverbs）四类。出现在 VP 层的副词，即"Lower"pre-VP advPs，即从"usually"表示惯常体（Habitual Adverbs）开始，标示 AspP 的是修饰 VP 的副词。出现在 TP 层的副词包括：

1. 表时态（Tense）的副词，可分为表示过去时 T（Past）、表示将来时的 T（Future）和表示先时的 T（anterior）三类。

2. 表示虚拟语气和表示情态的副词。

关于 TP 层的研究，Palmer（2001）的研究指出：英语表示情态的词语可以是助动词，如 may、can、need 等，就如汉语中的"能""肯""可以""要"一样，因为本书的研究目标是副词，所以在 TP 层的章节中，考察表示"时态"的副词，表示"情态"的助动词不是本书的研究对象，因此本书对 TP 层的研究对象相对严格和单一。

一、现代汉语中的时态范畴

关于对时间的分类，大概可以分为"过去""现在""将来"，汉语学界对汉语时范畴的讨论亦是各持己见，如高明凯（1948）认为汉语没有表时间的语法形式，主张汉语"有体无时"，汉语的"体"有六类：①进行体或绵延体；②完成体或完全体；③结果体；④起动体；⑤叠动体；⑥加强体。王力（1954）提出：以中国语为代表的语言着重在事情所经过时间的长短及是否开始或完成，不堪追究在何时发生。Tsang（1981）在其研究中提出情态动词"会""要"是将来时标记。Cheng & Tang（1996）认为汉语没有 TP 投射，因为不是所有的动词都可以和过去时标志"了"共现，并提出尽管认识情态本身表示将来的意义，但不能认为情态可以被分析为时态。李临定（1990）、龚千炎（1995）坚持"无标记有时论"，认为汉语的时态以语音形式为空的形式存在，根据情状发生的时间、说话时间和参照时间的相互关系来确定汉语的时制，坚持时体分开。李铁根（2002）、陈立民（2002）持相反的观点，他们认为汉语句尾的"着""了""过"不仅表示体，也能表示时。Lin（2000、2002、2003a、2003b、2006、2007、2008、2010、2012）系列研究都在讨论汉语的时体问题，其中 Lin（2010、2012）认为汉语不存在 T 节点。马庆株（2000）在李临定（1990）的基础上，兼顾主客观参照点的差别分出了 8 个时态类型。综上，关于汉语"时"的研究，争论较多，成果非常丰富。就本研究而言，选择 Huang，Li，Li（2009：101）的观点，从普遍语法角度看，汉语也是存在时态范畴的，虽然汉语不具备屈折形式，但时态的广义形态可以通过副词和语序等手段来实现。

二、时态副词的考察范围

Comrie（1976）明确提出了"相对时制"的概念，Comrie（1985）在进一步考察了相对时制和绝对时制后，认为仅仅用绝对时间来指示事件的时间关系是不可能的。因为一些句子只有和另一个时点联系起来，才可能使某一状态在时轴上的位置得以确定。由于时间参照点既可以是说话时间或写作时间（现在），也可以是上下文中的一个确指时间，因此汉语的时间副词既可以表示绝对时制关系，又可以表示相对时制关系。故而，当句子中不出现具体的时间词语，而以说话或写作时间为参照点，这时时间副词表达的是绝对时制，本研究是在绝对时制的基础上，对"时态"副词进行的考察。

对于时间副词范围的考察，由于不同的学者采取了不同的判断方法，因此得出的结论也不同。由于本研究已经界定了 TP 层副词是表示"时"范畴的功能性副词，因此表示各类"体"特征的副词便不在本章的研究范围内，对时间副词进行界定时，只考虑表示"时态"的副词。陆俭明、马真（1985）将时间副词分为定时和不定时两类，前者侧重表"时"，后者侧重表"体"。定时又分为表过去、现在和将来三种，共收录 27 个副词。张谊生（2000）列举了 85 个时间副词，马庆株（2000）列举了 54 个时间副词。夏群（2008、2010）的研究共收录 47 个时间副词。杨荣祥、李少华（2014）将所有时间副词分为标位和标度两大类，然后又按照先时、后时、延时、瞬时，以及参照时间是说话时间还是其他指定时间等标准分为 11 类。从以上可知，各家对时态副词的认识并不完全一致。例如，经常被认作是时间副词的"常常"，周小兵（1999）和史金生（2002）都不认为是时间副词，而称作频率副词或动量副词，因为整个事件未与现实中某个具体时间发生关系。本书赞同周小兵和史金生二位学者的观点。就本研究而言，一直被认作是时间副词的"常常"其实不是表示"时态"的副词，而是位于 VP 层表示"惯常体"的体副词。马庆株（2000）根据参照时间和说话时间的关系，认为"不时、常常、常、顿时、还、还是、忽然、渐渐、逐渐、渐、老、总、猛然、偶尔、仍、仍旧、仍然、时常、时刻、时时、先后、相继、一下子、一直、依旧、依然"都不是时间副词，此处本书也赞同马庆株（2000）的观点，认为以上这些副词都是"体"副词，并不表示"时态"。

基于以上各家研究，对《现代汉语词典》（第 7 版）中"时态"副词进行穷尽式检索，共得出汉语的时态副词有 20 个，可以分为 3 类①。如下：

1. T（Past）表过去时态：曾经、一度、未曾、未尝、从来、向来、一向、素来、历来②。

2. T（Future）表将来时态：即将、将要、快要、行将、必将、一朝、一旦、迟早、早晚③。

3. T（Present）表现在时态，表示某事情、现象到说话时还这样：至今、于今。

另外，在现代汉语中，还有一些非常鲜明的表示"时间"的副词，如"常年、长年、长夜、成日、成夜、终年、古来"等，这些副词虽然是表示"时间"的副词，但不是表示"时态"的副词，根据本研究，这些副词是 V'层表示"时间"的副词。综上，本书对汉语 TP 层"时态副词"的考察和选词比较严格，下面对 TP 层的时态副词进行句法位置及语体的研究。

三、时态副词的句法位置

以上已经确定了出现在 TP 层的时态副词，并且将其分为三类，下面研究工作为这些副词的句法分布，主要采取共现（Co-occur）时的线性前后序列。根据 Cinque（1999）的研究，他认为是 T（Past）> T（Future）> T（Anterior），因为 Cinque 的研究具有跨语言共性，本章也会检验汉语的顺序是否符合该结论，或者汉语是否具有自己的特性。

T（Past）曾经>T（Future）即将/将要/快要/行将/必将

曾经>即将

（1）我也曾经即将成为母亲，我也很爱我的孩子，可是我还是失去了他。

（2）*我也即将曾经成为母亲，我也很爱我的孩子，可是我还是失去了他。

---

① 表示先时（Anterior）的词汇"已经、已然、业已、业经、早已、久已"这些从字面上看是属于"先时"的"时"范畴，但是仔细分析的话，表示"先时"的这些应该是表达"完成体"的"体"范畴的功能，故这些词汇本书已经归到第三章"体"范畴一起分析。

② "历来、向来、素来、从来"四词，在 VP 层时已经将其分析为"持续"体，但是并不影响此处将其分析为表示"时"范畴，陆俭明、马真（1985）就将"体"归到"时"里面，我们认为这些词即表示"时"又表"体"，此处分在两处各自讨论，并不是重复。

③ "一朝、一旦、迟早、早晚"也是时体共生成分。

曾经>快要

（3）……，收获了很多珍贵的东西，那些我曾经快要丢掉的，我最珍爱的人们和朋友们……

（4）*……，收获了很多珍贵的东西，那些我快要曾经丢掉的，我最珍爱的人们和朋友们……

曾经>将要

（5）看一看国际上几个曾经和将要举办奥运会的国家的做法，或许对我们的筹备工作有所借鉴。

（6）*看一看国际上几个将要和曾经举办奥运会的国家的做法，或许对我们的筹备工作有所借鉴。

曾经>行将

（7）孔、孟之后，荀子曾经为行将出现的封建王朝提供了严谨而完备的治国理论。

（8）*孔、孟之后，荀子行将为曾经出现的封建王朝提供了严谨而完备的治国理论。

曾经>必将

（9）它告诉我们，所谓的得到并非真的得到了，因为我们曾经付出或必将付出；而所谓的付出也并非真的付出了，因为我们必将得到回报。

（10）*它告诉我们，所谓的得到并非真的得到了，因为我们必将付出或曾经付出；而所谓的付出也并非真的付出了，因为我们必将得到回报。

从以上用例可知，表示"过去时态"的副词的句法位置要高于表示"将来时态"的副词的法位置。

T（Present）至今/于今>T（Past）曾经

至今>曾经

（11）至今他还牢记着曾经经历过的一场尖锐的思想斗争。

（12）*曾经他还牢记着至今经历过的一场尖锐的思想斗争。

于今>曾经

（13）于今，我和光年曾经同屋、同甘共苦的日子尽管过去了 30 年……

（14）*曾经，我和光年于今同屋、同甘共苦的日子尽管过去了 30 年……

从以上用例可知，表示"现在时态"的副词的句法位置要高于表示"过去时态"的副词的句法位置。

根据以上的分析，大致总结出各类时态副词的句法位置分布：T

（Present）>T（Past）> T（Future）。句法树形图表示如下：

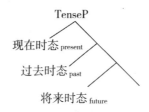

图 4-1　表达"时"范畴的副词的句法层级（TP-adverbs）

四、时态副词的语体研究

关于 TP 层副词的语体研究，也是本研究的重点，根据语体语法的理论，"语体有异则句法有别"，那么，语体的差异会导致副词在句法上的哪些表现呢？本章选取 7 对副词，这些副词的选取标准是：从词性上看，都是副词；从语义上看，二者语义可以互释，即语义相同或者基本相同；从韵律上看，二者都是双音节，在保证词性、语义、韵律一致的情况下，考察语体因素导致句法高低的表现。这 7 对有语体对立的副词是：曾经——一度、不曾——未曾——未尝、从来/向来/一向——素来/历来、快要——将要——即将——行将、一朝——一旦、早晚——迟早、至今——于今，因为第二章已经专门讨论过副词语体判定的方法及副词可以出现的句法位置，此处不赘，直接从用例分析入手。首先从属于 T（Past）的副词开始。

曾经（口：高）——一度（正：低）

曾经：〔副〕表示从前有过某种行为或情况。

一度：〔副〕表示过去有段时间发生过；有过一次。

副词位于谓语之前：

（15）该病的死亡率曾经高达 75%。

（16）该病的死亡率一度高达 75%。

以上用例表明，二词在修饰谓语时并无差别，下面采用"共现法（Co-occur）"判定二者句法位置的高低。

（17）曾经我一度认为这玩意只有我们落后的农村才有……

（18）＊一度我曾经认为这玩意只有我们落后的农村才有……

（19）毛泽东同志曾经一度主张采用汉字笔画。　（《人民日报》1983）

（20）＊毛泽东同志一度曾经主张采用汉字笔画。

以上，通过两个副词共现的方式判定彼此的句法位置，发现口语体"曾经"的句法位置要高于正式体"一度"的句法位置。即：

曾经（口）＞一度（正）

不曾（正：高）——未曾（正庄：中）——未尝（庄：低）

不曾：［副］表示"曾经"的否定。

未曾：［副］表示"曾经"的否定。

未尝：［副］表示"曾经"的否定。

副词位于谓语之前：

（21）他一夜不曾/未曾合眼。

（22）他一直生活在闽南，未尝远行。

这组副词在修饰 VP 层面没有任何差异。于是进一步考察二词在轻动词层面的表现。

副词位于轻动词之前：

（23）他不曾/未曾/＊未尝让我感到一丝的不快。

在轻动词层面，引入了轻动词"让"，这时只有正式体的"不曾"和正庄体的"未曾"可以出现在该位置，庄典体的"未尝"不可以，由此表明，"不曾"和"未曾"的句法位置高于"未尝"。因此，进一步对"不曾"和"未曾"进行考察。

副词位于表"将来"的模态词之前：

（24）（你的那些日子都让它过去吧！）当作回忆，仅仅是一个让我难忘的，不曾会记起的回忆吧！

（25）（你的那些日子都让它过去吧！）＊当作回忆，仅仅是一个让我难忘的，你未曾会记起的回忆吧！

此处，根据蔡维天（2010）的研究，采用高位表示"将来时"的模态词"会"进行检测，进而发现，在高位模态词的位置，只有正式体的"不曾"可以出现，正庄体的"未曾"无法出现在此，即正式体"不曾"的句法位置高于正庄体的"未曾"。至此，总结出三词由语体原因导致的句法位置的高低如下，即：

不曾（正式体：高）＞未曾（正庄体：中）＞未尝（庄：低）

从来（口：高）——向来/一向（口：中）——历来（正：下）——素来（庄：低）

从来：［副］从过去到现在（多用于否定式）。

向来：［副］从来；一向。

一向：［副］从过去到现在。

历来：［副］从来；一向。

素来：［副］从来；向来。

首先，通过共现法验证"从来"和"向来"的句法位置，然后逐词验证。

从来（口）＞向来/一向（口）

（26）他从来不让一向/向来自以为了不起的张三感到尴尬。

（27）＊他一向/向来不让从来自以为了不起的张三感到尴尬。

（28）他从来没想到一向/向来快乐单纯的小表妹会有什么痛苦。

（29）＊他一向/向来没想到从来快乐单纯的小表妹会有什么痛苦。

（30）我从来没有看过一向/向来温顺的他会发这么大火。

（31）＊我一向/向来没有看过从来温顺的他会发这么大火。

以上用例表明"从来"的句法位置高于"一向/向来"。

下面通过共现法考察"向来"和"历来"的句法位置：

向来（口）＞历来（正）

（32）向来我们从事戏曲工作的同志[主语]历来对富有民族色彩的戏曲[内话题]有一种成见[VP]。

（33）＊历来我们从事戏曲工作的同志向来对富有民族色彩的戏曲有一种成见。

（34）向来那些独来独往的人[主语]，历来不参与这些集会。

（35）＊历来那些独来独往的人[主语]，向来不参与这些集会。

通过主语前和共现两种方法，发现"向来"的句法位置要高于"历来"。

下面通过共现法考察"历来"和"素来"的句法位置。

历来（正）＞素来（庄）

（36）历来各大国间的纠纷[主语]，素来提请海牙法庭公断。

（37）＊素来各大国间的纠纷[主语]，历来提请海牙法庭公断。

根据上例，通过主语前和共现法两种方法，发现只有"历来"能出现在主语之前，"素来"不可出现于此。由此可知，"历来"的句法位置高于"素来"。以上验证结束以后，通过共现法，补充验证"向来"和"素来"的句法位置。

向来（口）＞素来（庄）

（38）向来我们做事素来不问别人的原因或目的，条件好我们就做，如此而已。

（39）＊素来我们做事向来不问别人的原因或目的，条件好我们就做，如此而已。

至此，这组有语体差异的副词可以总结句法位置如下，即：

从来（口）>向来/一向（口）>历来（正）>素来（庄）

至今（正：高）——于今（正庄：低）

至今：［副］直到现在。

于今：［副］到现在。

副词位于谓语之前：

（40）就像我们无法同时用发展与道德两重标准来评价历史一样，我们于今也无法公正、完全、客观地评判……

（41）……从创生的一刹那以光速出发，至今也无法与它建立起任何沟通。

副词位于外话题之前：

（42）至今这个谜，他也没有解开。

（43）＊于今这个谜，他也没有解开。

副词位于内话题之前：

（44）他至今这个谜也没有解开。

（45）＊他于今这个谜也没有解开。

根据例（40）（41）表明"于今""至今"二词有相同的句法位置和功能，同时利用"内外话题"两个位置进行测试，发现正式体的"至今"可以出现在内外话题的位置，正庄体"于今"在这两个位置上都不可接受。因此，正式体"至今"的句法位置高于正庄体"于今"的位置。即：

至今（正）>于今（正庄）

一旦（正：高）——一朝（正庄：低）

一旦：［副］要是有一天。

一朝：［副］一旦。

副词位于谓语之前：

（46）你必须知道藤萝一朝折断，就永远不能再接在一起。（修饰VP）

（47）你必须知道藤萝一旦折断，就永远不能再接在一起。

以上用例表明，二词在VP层并无差异。于是进一步验证二词的句法位置。

副词位于轻动词之前：

（48）好不容易把人家迎来，一旦让/使人起了疑心，那便前功尽弃了。

（49）好不容易把人家迎来，＊一朝让/使人起了疑心，那便前功尽弃了。

此处选择轻动词"让/使"检验,从用例可知,只有正式体的"一旦"正确,正庄体的"一朝"错误。由此表明,正式体"一旦"的句法位置高于正庄体的"一朝",于是进一步在更高的外焦点位置进行二次补充测试。

副词位于外焦点之前:

(50)一旦连我他都不记得了,他就彻底遗忘了这个世界。

(51)*一朝连我他都不记得了,他就彻底遗忘了这个世界。

例(50)(51)采用外焦点"连"字焦点时,正式体的"一旦"可以位于该位置,正庄体的"一朝"无法出现在该位置。至此,总结出"一旦"和"一朝"的句法位置。即:

一旦(正)>一朝(正庄)

快要(口:高)——将要/即将(正:中)——行将(庄:低)

快要:[副]表示在很短的时间以内就要出现某种情况。

将要:[副]表示行为或情况不久之后就会发生。

即将:[副]将要;就要。

行将:[副]即将;将要。

副词位于谓语之前:

(52)我们快要进入森林了。

(53)我们将要进入森林了。

(54)我们即将进入森林了。

(55)中国童书出版的黄金时代行将结束。

首先,本组副词在修饰VP层面并无差别,于是进一步检验这组副词在句法高位的表现。因为这四个副词都不能位于主语前,因此选取内焦点的位置进行验证。

副词位于内焦点之前:

(56)在美国生活了二十年以后,我快要连汉字都不会写了。

(57)*在美国生活了二十年以后,我将要连汉字都不会写了。

(58)*在美国生活了二十年以后,我即将连汉字都不会写了。

(59)*在美国生活了二十年以后,我行将连汉字都不会写了。

(60)我快要连自己都不记得了。

(61)*我将要连自己都不记得了。

(62)*我即将连自己都不记得了。

以上用例,通过"连"字焦点进行检验,发现在内焦点的位置,只有口语体的"快要"正确,正式体的"将要""即将"都无法接受。因而表明,口语体"快要"的句法位置高于正式体"将要"和"即将"。下面继续对正式体的"将要""即将"和庄典体的"行将"进行句法位置验证。因为以上副词在修饰VP层面并无句法差别，"将要""即将""行将"又都不能出现在内焦点的位置，故句法结构上只有轻动词vP层一个位置，于是选择轻动词"让"进行验证。

副词位于轻动词之前：

（63）近日证监会有关负责人称，即将让B股市场扩容。

（64）＊近日证监会有关负责人称，行将让B股市场扩容。

（65）中国的编钟音乐会、民族舞蹈和中华服饰及模特表演即将让法国及欧洲观众领略中国的国粹艺术。

（66）＊中国的编钟音乐会、民族舞蹈和中华服饰及模特表演行将让法国及欧洲观众领略中国的国粹艺术。

通过以上两组用例的验证，发现在轻动词层，只有正式体的"即将"正确，庄典体的"行将"错误。如此表明，正式体"即将"的句法位置高于庄典体"行将"的句法位置。由此，这组副词的"语体—句法"位置总结如下。即：

快要（口）>将要/即将（正）>行将（庄）

对特殊现象的解释：

早晚（口：高）——迟早（口/正：低）

早晚：［副］或早或晚。

迟早：［副］或早或晚；早晚。

关于"早晚"和"迟早"这组词，二词在修饰动词、主语前、外焦点、轻动词等层面都没有对立，虽然本组词没有找到句法位置高低的对立，但是本研究找到了二词其他方面的对立，因此仍能证明"语体语法"的理论，例如：

副词位于谓语之前：

（67）我早晚会回来的。

（68）我迟早会回来的。

在修饰VP层，二者并没有差异，但是二词在携带助动词"而已""罢了"方面存在合法与否的表现。

（69）人终归一死，早晚而已。

（70）＊人终归一死，迟早而已。

（71）报应总会来，只不过是早晚罢了。

（72）＊报应总会来，只不过是迟早罢了。

本组副词借用助动词"而已""罢了"进行测试，口语体的"早晚"可以和助动词"而已""罢了"搭配，但是正式体的"迟早"不可以。

综上所述，在保证词性、语义和韵律都一致的情况下，逐词逐对分析有语体差异的副词，其目的是发掘语体之异在句法上的表现。经过对7组时态副词的分析，发现TP层副词呈现出的统一表现是：口语体副词的句法位置高于正式体副词的句法位置，正式体副词的句法位置高于庄典体副词的句法位置。

综上，在"语体语法"理论指导下，参照Cinque（1999）的研究，界定汉语TP层副词是时态层副词，表达"时"范畴的句法功能。对TP层副词的研究，首先，对TP层的副词进行分类，共分为T（present）、T（past）和T（future）三类；其次，对这三类副词的句法位置进行排序，发现T（present）>T（past）>T（future）；最后，考察了TP层副词的语体问题，其中口语体副词占40%，正庄体的副词占60%，同时，口语体副词的句法位置高于正庄体副词的句法位置，正庄体副词的句法位置高于庄典体副词的句法位置。关于TP层副词的研究暂时结束，下面开始本书的第五章，对分布在CP层的副词进行相关研究。

第五章

CP 层副词的分类、句法位置及语体研究

语气副词是表示说话人对句子所表达的基本命题的态度和评价，通常与情态的表达有密切的关系。对语气副词的研究，国内最早的应属马建忠（1983）提到表达语气的助字，认为助字的表达作用有二：曰信，曰疑。王力（1943）将语气副词分为八类：诧异、不满、轻说、重说、顿挫、辩驳、慷慨、反诘。赵元任（1968）将"索性、刚好、恰好"归入范围和数量副词，将"幸亏、居然、果然、其实、简直、反正、根本"等归入估计副词，把"不妨、毫不"归入肯否副词。贺阳（1992）从书面语的语气系统出发为语气副词进行分类，共分为十八小类。杨荣祥（1999）将语气副词分为五类：肯定强调、委婉语气、推测不定语气、疑问反诘、祈使语气。齐沪扬（2002）根据语气副词的功能语气和意志语气所起的作用，归结为以下几个方面：表述性功能、评价性功能、强调性功能，其中又各自分为小类。史金生（2003）将语气副词分为两大类五小类十一次小类，并对其共现顺序进行了解释。而尹洪波（2013）、杨德峰（2009、2016）、方梅（2017）都是从"饰句副词"和"饰谓副词"的角度对副词进行分类，指出"饰句副词"多是表达句子命题、语气的副词，但是对"饰句副词"的再分类却没有继续研究。

从以上文献回顾可知，学界对语气副词的分类，多从语义角度分类，但因为对语气副词的理解和判断存在差异性，分出的类多少不一，而从句法角度对语气副词的分类，只分析了语气副词出现在主语之前和主谓之间两种情况，这样的分类又有一些宽泛，对于上述现象，本章提出以下问题：

1. 为什么有的副词只能出现在主语前，有的只能出现在主语后，而有的却可以自由出现在两个位置上，能出现在这两个位置上的副词是同一个副词吗？

2. 语气副词内部，结合句法和语义，可以分出多少类？这些小类有没有句法位置高低的分布？

3. 从语体的角度看，CP 层副词的词汇语体分布如何？CP 层副词的"语

体—句法"的对应关系表现如何?

一、语气副词的分类及句法位置分布

上文回顾了学者对语气副词的分类,发现存在较大的不一致性,语气副词通常与情态的表达有密切的关系。现代语言学对情态的研究具有代表性的是 Lyons(1977),他提出情态的定义是:说话人对句子所表达命题或命题描写情景的观点和态度,把情态分为主观和客观两类,认知情态属于主观情态,道义情态属于客观情态。Palmer(2001)构建的情态系统中,分为情态动词系统(Modal System)和语气副词系统(Mood System)。情态动词系统分为可能性和必然性两类,语气词系统分为现实与非现实或虚拟与直陈的对立。其后,他又将事件情态分为道义情态(允许、义务、承诺)和动力情态(意愿、能力),将命题情态分为认识情态(断言、推测、断定、假定)和传信情态(直接证据、间接证据)。Cinque(1999)根据制图理论(Cartographic Approach)对副词进行句法位置上的定位及分类,将语气情态系统分为:言语行为(Speech act)、评价语气(Evaluative)、传信语气(Evidential)、认知情态(Epistemic)、必要情态(Necessity)、或然情态(Possibility)、意志情态(Volitional)七个范畴。参考上述学者对情态助动词和语气副词的研究及层级假设,从跨语言的角度看,语气副词的句法分布大致遵循以下顺序("$>$"表示"高于"):言语行为>评价语气>传信语气>认知情态>必要情态>或然情态>意志情态,然而汉语的情况可能更加复杂,本章在前辈学者研究的基础上,结合汉语情况,建立汉语语气副词的句法位置层级。

(一)言语行为类语气副词(Speech Act Adverbs)

言语行为理论最早是由英国哲学家奥斯汀(J. L. Austin)提出,后经美国哲学家舍尔(J. Searle)修正和发展。所谓言语行为,是指说话者有意通过自己的话语交流影响听话者,言语行为副词可以潜在表达对说话者意见的支持和反对。舍尔修订了奥斯汀关于言语行为的分类,指出以言行事的行为应该分为:陈述、命令、应诺、提问等。英语中,典型的表言语行为的副词,有:frankly、honestly、sincerely 等。根据以上分析,本研究穷尽式地检索《现代汉语词典》(第7版),总结汉语的言语行为副词包括以下几类:

表陈述:其实、实际上、实则、可不、可不是、本来、的确、确实、按理、按说、按例、论理、论说、照例、照理、照说

表疑问:究竟、到底$_1$、难道说、难道、莫不是、莫非、何苦、何苦来、何故

表感叹：多么、何其

表命令：必须、必得、不必、务必、务须

Cinque（1999：84）的研究表明，言语行为副词的句法位置是最高的，根据 Rizzi（1997）对句子左边缘成分的分析，句法的左边缘成分有外话题和外焦点位置，如果言语行为副词是最高的，那么言语行为副词的句法位置应该高于外话题。如下例：

（1）其实／可不嘛／本来嘛speech act adverb，关于这件事topicalized，连校长focalized [CP我们都没有告诉]。

（2）难道说，关于这件事，连校长你们都不告诉？

（3）何苦呢，关于这件事，连校长你们都不告诉。

言语行为副词的句法位置最高，并不是说这些副词只能出现在最高的位置，它们其实可以出现的位置非常多，只是与其他类型的副词相比，它们的句法位置最高，比如："其实"和"难道"二词，就有六个句法位置，如下：

（4）其实，关于这件事，连校长我们都没有告诉。

（5）关于这件事，其实，连校长我们都没有告诉。

（6）关于这件事，连校长，其实我们都没有告诉。

（7）关于这件事，我们其实连校长都没有告诉。

（8）关于这件事，我们连校长其实都没有告诉。

（9）关于这件事，连校长，我们都没有告诉，其实。

（10）难道，关于这件事，连校长你们都没有告诉？

（11）关于这件事，难道，连校长你们都没有告诉？

（12）关于这件事，连校长，难道你们都没有告诉？

（13）关于这件事，你们难道连校长都没有告诉？

（14）关于这件事，你们连校长难道都没有告诉？

（15）关于这件事，连校长你们都没有告诉，难道？

例（4）（10）中"其实""难道"在外话题之前。例（5）（11）中"其实""难道"在外话题之后，外焦点之前。例（6）（12）中"其实""难道"在外焦点之后，主语之前。例（7）（13）中"其实""难道"在主语之后，内焦点之前。例（8）（14）中"其实""难道"在内焦点之后，谓语之前。例（9）（15）中"其实""难道"在句尾。从以上用例可知，言语行为副词不仅句法位置高且句法位置多。

（二）评价语气类副词（Evaluative Adverbs）

根据 Palmer（2001）对评价类语气副词的释义，评价类语气副词表示

"It is a good/perfectly wonderful/bad thing that P",英语中典型的评价语气副词有:(un) fortunately、luckily、regrettably、surprisingly、strangely/oddly、(un) expected 等。基于以上,汉语的评价副词可以分为以下六类:

表肯定:不愧、毕竟、到底$_2$、果然、果不然、果真、诚然、实在、当然

表幸运:幸而、幸亏、幸好、幸喜

表恰好:偏偏(偏巧)、偏巧、恰好、恰恰、恰巧、可好、可巧

表惊讶:竟然、竟自、居然、原来、倒是、反倒、反而

表明白:难怪、无怪、无怪乎、怪不得

表最终:终究、终久、总归(终究)、好在

表加强语气:简直

其中,对于副词"简直",吴德新(2007:16)则认为"简直"具有高层义和低层义,"高层义"是表说话人对所述命题的主观评注,尤其是携带后饰成分的,主观评注性更加突出。因此,虽然"简直"并不直接表示"评价",但是由于其功能是夸大"评价",所以此处把"简直"也收进评价语气。

在句法位置上,评价类语气副词低于言语行为类副词,如:

(16)其实,幸亏你今天没来上班,否则肯定也要被罚款。

(17)*幸亏,其实你今天没来上班,否则肯定也要被罚款。

$$\text{Speech act}_{陈述} > \text{Evaluative}_{幸运}$$

(18)难道,恰好我在的时候,你就丢了钱?

(19)*恰好,难道我在的时候,你就丢了钱?

$$\text{Speech act}_{疑问} > \text{Evaluative}_{恰好}$$

(20)可不嘛,他到底是张三的学生,基础非常不错。

(21)*他到底,可不嘛,是张三的学生,基础非常不错。

$$\text{Speech act}_{陈述} > \text{Evaluative}_{肯定}$$

(22)难道他竟然学会了俄语?

(23)*竟然他难道学会了俄语? $\text{Speech act}_{疑问} > \text{Evaluative}_{惊讶}$

(24)其实,难怪他不愿意学习高数,这也太难了。

(25)*难怪,其实他不愿意学习高数,这也太难了。

$$\text{Speech act}_{陈述} > \text{Evaluative}_{难怪}$$

(26)其实,好在他最后完成了工作,否则不可能那么顺利辞职的。

(27)*好在,其实他最后完成了工作,否则不可能那么顺利辞职的。

$$\text{Speech act}_{陈述} > \text{Evaluative}_{最终}$$

从例（16）—（27）可知，在言语行为类副词中，表"陈述"和"疑问"的两小类其句法位置要高于表示评价类语气副词，但是言语行为副词中表示"感叹"和"命令"的两小类，其句法位置都是较低的。

同时，表评价的语气副词，其内部小类之间也存在句法位置的高低分布，如：

A. Evaluatie$_{明白}$ > Evaluative$_{惊讶}$ > Evaluative$_{恰好}$

（28）难怪呢，他竟然是老板的儿子！　　　　　Evaluative$_{明白}$ > Evaluative$_{惊讶}$

（29）难怪呢，偏巧我在的时候你钱就丢了。Evaluative$_{明白}$ > Evaluative$_{恰好}$

（30）竟然恰巧我在的时候你的钱就丢了？　　　Evaluative$_{惊讶}$ > Evaluative$_{恰好}$

　　　＊恰巧竟然我在的时候你的钱就丢了？

B. Evaluative$_{肯定}$ > Evaluative$_{最终}$ > Evaluative$_{幸运}$ > Evaluative$_{恰好}$

（31）幸亏你恰好在这，否则就麻烦了。　　　　Evaluative$_{幸运}$ > Evaluative$_{恰好}$

（32）＊恰好你幸亏在这，否则就麻烦了。

（33）好在他偏巧及格了，不用补考了。　　　　Evaluative$_{最终}$ > Evaluative$_{恰好}$

（34）＊偏巧他好在及格了，不用补考了。

（35）好在他幸亏不在，否则就麻烦了。　　　　Evaluative$_{最终}$ > Evaluative$_{幸运}$

（36）＊幸亏他好在不在，否则就麻烦了。

（37）果然，他终究取得了胜利。　　　　　　　Evaluative$_{肯定}$ > Evaluative$_{最终}$

（38）＊终究，他果然取得了胜利。

综合 A、B 的情况可知，表"Evaluative$_{恰好}$"的评价语气副词是最低的，又因为"Evaluative$_{明白}$ > Evaluative$_{惊讶}$"，因此，现在我们只要比较 A 类的 Evaluative$_{惊讶}$ 与 B 类的 Evaluative$_{肯定}$ 之间的关系就可以了，用例如下：

（39）我说夜里怎么这么冷，原来果然是夜里下雪了。

（40）＊我说夜里怎么这么冷，果然原来是夜里下雪了。

Evaluative$_{惊讶}$ > Evaluative$_{肯定}$

故而，可以得到表评价的语气副词的句法位置高低序列：

Evaluativ$_{明白}$ > Evaluative$_{惊讶}$ > Evaluative$_{肯定}$ > Evaluative$_{最终}$ > Evaluative$_{幸运}$ > Evaluative$_{恰好}$

（三）传信语气类副词（Evidential Adverbs）

Cinque（1999：85）对传信范畴的解释为：在许多语言中，一个动词词缀，或一个（情态）助词，或一个助词用来表示说话者为自己的主张所拥有的证据类型①。英语中常见的传信语气的副词有：allegedly、reportedly、apparently、obviously、clearly、evidently 等。很多语言都有详细的传信系统，可简单区分为直接证据（通常是无标记的）和"据说""据听说"证据（引用的证据）两类。Chafe（1986：264 - 271）将英语的传信范畴分为：信度（Degrees of Reliability）、信念（Belief）、推理（Inference）、感觉（Sensory）、归纳（Induction）、演绎（Deduction）、谣传（Hearsay）、模糊限制语（Hedges）、期望（Expectations）九类。吕叔湘（1944：258）认为可分为"传信"和"传疑"两类，并且明确提出这个范畴是"与认识有关的"。张伯江（1997：18-19）将汉语的传信范畴分为三类：1. 交代信息来源；2. 事实真实性态度；3. 对事件的确信程度。这三类传信范畴可以通过插入语、习用语、副词、句末语气词等实现。本书以汉语语气副词为研究对象，表达传信语气的副词可分为两类：

一是确定语气的传信：明明、分明。

二是不确定语气的传信：好像、似乎、仿佛、仿若。

其中，存有争议的副词是"明明"，史金生（2003a）将"明明"归入"特点"小类②，根据《现代汉语词典》对"明明"的释义是"表示显然如此或确实"，明确表达为对"信息来源的证实/真实性"的判断，其英语对译为"obviously"，因此"明明"应该属于传信范畴。

从语言事实出发，传信语气的句法位置低于评价语气，以副词"明明"为例，如：

（41）难怪呢，他明明可以走却没走。　　Evaluative$_{明白}$＞Evidential$_{明明}$

（42）＊明明，他难怪呢可以走却没走。

（43）他竟然明明可以走却没走！　　Evaluative$_{惊讶}$＞Evidential$_{明明}$

（44）＊他明明竟然可以走却没走！

（45）毕竟他明明可以走却没走。　　Evaluative$_{肯定}$＞Evidential$_{明明}$

（46）＊明明他毕竟可以走却没走。

（47）终究，他明明可以走却没走。　　Evaluative$_{最终}$＞Evidential$_{明明}$

（48）＊明明，他终究可以走却没走。

（49）幸亏他明明可以走却没走。　　Evaluative$_{幸运}$＞Evidential$_{明明}$

---

① 原文如下：in many languages a verbal affix, or a (modal) auxiliary, or a particle is used to express the type of evidence the speaker has for his /her assertion.

② 史金生（2003a：22）认为"明明"是语气副词中表示"评价"的"性质特点"的小类。

（50）＊明明他幸亏可以走却没走。

（51）他偏偏明明可以走却没走。　　　　Evaluative_{恰好} > Evidential_{明明}

（52）＊他明明偏偏可以走却没走。

（四）认知情态类语气副词（Epistemic Adverbs）

Cinque（1999：86）对认知情态的定义是：认知情态表示说话者对命题的真实性的信心程度（基于他/她所掌握的信息类型）[①]，英语中常见的认知情态类副词有：probably、likely、presumably、supposedly等。由于自信程度的差别，可分为强自信和弱自信，例如英语中must的自信程度一定高于should，但是却低于absolute。Palmer（2001：24）认为认知情态和传信情态都表达了说话者对命题的真值或事件的真实情况的态度，因此二者都属于命题范畴，但是二者的区别在于，认知情态表达言者对命题真实情况的判断，而传信情态则表明言者对真实情况所掌握的证据。也即，认知情态偏向于主观判断，而传信情态偏向于客观推断。齐沪扬（2002：230）提出语气副词有正向强调和负向强调之分，正向强调的副词如"确实""简直""真是"等，负向强调传统上又称为"委婉语气"，表负向强调的副词如"未尝""莫非""不免"等。本研究认为，齐沪扬（2002）提到的正向强调即自信等级较高，而负向强调即自信等级程度较低，其自信程度排列是相对的。现代汉语表达认知情态的语气副词可分为高度自信和低度自信两类，如：

高度自信：可是、着实、确乎、绝顶、绝对、断断、断乎、断然、肯定、根本、压根_儿、势必、想必。

低度自信：未必、不见得、未尝、未免、不免、委实、何不、何尝、何妨、无妨、何必、何须。

从句法位置分布看，认知情态类语气副词的句法低于传信情态的语气副词，如：

（53）这些东西，明明中国确实比外国的好，为什么就不敢承认呢。

（54）＊这些东西，确实中国明明比外国的好，为什么就不敢承认呢。

Evidential_{明明} > Epistemic_{确实}

（55）就算你再复习一遍，好像你也未必能考满分吧。

（56）＊就算你再复习一遍，未必你也好像能考满分吧。

Evidential_{好像} > Epistemic_{未必}

---

① 原文如下：Epistemic modality expresses the speakers degree of confidence about the truth of the proposition（base on the kind of information he/she has）.

（57）从他的表情看，他分明根本就不知道发生了什么事。

（58）＊从他的表情看，他根本分明就不知道发生了什么事。

$$Evidential_{分明} > Epistemic_{根本}$$

（59）似乎，他委实已经知道了真相。

（60）＊委实，他似乎已经知道了真相。

$$Evidential_{似乎} > Epistemic_{委实}$$

（五）真势情态类语气副词（Alethic Adverbs）

真势情态类语气副词可以分为两类：一类是表示必要（Necessity），如：必定、定然、定准、一定、准保、准定；另一类是表示或然（Possibility），如：八成ル、保不定、保不住、充其量、大抵、大半、大概、或许、或者、也许、兴许、约略、约莫、怕是、恐怕等等。表示"真势"的语气副词与表示认知类的语气副词，容易产生混淆，尤其是二者在语义上区别并不明显，根据 Lyons（1977：791）的研究：从逻辑上看，认知情态关注的是说话者的推论或观点，而真势情态中的必要情态表示命题在所有可能的逻辑世界中都是对的，或然情态表示命题不可能是错的，至少在一种可能的逻辑世界是对的。

从句法位置上看，真势情态类语气副词要低于认知情态类语气副词，如：

（61）想必这件事，他必定已经知道了个大概。

（62）＊必定这件事，他想必已经知道了个大概。

$$Epistemic_{想必} > Alethic_{必定}$$

（63）想必这件事，他八成已经知道了个大概。

（64）＊八成这件事，他想必已经知道了个大概。

$$Epistemic_{想必} > Alethic_{八成}$$

（65）肯定他大概已经知道是怎么回事了。

（66）＊大概他肯定已经知道是怎么回事了。

$$Epistemic_{肯定} > Alethic_{大概}$$

（67）今天这个会，他未必一定会来。

（68）＊今天这个会，他一定未必会来。

$$Epistemic_{未必} > Alethic_{一定}$$

（六）意志情态类语气副词（Volitional Adverbs）

根据 Palmer（2001：76）的观点动力情态（Dynamic）可分为"意志（Willingness）"和"能力（Ability）"两类，例如英语中的 will 和 can，而汉语中在表"能力"的时候用"助动词"，如"能"等，副词中没有表示"能力"的词汇，因此此处只讨论"意志"类语气副词，Cinque（1999）把

"意志"翻译成"volitional"，此处仍然选用"volitional"。意志类语气副词又叫主语导向的副词（Subject-oriented），即：语义所指为主语，通常要求句子主语的语义角色是施事，主语应具有能动性，体现主体的主观选择。英语的典型意志情态类副词如：intentionally、willingly 等。根据 Palmer（2001）的观点，"意志"情态是事件情态（Event Modality），不是命题情态。综上，"意志"类语气副词应该是句法位置最低的。汉语中表"意志"的语气副词有：非得、毋宁、宁可、宁肯、宁愿、爽性、死活、索性等。

　　从句法分布看，与真势情态语气副词相比，意志情态语气副词的句法位置更低，如：

（69）他怕是宁可上吊也不愿陪着我胡作非为。　　　$\text{Alethic}_{怕是} > \text{Volitional}_{宁可}$

（70）*他宁可怕是上吊也不愿陪着我胡作非为。

（71）准保他死活不会同意这件事。　　　$\text{Alethic}_{准保} > \text{Volitional}_{死活}$

（72）*死活他准保不会同意这件事。

（73）他大概非得要买那个房子吧。　　　$\text{Alethic}_{大概} > \text{Volitional}_{非得}$

（74）*他非得大概要买那个房子吧。

（75）恐怕这件事，他索性就不管了。　　　$\text{Alethic}_{恐怕} > \text{Volitional}_{索性}$

（76）*索性这件事，他恐怕就不管了。

　　综上所述，语气副词内部可以根据语义及句法分类，并且不同的小类内部有句法位置高低的差异，通过共现法判定副词小类之间的句法位置高低，得出一个句法层级分布，即为（">"表示句法位置"高于"）：

　　言语行为类语气副词（Speech Act Adverbs）>评价类语气副词（Evaluative Adverbs）>传信类语气副词（Evidential Adverbs）>认知情态类语气副词（Epistemic Adverbs）>真势情态类语气副词（Alethic Adverbs）>意志情态类语气副词（Volitional Adverbs）

二、语气副词的饰句功能及饰谓功能

　　上一小节讨论了 CP 层语气副词的分类及句法位置的分布。关于语气副词的句法位置，发现一个问题：CP 层的语气副词，有的只能出现在主语之前，有的只能出现在主语之后，有的在主语之前之后都可以，针对以主语为界给副词分类的这个问题，现有研究，如：张谊生（2000）、赵彦春（2001）、尹洪波（2013）、杨德峰（2016）、方梅（2017）等，从句法位置上看，主要可以分为主语前及主谓之间两类，目前一般认为：主语前的副词修饰句子，被命名为"饰句副词"，主谓之间的副词被命名为"饰谓副词"，修饰谓语。张谊生（2000：49-50）认为，评注副词（语气副词）的句中位置灵活，可以出现在句首、句中或句尾（"易位"现象），但是凡是单音节的评注副词一般都位于句中，少量特例可位于句末，如"都"位于句首的是全幅评注，对命题进行评注；位于句中的是半幅评注，即只对述题部分进行评注。全幅评注以句外因素作为评注的基点，半幅评注以句内因素作为评注的基点。从所表信息的角度看，全幅评注时，整个句子连同话题（主语）都是新信息，而半幅评注只有述题是新信息，句子话题则是旧信息。张谊生（2000：51）认为，凡是位于句首或者句末的评注性副词，不管其是否还能位于句中，都可以认为是全幅评注。赵彦春（2001）认为"幸亏你来了/你幸亏来了"中的"幸亏"虽然有两个句法位置，但"幸亏"只能是饰句副词，不能是饰谓副词；尹洪波（2013）认为：饰句副词通常是表示情态的高位副词①，饰谓副词一般表示时间、处所、范围、程度、否定、方式等内嵌较深的低位副词。方梅（2017）认为饰句副词多是时间副词，其次是评价副词。杨德峰（2016）指出语气副词很多是饰句副词，但是语气副词和关联副词也有一些是饰谓副词。饰句副词是修饰整个句子的副词，既可以出现在谓语前，也可以出现在主语前；饰谓副词是只能修饰谓语的副词，只能出现在谓语前。文章还指出，副词出现在主语前是为了突出副词。根据以上学者的研究，以"主语"为界划分副词类别是学界的一般做法，但是目前存在的主要问题是：

1. 以主语为界，哪些语气副词只出现在主语之前？哪些语气副词只出现在主谓之间？

2. 对语气副词来说，主语之前和主谓之间到底是一个句法位置还是两个句法位置？怎么证明？

（一）饰句副词和饰谓副词的分类

根据对语气副词的分类及句法位置高低的研究，发现 6 类语气副词的句法位置由高到低，以主语为界，能出现在主语前的能力越来越弱。也就是说，句法位置越低，出现在主语前的能力越弱，故而得出：

1. 言语行为类语气副词中表"陈述""疑问"的副词可以自由地出现在主语前后，表示"感叹""命令"的只能出现在主语后。

2. 评价类语气副词，除了"无怪""竟自"外，都可以自由地出现在主语前后。

3. 传信类语气副词可以自由地出现在主语前后。

---

① "表示情态的高位副词"即语气副词。

4. 认知情态类语气副词部分可以自由地出现在主语前后，如：根本、压根儿、想必、未必、委实、何尝、何须，但是以下副词只出现在主语后：可是、着实、确乎、断断、断乎、断然、势必、未尝、未免、不免、何不、何妨、无妨、肯定、必将。

5. 真势语气中表示"必要"类的副词全部都居于主语后，表示"或然"类的，除了"约莫""约略"外，都可以自由地出现在主语前后。

6. 意志情态类语气副词全部位于主语之后。

其中，意志类语气副词中的"索性"和"死活"在实际语料中，可以出现在主语前，并非仅仅出现在主语之后，似乎是本书的反例。根据史金生（2003：86）的研究，"索性"的意义，用于前景句（因果关系的结果分句）中，表达对于因先行行为不充分而采取的更直接更彻底行为的一种肯定的评价。"索性"和"干脆"意义有相近之处，但是二者在几个方面都不一样，不能完全相互替换。由史金生（2003）的研究可知，"索性"有"干脆"的意思，但是二者并不完全相同，而史文并未对"索性"与"干脆"的句法位置进行界定。本研究提出，"索性"作为表示"意愿"的语气副词，只能出现在主语后，若表示"干脆""爽快""直截了当"的意思时，可出现在主语前。能发生"易位"的是表示"干脆"意义的"索性"。用例如：

"索性$_1$"表示"意愿"：

（77）你再这样闹，我索性不把你送医院了。

（78）＊你再这样闹，我不把你送医院了，*索性*。

（79）＊你再这样闹，我干脆不把你送医院了。

（80）给我一根绳子，不然的话，我索性再添三条人命。

（81）＊给我一根绳子，不然的话，我再添三条人命，*索性*。

（82）＊给我一根绳子，不然的话，我干脆再添三条人命。

例（79）（82）表明在表"意愿"的"索性"的句法位置上，不能用"干脆"替换"索性"。

"索性$_2$"表示"干脆"：

（83）反正我也要吃饭，索性我就自己做饭吧。

（84）反正我也要吃饭，我就自己做饭吧，*索性*。

（85）反正我也要吃饭，干脆我就自己做饭吧。

（86）急死你也没用，索性你也不急了。

（87）急死你也没用，你也不急了，*索性*。

（88）急死你也没用，干脆你也不急了。

例（85）（88）表示在表"干脆/爽快/直截了当"的"索性"的句法位置上，用"干脆"替换"索性"成功，位于主语前的"索性"并不表"意愿"而是表"干脆"义。

其次，关于副词"死活"的用法，王天佑（2010：22）指出"死活+VP"有两种用法，一是表示动态的"意愿态"，可用于表示"选择义"的句子，二是表示静态的"结果义"，这类"死活+VP"不能用来表达行为主体的选择。王天佑（2010）虽然指出"死活"有两个用法，但是并没有界定两个"死活"的句法位置。张谊生（2000：51）也指出：评注性副词（语气副词）具有动态性。因此，根据王天佑（2010）及张谊生（2000）的研究，本研究提出，当"死活"是"意愿"的副词时，表示"选择义"，只能居于主语之后，具有"动态性"；当"死活"表示"结果义"时，可居于主语之前，不表达行为主体的"选择"，具有"静态性"。例如：

"死活₁"表"意愿"：

（89）让我嫁给一个智力障碍者，我死活不会同意的。

（90）服务员非要给我推荐什么油焖大虾，我死活不要。

（91）做了第二次针灸后，我死活都不愿意躺在那里了。

"死活₂"表"结果"：

（92）你怎么又生气了，我到底做错什么了，死活我都想不通了。

（93）地铁十号线的出口标识太不明显，死活我就找不着。

根据以上分析，表示"意愿"的语气副词全部居于主语之后。至此已经回答了上文中提出的第一个问题，即：以主语为界，哪些语气副词能出现在主语之前？哪些语气副词能出现在主谓之间？而关于本问题的原因，张谊生（2000：51）指出：可能是这些副词受所表语义的制约或者是受所现情态的限制。本研究赞同张谊生先生的观点，本研究认为，即便语气副词是句法位置较高的，但是内部句法的灵活性由于功能差异也是不均衡的，表示"意愿""命令"等语气的副词，都是跟述题部分紧密相连的，因此，这类副词的句法位置只能在主语之后，对述题部分进行修饰限制，这也是造成句法位置相对较低的一个原因。

（二）饰句副词和饰谓副词的句法位置判定

下面分析第二个问题，即：对语气副词来说，主语之前和主谓之间到底是一个句法位置还是两个句法位置，怎么证明？饰句副词位于主语前时，修饰的是整个句子，这一点没有问题，但是，位于谓语前时，修饰的是整个句子还是谓语，对此学界看法不一。尹洪波（2013）认为饰句副词既可以位于主语前，也可以位于主谓之间，张谊生（2000）、赵彦春（2001）持相同观点，而丁声树（1961）、朱德熙（1982）、齐沪扬（2002）、杨德峰（2016）认为语气副词位于主语前修饰的是整个句子，位于谓语前修饰的是谓语。

杨德峰（2016）从两个方面论证了位于主语前和位于谓词前的副词是不同的。首先，杨德峰（2016）认为学界共识是副词用在动词和形容词前，修饰动词和形容词，列举了"马上回去""渐渐疏远了""十分满意"三个副词只修饰动词的用例，指出：饰句副词也是副词，位于谓语前同样应该修饰其后的谓语，而不是修饰整个句子，否则很难解释为什么别的副词位于谓语前修饰的不是整个句子，而只是谓语。此处杨德峰得出的结论是：饰句副词也可以饰谓；其次，杨德峰（2016）的第二个论证是为了否定尹洪波（2013）的观点，尹洪波（2013）指出饰句副词主要是语气副词，于是杨德峰（2016）举了"可""必""难以"三例，说明这三个语气副词只能是饰谓副词，如果说饰句副词位于谓语前是修饰整个句子，那么以上"可""必""难以"也应该修饰整个句子，进而否定了尹洪波（2013）的观点。

杨德峰（2016）的研究，首先"难以"是动词，不是副词；其次，根据张谊生（2000：50）明确指出凡是单音节的评注副词（语气副词）只能位于句中，"可"和"必"都是只能位于谓语前的副词，我们认为：杨德峰此处的说法在逻辑上存在问题，我们不能用"单音节的饰谓动词只能位于句中而否定语气副词大部分可以是饰句的"。进而，杨德峰（2016：12）得出了饰句副词和饰谓副词的区别：饰句副词是能够修饰整个句子的副词，它既可以出现在谓语前，也可以出现在主语前；饰谓副词是只能修饰谓语的副词，只能出现在谓语前。

通过分析以上学者的观点，前辈学者对语气副词的饰句功能和饰谓功能的讨论一直没有达成共识，也并没有说明同一个语气副词在分别位于主语前后时有什么本质的不同。本研究认为，就语气副词而言，位于主语前和位于谓语前的语气副词是不一样的，位于主语前的语气副词是饰句副词，其句法位置是高位的，句法修饰的范域是整个句子 CP，对整个命题进行说明；而出现在谓语前的语气副词是饰谓副词，其句法位置是低位的，句法修饰的范域是 VP，是对谓语部分进行说明。采用以下方法进行验证。

证明 1：

Rooth（1996）提出 The assumption is that "the position of focus in an answer correlates with the questioned position in wh-questions".

问：（94）他们去<u>哪</u>了？
      Focus

答：（95）①他们也许₁［_{vp} 走］了吧。——低位语气副词：动作语气
      Focus

问：（96）你知道［_{CP}他们去哪了］吗？
        Focus

此处的问题是：怎么证明这个 CP 整体是焦点呢？可以用替换法，如：

答：（97）A：你知道吗？

B：我知道<u>什么</u>_{focus}？

A：你知道<u>他们去哪了</u>_{focus}吗？（焦点成分替换）

答：（98）②也许₂［_{cp} 他们走了吧］。——高位语气副词：命题语气
     Focus

小结 1：从焦点出发，发现口语体的"也许"有低位和高位两个位置，低位表示动作的语气，高位表示命题的语气。

证明 2：高位与低位的语气副词共现。

（99）也许₁［_{CP}他也许₂［_{VP}吃了三个面包］］。

小结 2：从例（99）可知，高、低位语气副词共现时，有不同的句法修饰范围。"也许₁"的修饰范围是整个句子 CP，表示整个命题是不确定的语气。"也许₂"的修饰范围是谓语 VP 部分，表示整个谓语（动作/行为）是不确定的语气。因此"也许₁"是高位的语气副词，"也许₂"是低位的语气副词。

证明 3：加语气副词"吧"。

例如：（100）a 也许₁他也许₂吃了三个面包。

     b 也许₁吧，他也许₂吃了三个面包。

     c *也许₁他也许₂吧，吃了三个面包。

小结 3：只有高位的"也许₁"才能加语气词"吧"，也即"也许₁"的句法位置在 CP 层，"也许₂"无法和语气词组配，表示"也许₂"是低位的。

证明 4：内外话题的位置。根据 Paul（2005）、张志恒（2013）的研究，内话题的句法位置高于 VP。

（101）原来是这样，难怪₁<u>这件事</u>_{topic}，他一直放不下。（外话题）

（102）原来是这样，他<u>这件事</u>_{topic}难怪₂一直放不下。（内话题）

（103）*原来是这样，他难怪₂<u>这件事</u>_{topic}一直放不下。（内话题）

小结 4：高位的"难怪₁"可以出现在外话题之前，低位的"难怪 2"不

能出现在内话题之前，也即说明，低位的"难怪₂"的句法位置是修饰谓语的。

综上，以"焦点"为切入点，证明语气副词有高低两个位置，高位的语气副词对"命题"进行表述，低位的语气副词对"谓语"进行表述；高位的语气副词是"饰句副词"，低位的语气副词是"饰谓副词"。故而，可总结语气副词的句法位置，如下图 5-1 所示：

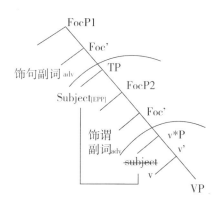

图 5-1　饰句副词与饰谓副词的句法位置

综上所述，采用四种方法对位于主语之前和主谓之间的语气副词进行论证。本研究的观点是：以主语为界，位于主语前的语气副词是饰句副词，其句法位置是高位的，句法统治范围是整个句子 CP，对整个命题进行说明；而出现在谓语前的语气副词是饰谓副词，其句法位置是低位的，句法统治的范域是 VP，对谓语部分进行说明，位于主语之前和位于主谓之间的语气副词不仅句法位置不同，句法功能也有差异，高位的语气副词可以带语气词（比如"吧"），可以带外话题，但是低位的位于主谓之间的语气副词却没有这些功能。由此总结，语气副词位于主语之前和主谓之间时是不同的。

至此，针对 CP 层的语气副词，已经厘清了内部的分类，句法位置高低分布，同时尝试解释语气副词的句法位置问题。下面，对 CP 层语气副词的语体问题进行下一步的研究。

三、现代汉语语气副词的语体研究

根据对 CP 层的语气副词的分类，发现能出现在 CP 层的副词总计有 99 个，其中正式语体 29 个，口语体 70 个，正式语体占 29%，口语体为 71%。从词汇的语体看，CP 层主要以口语体副词为主。根据冯胜利（2010b）提出的"语体语法"理论，CP层有语体对立的副词是否会有句法差异，本部分总结了CP层有语体对立的副词共计20对，选取的标准是：从词性的角度看都是副词，从语义的角度看，二词基本都是同义或可互释；从韵律角度看，二词都是双音节，唯一的区别就是二词有语体对立。此处的语体对立分两种，一是绝对的对立，如"其实"和"实则"，就是典型的、明显的二体对立；另一种是相对的对立，如"明明"和"分明"，"准保"和"准定"，即单说单看"分明"和"准定"不一定是绝对的"正式体"，但是当和"明明"和"准保"放在一起对比时，其正式度就凸显出来了。关于这些副词的语体判定方法，第二章已经具体谈过，此处概不赘述。这20对副词如下（按音序排列）：

1. 必得（口）——必须（正）

2. 大概（正）——大抵（正庄）

3. 到底₁（口）——究竟（正）

4. 到底₂（口）——毕竟（正）

5. 的确（口）——确乎（正）

6. 断断（口）——断然（正）——断乎（正庄）

7. 多么（口）——何其（正）

8. 仿佛（口）——仿若（正）

9. 好像（口）——似乎（正）

10. 竟自（口）——竟然（正）

11. 明明（口）——分明（正）

12. 难怪（口）——无怪（正）

13. 其实（口）——实则（正）

14. 实在（口）——诚然（正）

15. 实在（口）——确实（正）——委实（正庄）

16. 幸好/幸亏（口）——幸而（正）

17. 压根ₙ（口）——根本（正）

18. 约莫（口）——约略（正）

19. 准保（口）——准定（正）

20. 总归（口）——终究（正）

下面，根据已经整理出的20对有语体对立的副词，进行句法位置分析，试图构建"语体—句法"的对应层级。本部分共分为两部分，一是语体属性与句法高低对立的副词；二是语体属性与句法搭配对立的副词。

（一）语体属性与句法高低对立的副词

竟然（口正：高）——竟自（正庄：低）

竟自：［副］竟然。

竟然：［副］表示出乎意料。

对于本组副词的"语体—句法"对应层级判定，发现在外焦点、主语前、轻动词之前这 3 个句法位置存在对立表现，例如：

副词位于外焦点之前：

（104）竟然连这本书，他都看完了。

（105）＊竟自连这本书，他都看完了。

副词位于主语之前：

（106）这件事，竟然他都不知道？

（107）＊这件事，竟自他都不知道？

副词位于轻动词之前：

（108）他竟然让我去买书。

（109）＊他竟自让我去买书。

副词位于谓语之前：

（110）妈妈没有答应他的要求，他竟然委屈地哭了。

（111）妈妈没有答应他的要求，他竟自委屈地哭了。

从以上的用例可知，口正体"竟然"的句法位置高于正庄体的"竟自"，"竟自"只能位于主语后动词前这一个位置。即：

竟然（口正）＞竟自（正庄）

约莫（口：高）——约略（正：低）

约莫：［副］大概。

约略：［副］大致；大概。

对于本组副词的"语体—句法"判定，采用外焦点、主语前、内焦点与谓语之前 4 个句法位置进行测试，用例如下：

副词位于外焦点之前：

（112）这个项目，约莫连经理我觉得都申请不下来。

（113）＊这个项目，约略连经理我觉得都申请不下来。

副词位于主语之前：

（114）约莫我们申请不下来这个项目。①

---

① 注："约莫着，他大概已经出发了。"这个"约莫"是动词，表示"估计"的语义。

（115）＊约略我们申请不下来这个项目。

副词位于内焦点之前：

（116）我们约莫连这个项目都申请不下来。

（117）＊我们约略连这个项目都申请不下来。

副词位于谓语之前：

（118）他的近况我约莫知道一些。

（119）他的近况我约略知道一些。

从以上用例可知，口语体的"约莫"可以位于外焦点、主语前、内焦点及动词之前，但是正式体的"约略"只能位于主语之后，动词之前。由此可知，口语体"约莫"的句法位置高于正式体"约略"的句法位置。即：

约莫（口）>约略（正）

大概（口：高）——大抵（正：低）

大概：［副］表示不很准确的估计。

大抵：［副］大概；大都。

对于本组副词的"语体—句法"判定，采用外话题、外焦点、主语前、内焦点及动词前5个句法位置进行分析，用例如下：

副词位于外话题之前：

（120）大概这件事，连校长他都没告诉。

（121）＊大抵这件事，连校长他都没告诉。

副词位于外焦点之前：

（122）这件事，大概连校长他都没告诉。

（123）＊这件事，大抵连校长他都没告诉。

副词位于主语之前：

（124）这件事，大概校长都不知道。

（125）＊这件事，大抵校长都不知道。①

副词位于内焦点之前：

---

① 在BCC语料库中发现两例"大抵"位于主语前的用例：（1）大抵他觉得朝廷这种一厢情愿的做法，尽管十分可笑可悲……（刘斯奋《白门柳》）（2）……大抵他们不会追捕那个偷窜入中华楼内的黑影……（马荣成《中华英雄》1984）以上用例都是来自武侠小说，在比较规范的报纸、科技文献中未发现"大抵"位于主语前的用例，例（1）描述的是"明末清初"的故事，例（2）是马荣成1984年作品，马荣成是香港漫画家，本书认为受文本内容、作家语言背景等原因的影响，出现少量"大抵"位于主语前的例子不会影响对本组词的分析。

（126）校长**大概**连这件事都不知道。

（127）＊校长**大抵**连这件事都不知道。

副词位于谓语之前：

（128）大部分地区都不到五十毫米，和历年四月平均雨量**大概**相等。

（129）大部分地区都不到五十毫米，和历年四月平均雨量**大抵**相等。

从以上用例可知，口语体的"大概"可以位于外话题、外焦点、主语前、内焦点及动词前 5 个位置，正式体的"大抵"只能位于动词前。据此可知，口语体"大概"的句法位置高于正式体"大抵"的句法位置。即：

大概（口）>大抵（正）

难怪（口：高）——无怪（正：低）

难怪：［副］表示明白了原因，对某种情况就不再觉得奇怪。

无怪：［副］表示明白了原因，对下文所说的情况就不觉得奇怪。

对于本组副词的"语体—句法"判定，采用外话题、外焦点、主语、内焦点及谓语之前的 5 个句法位置进行分析。用例如下：

副词位于外话题之前：

（130）**难怪**这件事他都不知道呢，他根本就没在国内。

（131）＊**无怪**这件事他都不知道呢，他根本就没在国内。

副词位于外焦点之前：

（132）**难怪**连这件事他都不知道呢，他根本就没在国内。

（133）＊**无怪**连这件事他都不知道呢，他根本就没在国内。

副词位于内焦点之前：

（134）他**难怪**连这件事都不知道呢，他根本就没在国内。

（135）＊他**无怪**连这件事都不知道呢，他根本就没在国内。

副词位于主语之前：

（136）**难怪**他都不知道呢，他根本就没在国内。

（137）**无怪**他们看见我们同学打苍蝇就感到诧异。（《人民日报》1952）

副词位于谓语之前：

（138）原来屋子里的炉子已经灭了，**难怪**这么冷呢。

（139）原来屋子里的炉子已经灭了，**无怪**这么冷呢。

从以上用例可知，口语体的"难怪"可以位于外话题、外焦点、主语前、内焦点及谓语之前，但是正式体的"无怪"只能位于主语前和谓语前。据此可知，口语体"难怪"的句法位置高于正式体"无怪"的句法位置。即：

难怪（口）>无怪（正）

好像（口：高）──似乎（正：低）

好像：［副］表示不十分确定的判断或感觉。

似乎：［副］仿佛；好像。

对于本组副词的"语体—句法"判定，采用外话题、外焦点、主语前及谓语之前4个句法位置进行判定。用例如下：

副词位于外话题之前：

（140）**好像**张三的那些话，连校长他们也没告诉。

（141）＊**似乎**张三的那些话，连校长他们也没告诉。

副词位于外焦点之前：

（142）张三的那些话，**好像**连校长他们都没有告诉。

（143）张三的那些话，**似乎**连校长他们都没有告诉。

副词位于主语之前：

（144）**好像**他们并不完全相信张三的那些话。

（145）**似乎**他们并不完全相信张三的那些话。

副词位于谓语之前：

（146）他们**好像**相信了张三的那些话。

（147）他们**似乎**相信了张三的那些话。

从以上用例可知，口语体的"好像"可以位于外话题、外焦点、主语及谓语之前，正式体的"似乎"却不能位于外话题之前。据此可知，口语体"好像"的句法位置高于正式体"似乎"的句法位置。即：

好像（口）>似乎（正）

仿佛（口正：高）──仿若（正庄：低）

仿佛：［副］似乎；好像。

仿若：［副］仿佛；好像。

对于本组副词的"语体—句法"判定，采用外话题、主语、谓语前3个句法位置进行分析。用例如下：

副词位于外话题之前：

（148）**仿佛**这场灾难，他们已经躲过去了。

（149）＊**仿若**这场灾难，他们已经躲过去了。

副词位于主语之前：

（150）**仿佛**他一眼便能看穿人们心底的隐秘。

（151）在那人怀中发抖，看也不敢看他，**仿若**他才是恶鬼。

副词位于谓语之前：

（152）看着这一件件展品，我的心仿佛穿行在历史的后院。

（153）看着这一件件展品，我的心仿若穿行在历史的后院。

从以上用例可知，口正体的"仿佛"和正庄体的"仿若"都可以位于主语前及主要动词前作状语修饰动词，但是只有口正体的"仿佛"可以位于外话题之前，正庄体的"仿若"是不能位于该位置的。由此表明，口正体"仿佛"的句法位置高于正庄体"仿若"的句法位置。即：

仿佛（口正）>仿若（正庄）

的确（口：高）——确乎（正庄：低）

的确：［副］完全确实；实在。

确乎：［副］的确。

对于本组副词的"语体—句法"判定，采用外话题、外焦点、主语、内焦点及谓语之前 5 个句法位置进行分析。用例如下：

副词位于外话题之前：

（154）**的确**这件事，我确实没考虑到位。

（155）＊**确乎**这件事，我确实没考虑到位。

副词位于外焦点之前：

（156）这件事，**的确**连校长我们都没告诉。

（157）＊这件事，**确乎**连校长我们都没告诉。

副词位于主语之前：

（158）**的确**，我不应该插手你们之间的事。

（159）＊**确乎**，我不应该插手你们之间的事。

副词位于内焦点之前：

（160）这件事，我们**的确**连校长都没告诉。

（161）＊这件事，我们**确乎**连校长都没告诉。

副词位于谓语之前：

（162）经过试验，这办法**的确**有效。

（163）经过试验，这办法**确乎**有效。

由以上用例可知，口语体的"的确"可以位于外话题、外焦点、主语前、内焦点及谓语前，但是正庄体的"确乎"只能位于谓语之前。据此可知，口语体"的确"的句法位置高于正庄体"确乎"的句法位置。即：

的确（口）>确乎（正庄）

确实（口：高）——委实（正：低）

确实：［副］对客观情况的真实性表示肯定。

委实：［副］确实；实在。

对于本组副词的"语体—句法"判定，采用外话题、主语及动词之前 3 个句法位置进行测试，例如：

副词位于外话题之前：

（164）*确实这件事，我们没有考虑清楚。*

（165）*＊委实这件事，我们没有考虑清楚。*

副词位于主语之前：

（166）*这件事，确实我们没有考虑清楚。*

（167）*＊这件事，委实我们没有考虑清楚。*

副词位于谓语之前：

（168）*他能拿到这样的成绩确实不易。*

（169）*他能拿到这样的成绩委实不易。*

从以上用例可知，口语体的"确实"可以位于外话题、主语及谓语之前，但是正式体的"委实"只能位于谓语之前。据此可知，口语体"确实"的句法位置高于正式体"委实"的句法位置。

确实（口）＞委实（正）

必得（口：高）——必须（正：低）

必得：［副］必须；一定要。

必须：［副］表示事理上和情理上必要。

对于本组副词的"语体—句法"判定，采用主语前和动词前 2 个句法位置进行分析，用例如下：

副词位于主语之前：

（170）*捎信儿不行，必得你亲自去一趟。*

（171）*捎信儿不行，必须你亲自去一趟。*

副词位于谓语之前：

（172）*我们不能逃避事实，有些地方我们必得让步。*

（173）*我们不能逃避事实，有些地方我们必须让步。*

从以上两组用例可知，口语体的"必得"和正式体的"必须"，二词都可以位于句中谓语前，也都可以位于主语前，但是二词都不能位于外焦点、外话题前。根据蔡维天（2010）的研究，不同副词与模态词的搭配在高低位置上具有不同表现。首先从"要"开始，根据蔡维天（2010）的研究，"要"有 5 个层面，最低的是表"意愿"的动词。其用例如下：

副词在表意愿的动词"要"之前：

（174）阿 Q 必得要₁这本书。

（175）阿 Q 必须要₁这本书。

副词在表意愿的助动词"要"之前：

（176）阿 Q 必得要₂买这本书。

（177）阿 Q 必须要₂买这本书。

副词在表即将的助动词"要"之前：

（178）看看这天阴的，今晚上必得要₅下大暴雨。

（179）＊看看这天阴的，今晚上必须要₅下大暴雨。

由以上三组用例可知，在较低位的表"意愿"的动词"要"和表"意愿"的助动词"要"之前，句子都是的，但是搭配最高位的表"即将"的"要"时，只有口语体的"必得"是正确的，正式体的"必须"不可接受。我们发现在模态词"会"上也有同样的表现，例如：

副词在表"未来"的模态词"会"之前：

（180）看看天上这些阴云，明天必得会₄下雨。

（181）＊看看天上这些阴云，明天必须会₄下雨。

当搭配高位的表"未来"的"会"的位置，只有口语体的"必得"是正确的，正式体的"必须"不可接受。由此表明，口语体的"必得"的句法位置高于正式体的"必须"的句法位置。即：

必得（口）>必须（正）

准保（口：高）——准定（正：低）

准保：［副］表示肯定或保证。

准定：［副］表示完全肯定；一定。

对于本组副词的"语体—句法"判定，采用主语前和谓语 2 个句法位置进行测试。用例如下：

副词位于主语之前：

（182）我们已经离家几十年，准保他们不会认识我了。

（183）＊我们已经离家几十年，准定他们不会认识我了。

副词位于谓语之前：

（184）每到周末，他准保回家。

（185）每到周末，他准定回家。

通过以上用例可知，口语体的"准保"和正式体的"准定"二词都可以修饰句中谓语动词，但是只有口语体的"准保"可以位于主语前的位置，正式体的"准定"不能位于该位置。由此表明，口语体"准保"的句法位置高于正式体"准定"的句法位置。即：

准保（口）>准定（正）

压根儿（口：高）——根本（正：低）

压根儿：[副] 根本；从来（多用于否定式）。

根本：[副] 本来；从来。

对于本组副词的"语体—句法"判定，采用外话题、外焦点、主语和谓语之前 4 个句法位置进行测试，例如：

副词位于外话题之前：

（186）压根儿这件事，连校长我们都没告诉。

（187）＊根本这件事，连校长我们都没告诉。

副词位于外焦点之前：

（188）这件事，压根儿连校长我们都没告诉。

（189）＊这件事，根本连校长我们都没告诉。

副词位于主语之前：

（190）压根儿我就不知道他来了。

（191）根本我就不知道他来了。

副词位于谓语之前：

（192）这件事我压根儿不知道。

（193）这件事我根本不知道。

由以上用例可知，口语体的"压根儿"和正式体的"根本"都可以位于谓语前和主语前两个位置，但是外焦点前和外话题前这两个位置只有口语体的"压根儿"是正确的，正式体的"根本"不能位于此处。因此，口语体"压根儿"的句法位置高于正式体"根本"的句法位置。即：

压根儿（口）>根本（正）

明明（口：高）——分明（正：低）

明明：[副] 表示显然如此或确实（下文意思往往转折）。

分明：[副] 明明；显然。

对于本组副词的"语体—句法"判定，采用外话题、外焦点、主语和动词之前 4 个句法位置进行测试，例如：

副词位于外话题之前：

（194）明明这件事，连校长我们都没有告诉，你是怎么知道的？

（195）＊分明这件事，连校长我们都没有告诉，你是怎么知道的？

副词位于外焦点之前：

（196）这件事，明明连校长我们都没有告诉，你是怎么知道的？

（197）*？这件事，分明连校长我们都没有告诉，你是怎么知道的？①

副词位于主语之前：

（198）明明你知道这件事，你还假装不知道。

（199）分明你知道这件事，你还假装不知道。

副词位于谓语之前：

（200）你明明知道这件事，你还假装不知道。

（201）你分明知道这件事，你还假装不知道。

由以上用例可知，口语体的"明明"和正式体的"分明"都可以位于动词前和主语前，但是只有口语体的"明明"可以位于外话题前和外焦点前，正式体的"分明"不能位于这两个位置。由此可见，口语体的"明明"的句法位置高于正式体的"分明"的句法位置。即：

明明（口）>分明（正）

总归（口：高）——终究（正：低）

总归：［副］表示无论怎样一定如此；终究。

终究：［副］毕竟；终归。

对于本组副词的"语体—句法"判定，采用外话题、主语和动词之前 3 个句法位置进行分析。用例如下：

副词位于外话题之前：

（202）总归这件事，你就先不要管了。

（203）*终究这件事，你就先不要管了。

副词位于主语之前：

（204）总归我们是一家人，你们会原谅我的。

（205）终究我们是一家人，你们会原谅我的。

副词位于谓语之前：

（206）不属于你的，即使再努力争取，总归徒劳。

（207）不属于你的，即使再努力争取，终究徒劳。

以上用例表明，口语体的"总归"和正式体的"终究"都可以位于动词和主语前，但是只有口语体的"总归"可以位于外话题前，正式体的"终究"不可以位于外话题前。由此可知，口语体"总归"的句法位置高于正式

---

① 笔者在做语感测试的时候，被试对"分明连……"的接受度不一致，有的完全接受，有的基本不接受，因此这个例句同时打了"？"和"*"。

体"终究"的句法位置。即：

总归（口）>终究（正）

到底₁（口：高）——究竟（正：低）

到底：[副] 毕竟（多用于强调原因）。

究竟：[副] 毕竟；到底。

对于本组副词的"语体—句法"判定，采用外话题、主语和动词之前 3 个句法位置进行分析，用例如下：

副词位于外话题之前：

（208）到底这件事，你也参与了，怎么说不管就不管了。

（209）＊究竟这件事，你也参与了，怎么说不管就不管了。

副词位于主语之前：

（210）到底他是咱们的同事，你也要想办法帮一帮。

（211）究竟他们西洋人的眼光是要进步一些。 （郭沫若《红瓜》）

副词位于谓语之前：

（212）他到底是经验丰富，说的话很有道理。

（213）他究竟是经验丰富，说的话很有道理。

由以上用例可知，口语体的"到底"和正式体的"究竟"都可以位于动词和主语之前的位置，但是只有口语体的"到底"可以位于外话题的位置，正式体的"究竟"不能位于该位置。据此可知，口语体"到底"的句法位置高于正式体"究竟"的句法位置。即：

到底（口）>究竟（正）

断断（口：高）——断然（正：中）——断乎（庄：低）

断断：[副] 绝对（多用于否定式）。

断然：[副] 断乎。

断乎：[副] 绝对（多用于否定式）。

副词位于义务助动词的否定式"不能"之前：

（214）这种非法的活动断断不能₃参加。

（215）这种非法的活动断然不能₃参加。

（216）这种非法的活动断乎不能₃参加。

由于"断断"等词本身的属性，要求多用于否定式，所以以上三词在修饰助动词的否定式时没有差别，因为这三个副词的句法位置比较受限，都不能位于主语前的任何位置，又多用于否定，所以此处采用蔡维天（2010）模态词的研究测试以上三词的句法位置，以上三例采用的是义务助动词"能₃"

（表"能够"），下面采用表示时制的"会$_5$"（表"即将"）来判定。

副词位于表"即将"的"会"之前：

（217）你看满天都是星星，明天断断不会$_5$下雨。

（218）？＊你看满天都是星星，明天断然不会$_5$下雨。①

（219）＊你看满天都是星星，明天断乎不会$_5$下雨。

由以上用例可知，只有口语体的"断断"能位于表示"即将"的助动词"会"之前，正式体的"断然"和庄典体的"断乎"都不能位于该位置，表明口语体的"断断"的句法位置高于正式体的"断然"和庄典体的"断乎"。于是，接下来用"会$_4$"判定"断然"和"断乎"的句法位置。

副词位于表"物性"的模态否定式"不会"之前：

（220）水断然不会$_4$往高处流。

（221）＊水断乎不会$_4$往高处流。

由以上用例可知，正式体的"断然"可位于表"物性"的"会$_4$"之前，但是庄典体的"断乎"不可以，即正式体"断然"的句法位置高于庄典体"断乎"的句法位置。综上，借用模态词"会"的句法位置，判定出口语体"断断"的句法位置高于正式体的"断然"，正式体"断然"的句法位置高于庄典体"断乎"的句法位置。即：

断断（口）＞断然（正）＞断乎（庄）

到底$_2$（口）——毕竟（正）

到底：〔副〕毕竟。

毕竟：〔副〕表示追根究底所得的结论，强调事实或原因。

关于本组词，考察了外话题、主语与动词之前，以及句中独立构成语调短语 4 个句法位置，发现二词并无差异，用例如下：

副词位于外话题之前：

（222）到底这件事，你也参与了，怎么说不管就不管了。

（223）毕竟这件事，你也参与了，怎么说不管就不管了。

副词位于主语之前：

（224）到底他是咱们的同事，你也要想办法帮一帮。

（225）毕竟他是咱们的同事，你也要想办法帮一帮。

---

① 笔者在做"断然不会"的语感测试时，发现被试者语感接受度反馈不统一，有的表示不能接受，有的被试者可以接受，笔者在 BCC 中检索"断然不会"时发现有很多用例，但是多在翻译作品与小说中，由此可知，说明在正式体和口语体中不正确，在文学作品中正确。

副词位于谓语之前：

（226）他到底是经验丰富，说的话很有道理。

（227）他毕竟是经验丰富，说的话很有道理。

副词位于句中构成独立语调短语：

（228）母亲脸上无助的表情让我心中酸楚，毕竟，她是我的亲娘。

（莫言《四十一炮》）

（229）她自己写下的句子让她脸红，到底，她是个善良忠厚、不善于撒谎的人。

（琼瑶《船》）

但是，通过共现法，发现只能是"到底"在"毕竟"之前，"毕竟"在"到底"之前不合法，例如：

（230）（她以……为理由推辞掉……）到底，福斯特毕竟是先来的。

（欧文·华莱士《洛杉矶的女人们》）

（231）*（她以……为理由推辞掉……）毕竟，福斯特到底是先来的。

通过共现法，发现只有口语体的"到底"可以位于正式体"毕竟"的前面，也即口语体"到底"的句法位置高于正式体"毕竟"的句法位置。即：

到底$_2$（口）>毕竟（正）

（二）语体属性与句法搭配对立的副词

下面四组副词在句法位置上并无高低的不同，但是在句法结构的搭配上仍表现出"句法对立"的特征。

首先是"其实"和"实则"这一组词需要说明，由于二词在句法位置上具有较高的一致性，尚未找到二词句法位置高低的用例，但是仍发现二词其他句法对立。故而，仍能说明"语体不同则句法有别"。

其实（口）——实则（正）

其实：［副］表示所说的是实际情况（承上文，多含转折意）。

实则：［副］实际上；其实。

（232）其实/实则，关于这件事，连校长我们都没有告诉。（外话题前）

（233）关于这件事，其实/实则，连校长我们都没有告诉。（外焦点前）

（234）他们污蔑别人是习小三，其实/实则他们自己才是习小三。（主语前）

（235）关于这件事，我们其实/实则连校长都没有告诉。（内焦点前）

（236）关于这件事，我们连校长其实都没有告诉。（内焦点后）

（237）*关于这件事，我们连校长实则都没有告诉。

（238）他们做了很多看来"不划算"其实/实则有益于人民的事。（动词

前）

（239）关于这件事，连校长，我们都没有告诉，其实。（句尾）

（240）﹡关于这件事，连校长，我们都没有告诉，实则。

由以上用例可知，口语体的"其实"出现的句法位置比正式体"实则"出现的句法位置多，"其实"基本可以出现在句中各个位置上，但是"实则"不可以出现在"内焦点"之后和句尾，因此说明，二词由于语体不同而有不同的句法表现，但是为什么"实则"作为正式体，句法位置可以这么高的？这可能跟"实则"是表示"陈述"的功能有关。

实在（口）——诚然（正）

实在：〔副〕的确。

诚然：〔副〕实在。

根据《现代汉语词典》（第7版）释义，"诚然"的语义是"实在"，而"实在"的语义是"的确"。朱景松（2007）在《现代汉语虚词词典》中，"诚然"的解释是：确实/实在。"实在"的语义是：的确/真的是（某种情况）。曲阜师范大学在1992年编辑的《现代汉语常用虚词词典》对"诚然"的解释是：表示肯定、确认的语气，有"确实"的意思，带有文言色彩，多用于书面语。对"实在"的解释是：强调动作、行为、事物状况或判断的真实性，相当于"确实""的确"。候学超（1998）《现代汉语虚词词典》中对"诚然"的释义是：用于书面，肯定已有的是事实，表示正如上文所说的那样，确实。对"实在"的释义是：表示确认、的确、确实。

从以上各家虚词词典对二词的释义来看，二词确实语义较为一致，都是表示"的确/确实"的意思，而且二词的语体特征也比较凸显，"实在"是典型的口语体，而"诚然"偏向正式体甚至庄典体，即"诚然"是"正庄体"。但是二词在用法上，较难有统一的地方。例如：朱景松（2007）在词典中的用例，二词很难互相替换。

关于"诚然"的用例，见下：

（241）一个演员能在舞台上"认认真真唱戏"诚然可贵，但更可贵的是在舞台之外"实实在在做人"。

如果"诚然"替换成"实在"，则：

（242）? 一个演员能在舞台上"认认真真唱戏"实在可贵，但更可贵的是在舞台之外"实实在在做人"。

关于"实在"的用例，见下：

（243）山东的莱阳梨，口感很好，可是外形实在难看，莱阳人正在通过科学手段，改变莱阳梨的外貌，使之表里俱佳。

如果"实在"替换成"诚然"，则：

（244）？山东的莱阳梨，口感很好，可是外形诚然难看，莱阳人正在通过科学手段，改变莱阳梨的外貌，使之表里俱佳。

通过以上用例的对比可知，虽然"实在"和"诚然"的语义确实一样，都表达"确认"语气，但是二词在表达转折的语义时，其句法位置不同，"诚然"位于转折之前，"实在"位于转折之后，"诚然"例中是"……诚然可贵，但更可贵的是……""实在"例中是"莱阳梨口感很好，可是外形实在难看……"类似的用例还有：

（245）他因为一个梦而离职回家省亲，诚然对不起孙中山，对不起革命事业，但是他可以无愧的是……

（246）*他因为一个梦而离职回家省亲，实在对不起孙中山，对不起革命事业，但是他可以无愧的是……

（247）我知道您爱我的父亲，可是我父亲实在不值得你爱他，为他痴守一生。

（248）*我知道您爱我的父亲，可是我父亲诚然不值得你爱他，为他痴守一生。

如果不表示转折的话，只是单纯的表示"确认"语气，二词也还是微有不同的，如：

（249）这孩子我多方了解，诚然不错，是个不可多得的好苗子。

（250）这孩子我多方了解，实在不错，是个不可多得的好苗子。

从以上用例可知，虽然都表示"确认"语气，"诚然不错"就是单纯的表示"确实不错"的语义，但是"实在不错"除了表示"确认"的语气外，还有一些"欣赏"的意味在里面，所以说，虽然二词语义较为相近，但在其中还是存在一些细微的差别，故本书就不再针对本组词条做句法高低上的判断了。

多么（口）——何其（正）

多么：[副]用在感叹句里，表示程度很高。

何其：[副]用感叹的语气表示程度深；多么。

（251）两千多年前神州大地中原地区的情况与今天世界的现状多么相似。

（252）两千多年前神州大地中原地区的情况与今天世界的现状何其相似。

据上例可知，二词在修饰光杆形容词（Adj^0）方面完全一致，但是二词作为表示感叹性质的副词，句法功能和句法位置非常有限，都不能用于主语前、内外话题、内外焦点的位置，不能呈现语法位置高低的差异，但是，根据"语体语法"理论，二词如果语体不同，则在语法方面有所不同。"多么"是口语体，口语体的一个特征是可以重叠或反复，正式体没有这个表现。因此，可以说：

（253）他还死要面子，说自己多么多么厉害。

（254）＊他还死要面子，说自己何其何其厉害。

上例表明口语体的"多么"可以重叠后作状语，但是正式体的"何其"不可以，这表明二词在句法表现方面仍然存在不同。因此，针对二词，虽然没有发现二者句法位置高低上的差异，但是二者在语法上仍有不同。

幸好（口）——幸而（正）

幸好：［副］幸亏。

幸而：［副］幸亏。

副词位于外话题之前：

（255）幸好/幸而这些荒唐的信件，他一封没有读。

副词位于主语之前：

（256）幸好我每天都有十几份刊物和报纸可看。

（257）？＊幸而我每天都有十几份刊物和报纸可看。

副词位于轻动词短语之前：

（258）我幸好让他来开会了。

（259）＊我幸而让他来开会了。

副词位于动词短语之前：

（260）这次事件幸而/幸好发生在换班时间，未造成伤亡。

副词位于句尾：

（261）他已经离开了，幸好。

（262）＊他用已经离开了，幸而。

通过以上用例可知，口语体的"幸好"和正式体的"幸而"都可以位于外话题和动词短语之前，但是在主语前、轻动词短语前和句尾这三个位置存在句法正确与否的对立，仍然符合"语体语法"的理论思想，即"语体不同则句法有异"。

综上所述，CP 层的副词一共分为六类，内部具有较为严格的共现顺序，其分类及句法位置分布如下：

言语行为类语气副词（Speech Act Adverbs）>评价语气类副词（Evaluative Adverbs）>传信语气类副词（Evidential Adverbs）>认知情态类语气副词

（Epistemic Adverbs）>真势语气情态副词（Alethic Adverbs）>意志类语气副词（Volitional Adverbs）

在句法方面：

本研究针对学界争论已久的"饰句副词"和"饰谓副词"进行了论证，指出现代汉语语气副词有高位和低位两类，高位的语气副词对"命题"进行表述；低位的语气副词对"谓语"进行表述，高位的语气副词是"饰句副词"，低位的语气副词是"饰谓"副词；高位的语气副词在句法功能方面可以携带语气词和话题成分，低位的语气副词没有此类的句法功能。

在语体方面：

CP 层的副词以口语体为主，口语体的副词占 71%，正式体的副词占29%，CP 层的"语体—句法"表现是：口语体副词的句法位置高于正式体副词的句法位置。

截至目前，就现代汉语副词而言，在"语体语法"理论的指导下，以句法层级（VP、TP、CP）为切入点，进行现代汉语副词的分类、句法位置高低及语体问题的研究。可以说，分析至此，本章已经初步完成，也较为理想地回答了本章开头部分提出的问题。

下面，针对本书研究对象和议题，以及在行文过程中发现的一些问题和反思，进行最后的理论探讨与总结启示阶段。

第六章

理论探讨与启示

本书第二章分析了副词语体判定的方法，通过实例展示了副词"语体—句法"的表现，第三、四、五章则分别讨论了 VP 层、TP 层、CP 层副词的分布及语体表现，结合"语体语法"的理论及现有研究成果，本章的内容包括以下四个方面：一是副词的时空度问题；二是本书对副词的研究结论对当下"语体语法"理论的贡献；三是本书关于副词的研究结论与现有"语体语法"研究成果的异同及其解释；四是本书的研究成果对词典编撰、汉语教学等的启示。本部分对汉语副词"时空度"的讨论，目的是完善副词语体研究的角度，尝试挖掘副词多角度的语体表现。

一、副词的时空度问题

从冯胜利（2010b）提出的"语体语法"理论到现在，关于语体的"时空度"问题一直是讨论的重点。冯胜利（2010a）第一次提出"泛时空化"；冯胜利（2015b），王永娜、冯胜利（2015）又对"时空性"特征进一步完善；骆健飞（2017）、骆健飞（2019）、马文津（2019）等都讨论过语体的"时空度""时空义素"的问题。如冯胜利（2015b：12）就提出过"时空度"和"语体类"的对应关系：

| 时空度 | 具时空 | 泛时空 | 虚时空 | 超时空 |
| 语体类 | 口语 | 正式 | 庄典 | 文艺 |

王永娜、冯胜利（2015：311）在论述"当""在"的语体差异时，提出了"时空别体"的规律：

①口语非正式语体的语法特征为"具时空化"，亦即"使用语言系统中时间和空间的语法标记"；

②书面正式语体的语法特征为"泛时空化"，亦即"削弱或去掉具体事物、事件或动作中的时间和空间的语法标记"；

③文学体的语法特征为"超时空化"，亦即"不（或少）使用语言系统

中时间和空间的语法标记"。

王永娜、冯胜利（2015）的研究是从语法的角度分析"时空度"，骆健飞（2019）、马文津（2019）二文具体讨论动词的义素与语体的对应关系，但是目前还没有学者讨论副词的"时空度"及"时空义素"的问题，本部分从语义、义素的时空度的角度，讨论副词的语体问题。根据本书第三章的研究，V'层的副词是词汇性副词（Lexical Adverbs），具有较为实在的词汇意思，以动词为核心，具有较强的"附谓性"。其他层如 VP 层、TP 层、CP 层副词都是功能性副词，语义较虚，有自己的功能核心，本书对副词时空度的分析，主要以"义素"为分析目标，所以本部分的分析主要以 V'层副词为主，最后总结现代汉语副词"时空别体"的要素。以下是具体的分析。

物理空间维度：

随地（口）——随处（正）

随地：［副］不拘什么地方。①

随处：［副］不拘什么地方；到处。

朱景松（2007：402）指出二词的主要区别在于："随处"说的是任何地方，"随地"说的是任意场地。范诗雨（2018）指出二词在语义上有三点不同：一是所指空间维度不同，"随地"的语义更偏向于地面，但是"随处"所指对象则偏向存在于立体空间里的实物或抽象事物；二是语义侧重不同；三是搭配对象不同，"随地"的动作行为都发生在地面，且行为十分具体，"随处"所搭配的对象不拘于是否发生于地面，既可以是具体可见的，也可以是抽象可感的。从感情色彩来看，与"随地"搭配的多为有贬义的行为动作，但是"随处"没有明显的贬义。

从以上分析可知：

随地（口）：［+地面］、［-立体空间］、［+具体行为］、［-抽象可感］、［+贬义］

随处（正）：［+地面］、［+立体空间］、［+具体行为］、［+抽象可感］、［-中性］

沿路（口）——沿途（正）

沿路：［副］顺着路边。

沿途：［副］顺着路边。

从《现代汉语词典》（第 7 版）的释义可知，二词语义都是"顺着路边"

---

① 为了更好地分析词的义素，我们将《现代汉语词典》（第 7 版）的释义列出。下同。

的意思。根据朱景松（2007：466）指出：①"沿路"常常指顺着具体的道路，"沿途"多指行走的路线或路途；②"沿路"多指相对较近的距离，"沿途"可以指很远的路途。

从以上分析可知：

沿路：[＋具体的道路]、[＋近距离]、[－远距离]

沿途：[－具体的道路]、[－近距离]、[＋远距离]

工具类：

顺手$_{儿}$（口）——顺便（正）

顺手$_{儿}$：顺便；捎带着。

顺便：趁做某事的方便（做另一事）。

就手$_{儿}$（口）——就便（正）

就手$_{儿}$：[副]顺手；顺便。

就便：[副]顺便。

在《现代汉语词典》（第7版）中，"就"释义为"趁着（当前的便利）；借着（有时跟'着'连用）"时，"就"的词性是"介词"，在这种情况下，给的例词是"就手$_{儿}$""就便""就近"，但是"就手$_{儿}$"本身又是副词，即"就手$_{儿}$"本身是介词"就"＋"手"构成的词组，但是由于使用频率非常高，因此固化成词，在日常口语中又被儿化，从而生成副词"就手$_{儿}$"，由此表明"就手$_{儿}$"虽然现在整体释义为"顺便""顺手"，但是其义项是可以分离出一个"手"的表"工具"这样的义项。朱景松（2007：258）也提出"顺手"是做与"手"有关的动作。因此，口语体的"就手$_{儿}$"和"顺手$_{儿}$"中"手"是一个具体的、用来做跟"手"有关的动作的"工具"，即口语体的"就手$_{儿}$"和"顺手$_{儿}$"中表"工具"的意向是"手"这个具体的工具，但是正式体的"就便"和"顺便"的语义是"趁着做某事方便（做另一事）"，这里也是表示"趁着……""借着……"，但是"顺便"借助的工具是"方便/便利"等抽象的"工具"，跟口语体的"手"在抽象程度等级上完全不一样，因此，提出在表示"工具"类上，口语体和正式语体也有"时空度"的差别，一个具体一个抽象。

从以上分析可知：

顺手/就手：[＋具体工具]、[－抽象工具]

顺便/就便：[－具体工具]、[＋抽象工具]

情况方式类：

以下是表示"情状方式"类的副词，也有"具象"和"抽象"之分。

从头（口）——重新（正）

从头：［副］重新（做）；从头再来。

重新：［副］表示从头另行开始（变更方式或内容）。

分头（口）——分别（正）

分头：［副］若干人分几个方面（进行工作）。

分别：［副］分头；各自。

把以上两组词放在一起分析，主要原因是这两组词中的"从头"和"分头"都包含"头"字，《现代汉语词典》对"头"的释义是：①人身上最上部或动物最前部长着口、鼻、眼等器官的部分。③物体的顶端或末梢。④事情的起点或终点。从以上释义可知"头"的含义是比较具体的、有起点的/有界限的、可观的、可按照指示进行的，但是"重新"和"分别"却没有这个意思，因此根据分析可知，口语体的"分头""从头"是具时空的、具体的、可观的，但是正式体的"重新""分别"是泛时空的，抽象的。

从以上分析可知：

分头/从头：［＋具体］、［＋有界］

分别/重新：［－具体］、［－有界］

闷头ᵧ（口）——默默（正）

闷头ᵧ：［副］不声不响地（做某事）。

默默：［副］不说话；不出声。

"闷头ᵧ"和"默默"这对词是典型的情状副词，"闷头ᵧ"和"默默"的区别在于，"闷头ᵧ"有非常强烈的"形象感/代入感"，这种强烈的形象感是一种非常具体的、凸显的、有视觉冲击的、时空度非常低的一种存在的状态，但是"默默"却没有这种形象感，这就表明"默默"的时空度比较高、是非常中性的一种状态。

从以上分析可知：

闷头ᵧ：［＋具体］、［＋形象感］

默默：［－具体］、［－形象感］

成心（口）——故意（正）

成心：［副］故意。

故意：［副］有意识地（那样做）。

"成心"和"故意"在《现代汉语词典》的释义中是一样的，但是二词从构词的角度，有"心"和"意"的差别。根据段玉裁《说文解字注》"心"是"人心。土臧也。在身之中。象形。"根据段玉裁《说文解字注》"意"是

"志也。志即识。心所识也。察言而知意也。"根据段玉裁《说文解字注》可知，"心"是指"人心"，字形为"象形"。而"意"是"识"，是通过"察言"而"知其意"，也就是说，"意"是更加抽象的"观念形态"层面的内容，而"心"是具体的、具象的存在。因此，从时空度的角度看，口语体的"成心"是具时空的具象的，而正式体的"故意"是泛时空的抽象的。

从以上分析可知：

成心：［+具象］、［−抽象］

故意：［−具象］、［+抽象］

时间维度：

成宿（口）——彻夜（正）

成宿：［副］整夜。

彻夜：［副］整夜。

在《现代汉语词典》中，"夜"作为名词是"从天黑到天亮的一段时间"，作为量词是"用于计算夜"，而"宿"只有量词的释义，即"用于计算夜"，由此可见"宿"与"夜"只是口语体与正式语体的用词差异。但是"彻"在表示"彻夜"这个词的时候，其语义是"通"，根据《汉语大词典》给出的"成宿"的"成"的语义是"表示数量达到一个完整的单位"，由此观之，"成宿"的"成"是具体的、可测量的，时空度较低，但是"彻夜"的"彻"的语义是"通"，那么这个时空度就是比较高的，是泛时空的、非具体可测量的。

从以上分析可知：

成宿：［+具体］、［+完整］

彻夜：［−具体］、［−完整］

通过对以上有语体对立词条的分析，大致可以总结出口语体的副词具有"具时空"的特征，正式体的副词具有"泛时空"的特征，根据分析的副词的小类不同，大致可以总结出口语体"具时空"副词和正式体"泛时空"副词的语义特征小类，总结如下：

口语体（具时空）：

［+具体］、［+有界］、［−立体空间］、［+具体行为］、［+近距离］、［+具体工具］、［+形象感］、［+具象］、［+完整］

正式体（泛时空）：

［−具体］、［−有界］、［+立体空间］、［+抽象可感］、［+远距离］、［+抽象工具］、［−形象感］、［−具象］、［−完整］

以上分析，只是对现代汉语副词"时空度"研究的一个初步尝试，因为并没有前人的研究成果可以借鉴或参考，这是一个探索的过程，因此，本部分所得出的结论可能是不成熟和欠缺的，由于副词自身的特性，从语义的角度分析副词的时空性比较艰难，本部分尚处在探索阶段，由于笔者的学术能力和积累尚浅，有些分析做起来深感艰难，但是这都是一个有益的尝试，关于本部分的研究，日后还会继续努力，希望能有更多、更深入的探索与发现。

二、本书的研究成果对"语体语法"理论的贡献

语体语法从创始之初，从概念的提出，到理论体系的构建，到学科框架的完善，发展到现在已有 20 年了，冯胜利（2010b）的研究，可以说是"语体语法"理论成熟的标志，冯胜利（2017a），冯胜利、施春宏（2018b）的文章，进一步深化了"语体语法"的构建。当下近期的语体语法研究成果，如骆健飞（2017）、王丽娟（2018）两篇文章从句法 VP 层面讨论动词的语体问题；索潇潇（2018）从音节单双的角度对现代汉语名词的语体进行研究；骆健飞（2019）、马文津（2019）从语义语体学的角度，以单双音节动词为研究对象讨论"义素别体"问题；王永娜（2018）讨论了介词在句法三层上的语体分布和韵律特征。以上回顾了最近几年语体语法研究领域前沿且有代表性的成果，就本书对副词的研究而言，本书的研究对"语体语法"理论有如下贡献：

第一：本书是第一部以副词为研究对象，进行系统、全面的语体研究，同时，对副词进行的语体研究，扩展完善了"语体语法"的研究主题和理论建构。

第二：从句法上看，突破了 VP 层的语体研究。本书对副词的研究，从句法 VP、TP、CP 三层入手，定义了每一层副词的句法属性，分析了每一层副词的语体表现。

第三：从语体上看，本书不仅通过句法上每层副词的词汇语体看副词句法层级的语体走向，而且还从句法的角度判定、考察有语体对立的副词在句法上的表现，因此比单从词汇的语体比例看语体的句法表现更深一步，而且进一步深化了"语体语法"理论内涵，即"语体不同则句法有别"。

第四：以副词为研究对象，尝试构建副词"语体—句法"的层级体系，呼应冯胜利（2017a），冯胜利、施春宏（2018）提出的"韵律—语体—句法"三域分布。

本书对汉语副词的语体研究还处于初级阶段，同时在写作过程中也发现

很多值得进一步深入的问题，本书关于副词的语体研究，对整个语体系统和语体学系统来说，只是做了些微基础工作，但是本方面的研究还会继续，相信未来还会有更多的发现。

三、本书的结论与现有"语体语法"研究成果的异同及其解释

本书首先按照句法将副词分类，分为 V^0、V'、VP、TP、CP 五类，其中 V^0 层副词是单音节副词，跟所修饰的动词一起构成一个复杂的句法词，V' 层副词是情状/摹状副词，以动词为核心，具有附谓性，语义较为实在，是词汇性副词（Lexical adverbs），VP 层副词是表示"体"范畴的副词，TP 层副词是表示"时（态）"范畴的副词，CP 层副词是表示语气功能的副词，从 VP 层到 CP 层的副词都是功能性副词（Functional adverbs），有自己的句法投射，不再以动词为核心。在以上句法位置确定以后，又进行了有语体差异的副词所反映的句法表现研究，分两种：（1）句法位置的高低直接反映语体的差异，就目前研究来看，副词内部比较统一的结论是：口语体副词的句法位置高于正式体副词的句法位置；（2）有些副词句法位置及语法功能都较为单一，所以没有发现有语体差异的副词在句法位置上高低的表现，但是仍然找到了它们在其他方面的语法对立，因此也满足"语体语法"的理论。以上是本书在构建现代汉语副词"语体语法"理论体系方面做得一点工作。就目前现有的语体语法理论的研究成果而言，骆健飞（2017）从单双音节动词带宾语的角度，提出单音节动词具有强时空特征，双音节动词一般是泛时空特征，单音节动词搭配的宾语分布在句法层级较低的位置上，双音节动词搭配的宾语分布在句法层级较高的位置上。根据骆健飞（2017：22）时空属性的句法位置距离核心动词的距离，可以映射出语言功能的初始单位，即语体的远、近，高层的轻动词位置距离核心动词越远，其正式程度也越高，亦即交际距离越远，反之亦然。由此可以将单双音节动词的句法、语体等方面的对立由动词本身所携带的时空属性建立起关联，并做出最终的理论假设，即"对于汉语的动词及其相对应的时空属性来说，句法的移位距离和语体拉开距离相互对应"（冯胜利 2016）。因此，从骆健飞（2017）的研究上看，以单双音节动词带宾语的角度研究动词语体的句法位置高低，得出的结论是正式体的句法位置在上，口语体的句法位置在下。王永娜（2018）通过对介词的研究发现，介词在动词的补语层，口正庄兼具，但是到了 CP 层介词却是正式体，介词的句法走向也是从低到高，语体由口语体向正式体转变。因此，他们二人

的研究，跟本书对副词的研究结论正相反。因此，有必要对我们三人的研究差异进行说明。

首先，比较本书对副词的研究和骆健飞（2017）对动词的研究。

第一，研究对象不同。

骆健飞（2017）的研究对象是动词，本书的研究对象是副词。动词和副词的本质性差异在于动词是句法的核心（Head），但是副词从来不是核心，副词的句法位置一直都是修饰语/附加语（Adjunct），两类词有完全不同的句法属性和句法表现，而且由于动词自身的特性，在 VP 层面表示动作行为，在轻动词 vP 层面表达的是事件，所以动词自身就可以分出上下两层，句法位置越低动作性越强，句法位置越高则越表示抽象的概念义，故句法低位对应具时空的口语体，句法高位对应泛时空的正式语体，但是副词跟动词的句法表现完全不一样，副词从来不在核心的位置，也不具有动词的表达动作、行为或事件的功能，自身也不会分出上下两层，因此在句法分析方面，副词跟动词完全不同。比如骆健飞（2017）的研究借助于中心语移位（Head-to-Head Movement）从动词到轻动词的句法移位，从而进行对句法位置的判定，但是副词的研究过程没有中心语移位这些操作。

第二，研究对象的韵律表现不同。

根据骆健飞（2017）的研究，单音节动词具有较强口语特征，双音节副词具有较强的正式体特征，但是，就副词的情况而言，以"曾—曾经"为例，发现单音节的"曾"具有较强的正式体甚至庄典体的特征，双音节的"曾经"是偏口语体的特征①，那么，关于二词的句法表现，只有口语体双音节副词"曾经"能位于主语前的位置，单音节的正庄体"曾"不能位于主语前的位置，例如：

（1）曾经我非常喜欢语言学。

（2）＊曾我非常喜欢语言学。

由此可见，口语体的"曾经"的句法位置高于正庄体"曾"的句法位置，但是，从骆健飞（2017）的论文中取出一对单双音节对应的动词"伴—陪伴"来看，用例如下：

（3）陪伴，我认为这是表达爱情最好的方式。

（4）＊伴，我认为这是表达爱情最好的方式。

从"伴"和"陪伴"的用例可知，口语体单音节的"伴"不能位于主语

---

① 跟"曾经"对应的正式语体是"一度"。

前的位置，但是正式体双音节的"陪伴"可以位于主语前的位置，因此动词的正式语体的句法位置高于口语体。副词的"曾—曾经"与动词的"伴—陪伴"相比，共性是双音节都可以位于主语前，单音节都不能位于主语前，但是动词的单音节"伴"是口语体，副词的单音节"曾"是正庄体，因此就会得出动词和副词的表现是相反的结论，而且骆健飞（2017）考察的单双音节动词带宾语，而本书的副词却是保持单音节对单音节（如：白/干/空），双音节对双音节（如：大概/大抵）的情况，因此，每一个小小的因素都会导致不同的结论，更何况是副词和动词这样两类句法性质完全不同的词汇。

第三，研究的句法范域不同。

骆健飞（2017）的研究范域为 VP 层，所表现的结论只能说明 VP 范域的情况，但是本书关于副词的研究，涉及 VP、TP、CP 三层，各层之间具有理论及实证的一致性。

第四，冯胜利、王永娜（2015）关于介词"当"和"在"的研究，提出表示"虚构"的超时空的文艺体"当"的句法位置在 CP 层 ForceP 的位置，但是冯胜利（2018）也指出在句法层级系统的语体表现上，因为 CP 层是句子层面表达语气等的功能，因此 CP 层应该是口语体属性，如此看来，一个 CP 层就有超时空的文艺体及具时空的口语体共存，因此，并不能因为动词现有的研究结论是正式体的句法位置高于口语体的句法位置，就推论副词的口语体的句法位置高于正式体的句法位置的结论是错误的。

以上分析了本书对副词的研究和骆健飞（2017）对动词的研究之间的异同，下面看王永娜（2018）对介词的研究。

王永娜（2018）共分析了 110 个介词，对介词的语体研究，从句法 VP、vP、TP 到 CP 四层进行，最后的研究结论是：V 的补足语位置的介词包括口语体、正式体和庄典体三类；v'层附加语介词包括口语体和庄典体两类，其中庄典体占 37%，口语体占 63%，若排除掉庄典体介词，则 v'层附加语均为口语体；跨 vP、TP、CP 层介词语体分布在有条件限制的情况下，口语体和正式体各有占比；原始 CP 层介词的语体全部为正式体。由此看来，在不考虑 V 的补足语位置的介词语体及 v'附加语庄典体介词的情况下，介词从 vP 层到 CP 层也是由口到正的走向，而如果仅从词汇语体的比例分布看，本书共分析了 650 个副词，词汇语体的句法分布正好和王永娜的结论相反，从 VP 层到 CP 层是从正式语体向口语体过渡的走向，跟冯胜利、施春宏（2018）提出的"韵律—语体—句法"三域分布图的语体分布正好是一致的，如果说介词词汇语体的句法分布和副词词汇语体的句法分布不一致，那只能说这是两类词的差异引起的，而不能成为彼此否定的证据。

总而言之，语言现象错综复杂，理论构建任重道远，应该怀着开放的眼光看待差异，努力探索和挖掘是什么原因造成这种差异，才能更深刻地认识事物的本质和更坚定对未来的研究。

四、对汉语教学的启示

随着中国经济的飞速发展与世界地位的不断提高，目前全球汉语学习者的数量正在日益扩大，自党的十八大以来，又提出了"一带一路"的倡议，目前，全球已有65个国家参与到"一带一路"的建设中来，李宇明（2015）提出"一带一路"需要语言铺路，显示出语言对"一带一路"建设的重要作用。目前，汉语作为世界第二大国际通用语，随着"一带一路"倡议的提出，已然成为沿线国民外语学习的重要选择。

关于语体的研究，在文献综述部分已经回顾了语言学界的本体研究，实际上，在汉语教学界，亦有许多学者在关注这个问题，如刘亚林（1996）专门针对外交语体进行研究，提出驻华外交人员，特别是职业外交官的汉语教学应该引入外交语体，以提高学员掌握合体适境的言语交际能力为重点，探索汉语外交语体的特点，开展外交语境的研究，并在此基础上确立本领域教材编写的基准点，编写出具有外交语体交际特色的教材。丁金国（1997、1999）两篇论文中讨论对外汉语教学中的语体意识，讨论言语能力与语体意识，论述语体意识的获得与培育。李泉（2003）提出应该构建基于语体的对外汉语语法教学体系。文中指出，现有的语法大纲缺乏语体意识，总的说是以语法知识，特别是"通用"性的语法规则的教学为主，没有体现语法成分和语法形式的语用特征，缺乏语体观念，语法的语体属性没有得到体现，以及口语语法和书面语语法反映不够全面等。李泉（2004）讨论面向对外汉语教学的语体研究的范围和内容时，指出实际现有的多数通用教材，从语汇和语法方面来看，语体的区分并不十分明显，其语汇为普通话的基本语汇，语法为普通话的基本语法，这对学习者来说，一是不知道不同的语体到底有哪些不同，二是不知道怎样培养合适的语体表达，指出在教材编写中，注意语体要素的必要性。冯胜利、阎玲（2013）从语体语法的理论出发，讨论了语体语法与教材编写之间的关系，提出汉语二语教材的编写应当考虑融入语体知识及其规律。

以上简单回顾了汉语教学领域对"语体"问题的关注，从当今汉语学习与教学的实际情况出发，语体在汉语教学界应该得到更多的关注，在汉语教学的各个层面都应该涉及语体因素，只有如此，汉语学习者才能真正掌握纯正的汉语，在不同的场合、与不同的谈话对象、就不同的话题、根据彼此的亲疏远近，说出适当的话，说出合"体"的话。众所周知，对整个语言学习的系统来说，课堂教学、教材、课后练习都是语言学习的重要途径及依托，因此，如果课堂教学没有区分语体的意识，教材编辑中不区分语体，课后练习也没有适当的语体转换和操练的话，那么汉语学习者想要掌握合适合体的汉语其实是比较困难的，因此在汉语的课堂教学、教材编写及辅助练习等方面，在词汇、短语、句型、语篇等各个角度都应该注意语体要素的涉及及设计，这样才能使汉语学习者在学习过程中，一边习得语言、一边习得语体，最终才能说出得体的话，真正学会用汉语表达。

（一）多层面的语体要素安排

"语体"是语言的"体"，而语言又是由多个要素合成的，因此，讨论语体就必须涉及语言的各个层面，从词汇、短语、句子、篇章，都应该适当地安排语体的分布。这样能使汉语学习者始终关注并习得语体。对于词汇和短语层面的讨论，以现代汉语副词为例。

第一，词汇的语体及由语体导致到差异性表现。

从词汇层面看，除了有中性语体或通体的外，还有很多口语体、书面语体专用的词汇，在汉语教材的编写中，有必要标识出其语体差异，以下这些词，词性都是副词，语义基本相同或相近，英文翻译也相同，在句中都是作状语，但是它们的语体是不同的，前面的为日常口语体，后面的为正式书面语，如下：

挨个儿（口）—逐一（正）

比肩（口）—并肩（正）

成宿（口）—彻夜（正）

多么（口）—何其（正）

多说（口）—至多（正）

非得（口）—必须（正）

跟着/接着（口）—接连（正）

姑且/暂且（口）—权且（正）

平白（口）—无端（正）

其实（口）—实则（正）

日渐（口）—日臻（正）

实在（口）—诚然（正）

迎面_儿（口）—劈脸（正）

以上仅以副词为例，就发现存在这么明显的语体对立，如果扩展到名词、动词、形容词及其他功能性词类，可想而知，在词汇部分区分语体对汉语学习者来说是多么必要而且重要，而且，当下的大多数汉语教材，并不区分词汇的语体差别，更不会区分由于语体不同而导致的语法差异。陈建民（1986）专门对北京口语的语体进行了更细致的研究，指出即便都是口语体，也有使用范围的宽窄之分，可见语体是一个非常复杂的问题，在汉语教学领域务必加深认识。以上简单介绍了词汇的语体，下面看由于词的语体不同，会有哪些方面的差异性表现。

1. 状语标志"地"的应用：

日渐（口）—日臻（正）

（5）日渐消瘦——日渐地消瘦

（6）日臻消瘦——＊日臻地消瘦

从上例可知，正庄体的"日臻"在构成副动结构时，不能插入状语标记"地"，但是口语体的"日渐"可以。目前学界对副动结构状语标志"地"的讨论非常多，但是对"地"出现的条件还没有达成统一和共识，本书此处只是进行举例，不拟对其进行解释。

2. 重叠方面的差异性表现：

①多么（口）—何其（正）

（7）多么多么漂亮啊！

（8）＊何其何其漂亮啊！

②千万（口）—务必（正）

（9）你千万把这件事办成了——你千万千万要把这件事办成了。

（10）你务必把这件事办成了——＊你务必务必要把这件事办成了。

从以上用例可知，重叠这一手段，只能出现在口语体里，书面体无重叠表现。

3. 在句法方面的差异性表现：

曾经（口）——一度（正）

（11）该病的死亡率曾经高达75%。（修饰 VP）

（12）该病的死亡率一度高达75%。

以上用例表明二词在修饰 VP 层时并无差别，但是二词在"共现（Co-occur）"时却有不同的表现。

（13）曾经我一度认为这玩意只有我们落后的农村才有……

（14）＊一度我曾经认为这玩意只有我们落后的农村才有……

（15）毛泽东同志曾经一度主张采用汉字笔画。 （《人民日报》1983）

（16）＊毛泽东同志一度曾经主张采用汉字笔画。

二词在共现时，只能口语体的"曾经"在前，正式体的"一度"居后，由此表明有语体差异的词汇，在句法上会有较大的差异。因此，不管是在汉语教学还是在教材编写中，都应该注意这一点，适时提醒学生要注意语体的差异。

第二，句子和语篇的语体。

在句子和语篇的层面，也存在明显的语体对立。同时，口语的语篇和书面语的语篇具有较大差异。由于书面正式语体有较强的内部逻辑和严谨的论述，因此，从词汇的选择、短语的组构、句型的选择、段落内部及段落之间的逻辑关系的安排等，都需要考虑语体的要素，要明确口语体语段、语篇和书面正式语体的语段、语篇之间的差别。下面选取《成功之路》（提高篇、跨越篇）的课文，从课文中摘取一些表达语体的成分，和一些书面正式体的用词和论证的逻辑片段，希望能对语体教材的编写及课堂教学提供支持，摘取的语料很多，篇幅关系，只引数例：

（17）如果……那么…… （口）

　　　若……（则）…… （书）

可以说，十年之后，若以购买力计算，（……）中国经济实力居世界前三名是顺理成章的了。

（18）大家都知道…… （口）

　　　众所周知…… （书）

众所周知，"空巢"阶段是家庭生命中的一个阶段，空巢家庭通常是指……

（19）……就算……仍然…… （口）

　　　……即使……依然…… （书）

另一方面，离家孩子的学习和生活费用也是压在中年父母心头的一大负担，即使是毕了业的子女，其求职、结婚、买房等都依然需要父母的经济支持。

（20）……是……还是……，是……还是……，是……还是…… （口）

每天我们都会想象孩子生下来的样子，是儿子还是女儿，是高还是矮，是胖还是瘦……

（21）我们大家都知道……为什么……？ 就在于……就在于……就在于

……也就是说……（书）

我们大家都知道，市场经济为什么会如此神奇，就在于它的分散化决策，就在于它能够调整社会中每一个人的积极性，就在于经济生活中的每一个人都能够根据自己的客观条件来做出最好的选择。而中国的改革就在于逐渐地给予民众这些自主决策的权利，也就是说，民众生活中的经济权利在不断地扩大。

（22）……是什么？不是……也不是……更不是……而是……是……（书）

几十年来中国经济改革最大的成就是什么？不是社会财富的增加，也不是持续增长的GDP，更不是我们耳闻目睹的现代化建设与城市林立等，而是通过改革开放让个人经济生活的权利不断扩大，是让每个人通过这种方式做自己能够做的事情。

（23）……一方面……进而……另一方面……由于……使得……加上……都使得……（书）

这一变化，一方面使得夫妻关系的重要性不断上升，有利于妇女家庭地位的提高，进而有利于家庭生活质量的提高；然而另一方面，我们也应该看到，由于夫妻之间感情联系的唯一且重要的纽带——孩子的远离，夫妻交流的主要内容以孩子的生活为主转变为以夫妻日常生活和家庭生活为主，使得终日待在空巢中的父母容易产生摩擦、矛盾等，加上对孩子的牵挂和思念，都使得新空巢父母生活在巨大的精神和心理压力之下。

从以上可知，从句子和语篇来看，书面正式语体从词汇、短语、句子逻辑论证都有自己的体系和特征。冯胜利（2006a）论述了汉语书面正式语体的特征及教学策略，文章认为，汉语书面语至少具有以下五个方面的特征，即表达正式的语体功能；语体典雅与词语长短的对应关系；嵌偶单音词的遴用；合偶双音词的使用；文言古句型的选用。由北京语言大学出版社出版的冯胜利（2006b）的《汉语书面用语初编》整理了现代汉语正式书面语体的词汇、短语，收集了书面正式语体句型300余个，为汉语语体教材的编写提供了一定的支持。

第三，注重语体练习及辅助教辅的编撰。

语言学习不仅要"学"，而且更要注重"练"。一部优秀的教材，不仅要编排合适的词汇、句型、课文和语法点，另一个非常重要的方面是课后练习题的设置，课后练习不仅关乎学生巩固所学，更是一个查缺补漏的过程。学生只有通过练习才能加强自己所学的知识，老师只有通过练习才能发现学生是否真的完全掌握了知识，因此，练习对学生、老师来说都是一个至关重要的部分，同时，一个没有练习的教材也不是完善合格的教材。从语体的角度出发，编排合适的练习，目前各大通行的教材好像并没有做到，但这是非常重要而且有必要的。如何安排语体的练习，如何训练学生做语体的练习都需要再考虑再讨论。冯胜利（2003）曾提出书面语基本训练，即造句或炼句的转写训练，摘自冯胜利（2003：62），用例如下：

口语：很多人都带着枪到学校上课。

书面：很多人都携枪上学。

口语：很多人都拿着枪抢东西，所以到大街上买东西的时候要特别小心。

书面：很多人都持枪抢劫，故上街购物，须格外小心。

通过上例可知，通过"炼句"可以达到语体转换的效果，通过词汇替换、提升短语的正式度、加强句子内部的紧缩性，可以达到正式语体的效果。刘亚林（1996：87）也举了语体转换练习的例子，如下：

语言材料，A 使馆一秘拟定与驻在国 B 局身份相当的官员商议安排会见事宜的模拟训练。

一稿：

阁下，

下星期二上午我和我爱人要跟我的老板一块儿去一个招待会！原定在你局的会晤你最好放在星期三上午九点钟！

二稿：

阁下，

下星期二上午我和太太要和我的上级一起去参加一个招待会，原定在你局的拜会请你安排在星期三上午九点钟！谢谢！

三稿：

先生：

非常遗憾，由于下星期二上午我和我夫人需要陪同我的上司出席一个招待会，因此，原定在你局的会见不得不改期，请原谅！如能将会见安排在星期三上午九点钟，我将十分感谢！

顺致诚挚的敬意！

从以上材料可知，只要安排合适练习题和指导，学生是有进行语体转换的能力的。问题在于如何安排练习及怎样帮助学生进行语体转换的训练，这是一个大问题。骆健飞（2018）对初级水平留学生的叙事体语段教学进行了实验研究，实验结果表明，对于初级水平留学生来说，通过系统的教学与训练，学生可以明显提高语段表达的连贯性以及用词的丰富性，对初级水平留学生叙事体语段的习得有较大帮助。同时，除了日常的课后练习以外，有些教材也会配套出一些教辅，在这类教辅中，如何安排语体的训练，从词汇、短语搭配、句型选择、语篇的逻辑关系等，都是值得思考并实践的重要问题。限于篇幅，本书亦为抛砖引玉，不在此做过多讨论。

本部分以副词为例，讨论在汉语教学中应注意语体的教学，首先，应该关注词汇的语体，因为语言学习最先接触的是词汇；其次，观察这些有语体差异的词汇在构成短语、句子层面的差异性表现，这些如果不在教学过程中甚至是教材编写时体现出来的话，是很不容易被发现的；再次，观察句子和语篇的语体，发现书面正式体，非常注重语篇之间的逻辑衔接等；最后，针对语体的练习及教辅的编撰提出建议。

五、对编撰《现代汉语词典》《同义词辨析词典》的启示

首先，是对《现代汉语词典》的编撰的启示。

由于本书依托《现代汉语词典》（第 7 版）为词汇库，穷尽式地检索了所有标注为"［副］"的词条，从"语体语法"的理论出发，判定有语体对立的副词组，但是笔者发现这些语体对立副词的释义是一样的，或者是互释，例如：

断断/断然/断乎

断断：［副］绝对（多用于否定式）。

断然：［副］断乎。

断乎：［副］绝对（多用于否定式）。

顺手儿/顺便/就手儿/就便

顺手儿：［副］顺便；捎带着。

顺便：［副］趁做某事的方便（做另一事）。

就手儿：［副］顺手；顺便。

就便：［副］顺便。

大概/大抵

大概：［副］表示不很准确的估计。

大抵：［副］大概；大都。

全/皆/均

全：［副］完全；都。

皆：［副］都；都是

均：［副］都；全。

空/白/干

空：［副］没有结果地；白白地。

白：［副］没有效果地；徒然。

干：［副］徒然；白。

以上，只是笔者随便从《现代汉语词典》中摘下来的一些有语体对立的词条，发现每组词条在释义上基本都是相同的，或者互释，《现代汉语词典》作为中国第一部规范性的语文词典，如此释义会给读者造成很大困扰，就以"断断/断然/断乎"为例，我们发自"断断"是口语体，"断然"是正式体，"断乎"为庄典体，这是有三个语体等级的一组词，但是《现代汉语词典》的释义见下：

断断：［副］绝对（多用于否定式）。

断然：［副］断乎。

断乎：［副］绝对（多用于否定式）。

从《现代汉语词典》看，完全不知道这三个词有什么差别，这就给读者或者使用者造成了困扰，如：这三个词有什么差别？该分别在什么条件下用哪个词？如果是三个完全一样的词，为什么会同时存在？如果不同，哪里不同？当然，要对《现代汉语词典》中的所有词都标注语体属性是比较艰难的，而且在《现代汉语词典》（第7版）中已经标注了特别典型的"［口］"语体词汇，但是就本书的研究及现有的其他"语体语法"的研究来看，对《现代汉语词典》中收录的词做更大规模的语体标注很有必要，这样即便释义相同或者互释，读者也可知道这是有语体对立的同近义词，因此会减少学习者的困惑，在使用中也会注意依据使用环境、交际对象、交际内容、亲疏远近等条件，选取"合体"的词汇，提高交际的有效性和得"体"性。

其次，对各类《同近义词辨析词典》的启示。

本书在写作过程中，翻阅了多部同近义词辨析词典及虚词词典，例如：《汉语副词词典》（岑玉珍）、《现代汉语虚词解析词典》（鲍克怡）、《现代汉语虚词词典》（侯学超）、《汉语新虚词》（李宗江）、《现代汉语常用虚词词典》（曲阜师大）、《新编汉英虚词词典》（王还）、《现代汉语虚词词典》（王自强）、《现代汉语虚词词典》（张斌）、《现代汉语虚词词典》（朱景松）等。首先，这些词典在笔者的研究中，给予我很大帮助。笔者在翻阅词典时发现，这些词典在释义的时候，仅仅是给出释义和例句，极少谈到二词的差异，谈到差异也仅仅是提一下二词的语义差异，基本没有讨论同近义副词的语体、句法差异，朱景松（2007）《现代汉语虚词词典》还会谈到同近义副词在主语前后、修饰动词音节单双及带"地"的差异，但是根据本书第二、三、四、五章的研究，发现这些词典能给读者或使用者提供的内容尚有不足，尤其是本书提出的这些功能性副词，本身语义就极"虚"，如果在词典中不能给出同近义词的语体差异，及由语体差异引出的句法不同，对词典使用者来说，尚有不足。

因此，从本书的研究视角出发，不管是对具有规范性的《现代汉语词典》来说，还是具有专门用途的各类虚词词典来说，在词典的编写中都应该注重对词汇的语体差异的注释，包括这些有语体差异的同近义副词及其他词类在句法方面的差异，这样有助于学习者和使用者明确其中的不同之处，提升学习效果，更精准地学习和使用汉语。

本章从"语体语法"理论出发，首先，讨论副词的"时空度"的问题，尝试对副词的"义素别体"问题进行分析讨论；其次，结合近几年语体语法的研究成果，阐述本书关于副词的研究，对"语体语法"理论的共现；再次，对比本书对副词的研究结论与现有语体语法研究成果之间的异同并做出了解释；从次，从汉语教学的角度，提出语体研究的重要性及语体研究对汉语教学的启示；最后，从词典编撰的角度，提出在词典编撰方面应重视语体问题。

第七章

结　语

本书在冯胜利提出的"语体语法"理论指导下，参考 Cinque（1999）对副词的研究，通过回顾及综述前人对副词的研究文献，发现副词的分类问题一直较难统一，同时对副词的语体研究基本处于空白状态，因此本书在一开头，就提出要研究的问题，即：

1. 对副词分类的再讨论，是否可以从句法位置上对副词进行分类？依据是什么？以句法位置对副词分类的优势是什么？

2. 从 VP 层到 CP 层，现代汉语副词的句法位置分布问题，各层有哪些原生的副词？是否有句法位置高低分布的排序？

3. 从 VP 层到 CP 层，现代汉语副词的语体表现如何？句法各层的语体表现是否一致？

4. 是否可以尝试为构建现代汉语副词"语体—句法"的层级？扩展和深化"语体语法"的理论研究。

本书以《现代汉语词典》（第 7 版）作为词汇库，穷尽式地检索了词典中收录的所有标注［副］的词条，在整本《现代汉语词典》中，共收录单音节副词 260 个，因为单音节副词有很多是标注［书］的古汉语词汇，这些词本身在汉语普通话中应用少，而且自身带有强烈的庄典体色彩，所以本研究没有收录标注为［书］的副词，故共收录的单音节副词有 160 个。在整本《现代汉语词典》中，共收录的双音节及三、四音节副词有 910 余个，其中大部分以双音节为主，三、四音节（例如：原原本本）比较少，由于双音节副词里面包含大量的［方］（方言词汇）、［书］（古汉语词汇）等有特殊语体色彩的词汇，将这些有特殊语体色彩的词汇排除后，本书分析的单、双、三音节副词共有 650 个，其中整个大 VP 层共有副词 530 个，包含 V^0 层副词 160 个，V' 层副词 270 个，VP 层副词 100 个。由于严格区分了"时间副词"和"时态副词"，因此出现在 TP 层时态副词 20 个，CP 层副词有 100 个。极少数的四音节副词本书也没有收录。因此,本书的分析,就样本量来说是比较充足的,因此本书的结论具有可信性及可靠性。下面,就依据研究结论,依次回答开头提出的四个问题。

问题1:对副词分类的再讨论,是否可以从句法位置上对副词进行分类?依据是什么?以句法位置对副词分类的优势是什么?

本书研究结论是:可以通过句法位置对副词进行分类。

句法层级简单可分为 VP、TP 和 CP 三层,其中 VP 层内部还可以有 V^0、V' 和 VP 三层。下面就分别从这几层对副词的分类进行说明。

根据本书的研究结论:

V^0 层:V^0 层的副词是句法词副词(Syntactic Compound Adverbs),从韵律上看是单音节副词,本层副词跟动词搭配时,无法插入状语标记"地",因此跟动词一起构成复杂句法词 V^0。

V' 层:V' 层副词是"摹状副词/情状副词"等词汇性副词(Lexical Adverbs),共分为 8 类,语义较为实在,在句法上以动词为核心,起修饰限定作用,具有较强的附谓性。

VP 层:VP 层副词是表达"体"范畴的功能性副词(Functional Adverbs),共分为 9 类,在句法上不以动词为核心,有自己的功能中心,VP 层副词表达"体"范畴的作用范围是 VP 层,不涉及对整个句子的合法性及完整性的限制。

TP 层:TP 层副词是表达"时"范畴的功能性副词(Functional Adverbs),共分为 3 类,从句法功能出发,区分"时态副词"和"时间副词",厘清了以"时间"为线索两类副词的差异。

CP 层:CP 层副词是表达"语气情态"范畴的功能性副词(Functional Adverbs),共分为 6 类,有自己的功能中心。

以上,从句法位置对副词进行分类,由于每层副词都有自己的句法功能和句法属性,因此,完全可以从句法的层面对副词进行分类。结合音节的单双、语义和句法的表现,还总结另一种副词的分类,即单音节副词和双音节副词,其中单音节副词是句法词副词,词汇副词分为词汇性副词和功能性副词。

通过句法位置进行分类,依据的是不同句法位置的副词有不同的句法功能和句法表现,其优势是句法分类可以避免语义因素引发的混乱或可以避免语义因素对副词分类的干扰。例如"成天"和"曾经"都是表示"时间"概念的副词,但是"曾经"是 TP 层副词,"成天"是 V' 层副词,句法上"曾经"的句法位置高于"成天"，因此可以说"他曾经成天想着不劳而获"，但是不能说"＊他成天曾经想着不劳而获"。如果不从句法位置对副词进行分类的话，则"曾经"和"成天"都会归属于"时间副词"，就掩盖了二词的本质属性。

问题 2：从 VP 层到 CP 层，现代汉语副词的句法位置分布问题，各层有哪些原生的副词？是否有句法位置高低分布的排序？

由于研究的副词的体量较大，不宜在此重述，各层的原生副词请见行文，各层内部的副词小类都有较为一致的句法层级排列，其中 V^0 层由于单音节副词的特殊句法属性，已经跟动词合并为一个复杂的句法词，即已变成句法构词的一部分，故笔者没有对 V^0 层副词进行分类和句法位置分布的研究。下面是其他句法各层的表现。

V' 层：

（目的$_{adverbial}$）>时间$_{adv}$>原因$_{adv}$>工具$_{adv}$>处所$_{adv}$>方式$_{adv}$>情状$_{adv}$>比况$_{adv}$>目的$_{adv}$

VP 层：

持续体$_{"历来"类}$>惯常体>频率体>未然体>接续体、完成体>持续体$_{"一直、仍旧"类}$/短时体>已然体/重复体

TP 层：$T_{(\,present\,)}$>$T_{(\,past\,)}$>$T_{(\,future\,)}$

CP 层：

言语行为类语气副词（Speech Act Adverbs）>评价类语气副词（Evaluative Adverbs）>传信类语气副词（Evidential Adverbs）>认知情态类语气副词（Epistemic Adverbs）>真势情态类语气副词（Alethic Adverbs）>意志情态类语气副词（Volitional Adverbs）

问题 3：从 VP 层到 CP 层，现代汉语副词的语体表现如何？各层的语体表现是否一致？

副词的语体问题，应从两个角度分析，一是副词的词汇语体，即句法每一层的副词中，口语体副词有多少，正式语体副词分别有多少，结合各层的比例表现有哪些趋向或者能说明什么问题？二是根据"语体语法"的理论，语体不同是否会导致句法有别，不同语体的副词是否会在不同的句法位置上有所表现？关于这两个问题，本书的结论是：

1. 词汇的语体分布

由于庄典体副词的数量较少，故下列的正式体中已经包含了庄典体，不

再单独列庄典体的情况。

V^0 层：口语体副词占 43%，正式体副词占 57%。

V' 层：口语体副词占 20%，正式体副词占 80%。

VP 层：口语体副词占 65%，正式体副词占 35%。

TP 层：口语体副词占 40%，正式体副词占 60%。

CP 层：口语体副词占 71%，正式体副词占 29%。

就词汇的语体分布来看，以上数据表明：

V^0 层——V' 层是口语体较低，正庄体较高。

VP 层——TP 层是口语体和正庄体"打架"的过程。

CP 层是口语体较高，正庄体较低。

这些数据的走向说明，在整个 VP 层以正式体为主，TP 层处于过渡阶段，CP 层以口语体为主，该研究结论与冯胜利（2017a），冯胜利、施春宏（2018a）提出的"语体—句法"分布体系具有较高的一致性，如图 7-1：

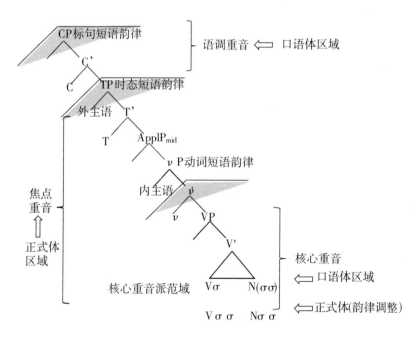

图 7-1 "韵律—语体—句法"三域分布图

2. 句法的语体分布：

根据本书逐条对有语体对立的副词进行句法分析的结果表明：V^0 层、V' 层、VP 层、TP 层、CP 层的副词都是口语体副词的句法位置高于正式体副词的句法位置，虽然有较少的有语体对立的副词并没有完全呈现出句法上的高低之别，但是笔者也发现了二者有其他的语法对立，故能说明语体不同导致句法有别。并且，针对现有的语体方面的研究成果，笔者试图从多个角度分析副词的结论与现有其他研究成果之间产生异同的原因。

问题4：是否可以尝试构建现代汉语副词"语体—句法"的层级系统？扩展和深入"语体语法"的理论研究。

其实，在回答了以上三个问题后，最后的这个问题就已经有了答案。因为问题4是对以上三个问题的总结和提升。下面，通过句法图（图7-2）说明现代汉语副词的"语体—句法"的层级系统。

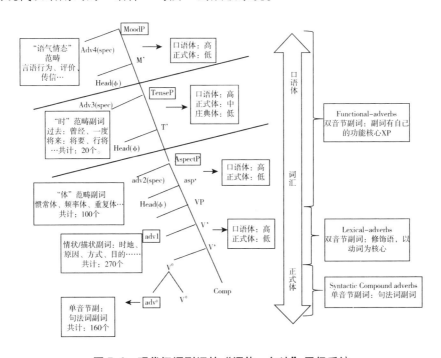

图 7-2 现代汉语副词的"语体—句法"层级系统

上图是依据本书的数据和结论，初步尝试构建的现代汉语副词"语体—句法"的层级体系，本书的研究尚较粗糙，仍有许多研究工作要做，日后将继续完善。

以上回答了本书开头部分提出的四个问题，即是本书第三、四、五章的主要内容，第六章是理论探讨与启示部分，尝试分析了现代汉语副词的"时空度"的问题，简述了本书的结论对当下"语体语法"理论的些微贡献，分析和解释本书关于副词的研究结论与现有"语体语法"研究成果的异同及原因，最后从汉语教学和词典编撰的角度，提出了意见。关于副词的语体语法研究，还处于初始阶段，将来还有很多工作要做，虽任重道远，然未来可期。

附　录

《现代汉语词典》（第7版）收录的所有副词

　　下面的表格是《现代汉语词典》（第7版）收录的单、二、三、四音节的副词，其中的数字是页码，标注的"口"是口语体、"方"是方言、"书"是古汉语遗留词汇。

　　首先是单音节副词

单音节							
白23	定307书	毫518	厥715书	叵1012书	死1236	新1458	职1682书
半36	动312书	好519	均717	齐1023	似1242	兴1462方	止1684
备56书	都315	盍528书	可1737书	其1023书	素1248	行1465	只1684
倍儿58方	独320	狠534	可2737	綦1026书	算11251	休1473	至1687
本61	笃322书	很534	溢743书	岂1027书	遂1253书	胥1477书	郅1688
甫64方	逞333	横536方	空744	迄1034	太1263	虚1477	终1699
绷64口	顿334	忽548	苦753	汔1034书	泰1266	欻1479书	专1718
必70	多334	胡550	快757	呕1035书	特1280	许1479	准1728
边75	凡358	互552	老781	恰1036	挺1308口	旋1487口	自1736
便81	方366书	混589	累次790	金1038书	同1312	洵1494书	总1743
别89	非375	活590	愣795口	且1055	统1316	雅1501书	足1749
并94	匪378书	伙595	历801书	切1055	偷1318	奄1508书	卒1749书
不105	否397书	或595	立802	窃1056书	突1323	也1528	最1753
才117	弗398书	几598书	连807	顷1069书	徒1325	已1548	坐1757
曾133	甫404书	极607	良813书	穷1071	忒1330方	亦1552书	
差133书	概418	呕609书	聊819书	全1083	脱1336书	益1555书	
尝147书	盖418书	既619	了820书	确1087	宛1348书	硬1575	
常147	干419	渐642	另833	然1090	万1350	庸1577书	
诚167书	敢424方	将644	溜834方	冉1090书	妄1355	永1578	

续表

啻 178 书	刚 427	较 658	旅 852 书	仍 1103	微 1358	尤 1583
重 181	各 443	皆 661	屡 853	容 1106 书	唯 1361	犹 1584 书
臭 187	更 447	仅 1 677	乱 856	擅 1140	委 1365 书	又 1592
初 192	共 457	尽 1 677	略 857	尚 1148 书	未 1367	欲 1605
纯 209	够 462	谨 679	满 874	稍 1149	毋 1386	约 1616
从 218	姑 464 书	仅 2679 书	每 888	少 1150	勿 1392	越 1619
粗 220	固 470 书	尽 2679	猛 894	审 1163 书	务 1392	再 1628
猝 222 书	故 471	精 688 方	蔑 908 书	甚 1164	瞎 1410	在 1629
大 238	顾 472 书	净 693	明 913	生 1166	先 1416	暂 1631
殆 251 书	怪 477 口	竟 694	莫 922 书	时 1183	咸 1420 书	早 1634
单 253	光 484	究 697 书	乃 934 书	实 1185 书	险 1422	贼 1638
但 257	滚 494	就 700	宁 958	始 1190	现 1423	乍 1641
倒 267	果 500	讵 707 书	偶 968	殊 1211 书	相 1427	真 1662
第 288	过 501	俱 707 书	怕 971	倏 1211 书	向 1433	镇 1666
迭 303 书	还 506	决 712	偏 996	庶 1216 书	像 1435	正 1679
顶 305	还是 506	绝 713	颇 1012 书	率 1221	小 1439	直 1680

下面是双音节副词

挨班儿 3 口	挨次 3	按理 10	按例 10	按期 10	按时 10
按说 10	暗暗 11	暗自 12	八成儿 16	巴巴儿地 17 方	白白 23
白手 26	白嘴儿 28 方	百般 28	保不定 45	保不住 45	保不齐 45 方
保险 47 方	保准 48 方	备不住 56 方	倍加 58	本能 62	本来 61
比比 66 书	比肩 67	比较 67	比年 67 书	比岁 67 书	必得 70
必定 70	必将 70	必须 70	毕竟 71	别介 89 方	秉公 94
并肩 95	不必 105	不曾 105	不单 106	不定 106	不断 107
不妨 107	不复 107	不够 107	不光 108 口	不过 108	不见得 108
不仅 108	不禁 108	不觉 109	不愧 109	不免 110	不日 111
不胜 111	不时 111	不枉 111	不消 112	不要 112	不用 113
不由得 113	不止 113	草草 129	参差 132 书	曾经 133	插花 134
差不多 138	差点儿 138	差一点儿 138	长短 145 方	长年 146	长夜 147
常常 147	常川 147	常年 148	常时 148	敞开 149	畅怀 150

续表

彻夜 158	趁便 162	趁机 162	趁势 163	趁手 163 方	趁早 163
撑死 164 口	成年 165 口	成日 166	成天 166 口	成心 166	成宿 166 口
成夜 166	成总儿 167 口	诚然 167	乘便 169	乘机 169	乘势 170
乘时 170	乘隙 170	乘兴 170	乘虚 170	充其量 180	重新 182
抽冷子 184 方	处处 197	垂垂 207 书	纯粹 209	纯然 210	从此 218
从来 218	从实 218	从头儿 219	从小儿 219	从新 219	从中 219
猝尔 222 书	猝然 222 书	存心 226	搭便 230	打趸儿 234 口	打头 236 方
大小儿 237 口	打总儿 238 口	大半 238	大大 239	大抵 239	大都 239
大多 239	大凡 240	大幅 240	大概 240	大举 242	大力 242
大事 245	大率 245	大体 245	大为 246	大约摸 247 方	大致 248
带手儿 251 方	单单 253	单独 254	单个儿 254	单另 254	单身 254
但凡 257	当场 259	当即 259	当面 260	当头 260	当下 260
当众 260	当时 262	当真 262	到处 266	到底 267	到了儿 267 方
到头来 267	倒是 268	倒转 268 方	得亏 273 方	登时 275	的确 279
抵死 281	迭次 303	鼎力 307 书	定规 308 方	定然 308	定准 309
动不动 312	动辄 314 书	陡然 317	独力 321	独身 321	独自 322
笃定 323 方	端的 325	断断 327	断乎 327	断然 327	对脸儿 331
逗批 331	顿然 334	顿时 334	多方 335	多少 335	多说 336
多一半儿 336	俄而 339	俄尔 339	幡然 356	凡是 358	反倒 360
反复 361	反而 361	反正 363	方才 366	方将 366 书	方始 367
仿佛 370	仿若 371	放声 373	飞速 375	非得 376	分别 381
分分钟 381 方	分明 382	分头 383	分外 386	奋力 386	奋然 386
多么 335	附带 408	改日 417	改天 417	干脆 420	赶紧 423
赶快 423	赶忙 423	赶明 423 口	赶巧 423 儿口	赶早儿 424	敢情 424 方
敢是 424 方	刚刚 427	刚好 427	刚巧 427	格外 440	个别 442
根本 444	跟脚儿 445 方	跟手儿 445 方	跟着 445	更番 446	更加 447
更其 447	公然 452	共同 458	共总 458	姑且 464	古来 466
故意 471	怪不得 477	怪道 477 方	管自 483 方	惯常 483	光景 486 方
归齐 489 方	归总 490	贵贱 494 口	果不然 500	果然 500	果真 500
过天 504 方	过于 504	悍然 515	好不 519	好歹 519	好好 519
好赖 520	好生 520 方	好像 521	好在 521	合共 524	何必 525

续表

何不 525	何曾 525	何尝 525	何啻 525 书	何妨 526	何故 526
何苦 526	何苦来 526	何其 526	何须 526	何以 526 书	狠命 534
横是 536 方	横竖 536 口	横直 537 方	后脚儿 545	忽地 548	忽而 549
忽然 549	花插着 555 口	花搭着 556 口	回头 581	会 1 583 书	会 2 583 书
浑然 588	活活儿 590	活生生 591	活脱 591 口	火速 594	或许 595
或者 595	霍地 597	霍然 597	几乎 598	几几乎 598	基本 603
基本上 603	及时 607	及早 607	极度 607	极口 607	极力 608
极其 608	极为 608	极意 608	即将 608	即时 608	即刻 608
急忙 609	几曾 612 书	几多 612 方	加倍 620	加意 622	假意 628
简直 638	见天 639	间或 640	间日 640 书	渐次 642 书	渐渐 642
将次 645 书	将将 645	将近 645	将要 645	交互 649	交口 650
较比 658 方	较为 658	接茬儿 661 方	接连 662	接着 662	截然 668
竭诚 668	竭力 668	届时 671	届期 671	借端 672	借故 672
仅仅 677	仅只 677	尽管 678	尽快 678	尽量 678	尽先 678
尽早 678	尽自 678 方	尽情 679	尽数 680	进一步 681	经常 685
径行 693	径直 693	径自 693	竟然 694	竟自 694	竟日 694 书
究竟 697	久久 698	久已 698	就便儿 701	就此 701	就地 701
就近 701	就势 701	就是 701	就手儿 701	就中 701	居间 702
居然 703	居中 703	举凡 705 书	巨幅 706	遽然 709 书	决计 712
决然 712 书	绝顶 713	绝对 713	绝口 714	慨然 727	可不 737
可不是 737	可好 737	可可儿的 738 方	可巧 738	可是 738	克期 740
克日 740	刻意 740	溘然 743 书	肯定 743	空口 745	恐怕 748
口口声声 750	苦口 754	苦苦 754	快要 758	宽幅 758	款款 759 书
来回 772	拦腰 775	朗声 779	老是 785 口	冷不丁 793 方	冷不防 793
冷然 794	愣是 795 口	里外里 799	历来 801	立地 802	立即 803
立刻 803	立马儿 803 方	立时 803	连番 807	连声 808	连连 808
连忙 808	连夜 808	聊且 819 书	聊以 819	临了儿 825 口	临时 825
临机 825	另外 833	溜溜儿 834 方	拢共 843	拢总 843	陆续 848
屡次 853	屡屡 853	略为 857	略微 857	略略 857	轮次 858
轮番 858	论理 859	论说 859	麻利 866 口	马上 868	满共 874 方
满口 875	满世界 875 方	满心 875	忙不迭 878	冒死 884	贸然 884

续表

没有 886	每常 888	每每 888	美美 888	闷头儿 890	猛不丁 894 方
猛不防 894	猛孤丁 894 方	猛可(的)894	猛然 895	明明 914	莫不 922
莫不是 922	莫非 922	蓦地 923	蓦然 923	默默 924	难道 937
难道说 938	难怪 938	宁可 958	宁肯 958	宁愿 958	偶尔 968
偶或 968	偶然 968	偶一 968	怕是 971	碰巧 989	批量 990
劈脸 991	劈面 991	劈手 991	劈头 991	劈胸 991	偏好 996
偏偏 997	偏巧 971	拼力 1002	拼命 1002	拼死 1002	频频 1004
平白 1005	凭空 1010	齐声 1023	其实 1024	岂非 1024	岂止 1024
起小儿 1030 口	恰好 1036	恰恰 1036	恰巧 1036	千万 1037	前后脚儿 1041
前脚儿 1041	强行 1048	悄悄 1050	切切 1055	窃窃 1056	亲笔 1057
亲耳 1057	亲口 1057	亲手 1058	亲眼 1058	亲自 1058	轻易 1063
情愿 1069	权且 1082	全都 1082	全力 1083	全然 1083	全身心 1083
确乎 1087	任情 1102 书	任意 1103	仍旧 1103	仍然 1103	日渐 1104
日见 1104	日趋 1104	日夕 1105 书	日益 1105	日臻 1105	容或 1106 书
如实 1110	如数 1110	如约 1111	如期 1110	锐意 1117	扫数 1128
擅自 1140	上紧 1145 方	捎带 1148	捎带脚儿 1148 方	稍稍 1149	稍后 1149
稍事 1149	稍微 1149	稍为 1149	稍许 1149	少说 1150	深 1159
深为 1160	其为 1164	生来 1168	十二分 1180	十分 1180	时不时 1183 方
时常 1183	时而 1183	时刻 1183	时时 1183	实地 1185	实际上 1183
实时 1186	实在 1187	实则 1187	矢口 1189	始终 1190	势必 1193
是凡 1197 方	是否 1197	适才 1198	誓死 1199	倏地 1211	倏忽 1211
倏然 1211 书	庶乎 1218 书	庶几 1218 书	庶几乎 1218 书	率尔 1221 书	率先 1221
率然 1221 书	率性 1221	双双 1223	爽声 1224	爽性 1224	顺便 1230
顺次 1230	顺带 1230	顺道 1230	顺脚 1231	顺口 1231	顺路儿 1231
顺势 1231	顺手儿 1231	顺序 1231	说不定 1232	说话 1232	私自 1236
死活 1239	死劲儿 1239 口	死命 1239	似乎 1242	肆意 1242	素来 1248
素昔 1248	算是 1251	随处 1252	随地 1252	随后 1252	随机 1252
随即 1252	随口 1253	随时 1253	随手儿 1253	索性 1257	特别 1280
特此 1281	特地 1281	特为 1281	特意 1281	梯次 1284	梯度 1284
通常 1309	通共 1309	通力 1310	通通 1311	通统 1311	统共 1316

续表

统统 1317	偷偷 1318	偷眼 1318	突然 1324	徒步 1325	徒然 1325
徒手 1325	完全 1347	宛然 1348	万般 1350	万分 1350	万难 1350
万万 1350	枉自 1354	往往 1355	微微 1359	唯独 1361	唯有 1361
委实 1365	为何 1367 书	未必 1367	未便 1367	未曾 1367	未尝 1367
未几 1367	未免 1367	未始 1367	稳步 1375	无不 1381	无从 1381
无端 1381	无妨 1381	无非 1382	无故 1382	无怪 1382	无怪乎 1382
无何 1382 书	无乃 1383 书	无任 1384 书	无心 1385	无形 1385	无形中 1385
无须 1385	无须乎 1385	无意 1386	无意识 1386	无由 1386	无缘 1386
毋宁 1386	毋庸 1386	兀自 1392 方	务必 1392	务须 1392	悉力 1399
悉数 1399 书	悉心 1399	先后 1416	险些 1422	相当 1427	相互 1428
相继 1428	相率 1429	想与 1429	想必 1432	向来 1433	小幅 1440
些微 1447	协力 1449	心心念念 1456	新近 1458	信笔 1460	信手 1461
兴许 1463	行将 1465 书	幸而 1469	幸好 1469	幸亏 1469	幸喜 1469
旋即 1485	迅即 1495	压根儿 1502 口	沿街 1507	沿路 1507	沿途 1507
奄忽 1508 书	奄然 1508 书	眼见 1510	眼看 1510	扬长 1515	要不 1525
要紧 1526 方	也许 1528	业经 1529	业已 1529	一边 1523	一并 1523
一划 1533 方	一旦 1533	一道 1533	一定 1533	一动儿 1534	一度 1534
一发 1534	一概 1534	一个劲儿 1534	一共	一股劲儿 1534	一举 1535
一股脑儿 1534 方	一会儿 1535	一经 1535	一径 1535	一口 1535	
一口气 1535	一块儿 1535	一力 1535	一例 1535	一连 1535	一齐 1537
一连气儿 1536 方	一溜风 1536	一路 1536	一律 1536	一面 1536	
一起 1537	一气 1537	一时 1537	一手 1538	一同 1538	一头 1538
一塌刮子 1538 方	一味 1538	一窝蜂 1538	一下儿 1538	一小儿 1538 方	
一心 1538	一一 1538	一再 1540	一朝 1540	一阵风 1540	一直 1540
一致 1540	一准 1540	一总 1540	依次 1542	依法 1542	依旧 1540
依然 1540	已而 1548 书	已经 1548	已让 548	以次 1548	异常 1552
益发 1555	毅然 1557	应名儿 1569	迎风 1571	迎面儿 1571	迎头儿 1571
应声 1574	应时 1575	硬是 1576 方	永世 1578	永续 1578	永远 1578

续表

尤其 1583	尤为 1583	由不得 1583	犹然 1584	犹自 1584	有点儿 1589
有时 1590	有些 1591	有意识 1592	于今 1594	鱼贯 1596	预先 1605
愈加 1606	俞益 1606	原本 1609	原来 1610	原原本本 1611	缘何 1613 书
源源 1614	约略 1616	约莫 1616	越发 1619	越加 1620	再次 1629
再度 1629	再三 1629	在先 1630	在在 1630 书	暂且 1631	早日 1635
早晚 1635	早已 1635	早早 1635	乍猛的 1641 方	窄幅 1643	朝夕 1654
照常 1656	照理 1656	照例 1656	照实 1657	照说 1657	照直 1657
照样儿 1657	真个 1663 方	真正 1663	争相 1667	整整 1670	正好 1670
正经 1672 方	正巧 1672	正色 1672	正在 1672	只身 1677	执意 1680
只管 1684	只顾 1684	只得 1684	只好 1684	只是 1684	指定 1685
指不定 1685 方	至多 1687	至今 1687	至少 1687	终归 1699	终究 1699
终久 1699	终年 1699	终日 1699	终岁 1699	终天 1699	终于 1699
重点 1702	逐步 1709	逐渐 1709	逐个 1709	逐年 1709	逐日 1709
逐一 1709	专诚 1718	专程 1718	专门 1718	准保 1728	准定 1728
着实 1730	着意 1730	自动 1736	自古 1737	自来 1737	自然 1738
自是 1739	自相 1739	自行 1739	恣情 1742	恣意 1742	总得 1744
总共 1744	总归 1744	总是 1744	总算 1744	纵情 1746	最好 1753
最为 1753	左不过 1755 方	左右 1755 方	作速 1757	作兴 1757 方	坐地 1758

参考文献

学术专著类

［1］段玉裁．说文解字注［M］．北京：中华书局，2013.

［2］太田辰夫．中国语历史文法［M］．蒋绍愚，徐昌华，译．北京：北京大学出版社，1958.

［3］志村良治．中国中世语法研究史［M］．江蓝生，白维国，译．北京：中华书局，1995.

［4］北大中文系．现代汉语［M］．北京：商务印书馆，2012.

［5］岑玉珍．汉语副词词典［Z］．北京：北京大学出版社，2013.

［6］陈承泽．国文法草创［M］．北京：商务印书馆，1922.

［7］丁声树．现代汉语语法讲话［M］．北京：商务印书馆，1961.

［8］房玉清．实用汉语语法［M］．北京：北京语言大学出版社，1992.

［9］房玉清．实用汉语语法（修订本）［M］．北京：北京大学出版社，2001.

［10］冯胜利，施春宏．三一语法：结构·功能·语境［M］．北京：北京大学出版社，2015.

［11］冯胜利，施春宏．汉语语体语法新探［M］．北京：中西书局，2018.

［12］冯胜利，王丽娟．汉语韵律语法教程［M］．北京：北京大学出版社，2018.

［13］冯胜利．汉语的韵律、词法与句法［M］．北京：北京大学出版社，1997.

［14］冯胜利．汉语书面用语初编［M］．北京：北京语言大学出版社，2006.

［15］冯胜利．汉语韵律句法学（增订本）［M］．北京：商务印书

馆 2013.

　　[16] 冯胜利. 韵律诗体学论稿 [M]. 北京：商务印书馆，2015.

　　[17] 冯胜利. 汉语韵律语法问答 [M]. 北京：北京语言大学出版社，2016.

　　[18] 冯胜利. 汉语语体语法概论 [M]. 北京：北京语言大学出版社，2018.

　　[19] 高明凯. 汉语语法论 [M]. 上海：上海开明书店，1948.

　　[20] 龚千炎. 汉语的时相时制时态 [M]. 北京：商务印书馆，1995.

　　[21] 洪爽. 汉语的最小词 [M]. 北京：北京语言大学出版社，2015.

　　[22] 胡裕树. 现代汉语（修订版）[M]. 上海：上海教育出版社，1979.

　　[23] 黄河. 常用副词共现时的顺序 [M]. 北京：北京大学出版社，1990.

　　[24] 黄侃. 文心雕龙札记 [M]. 北京：北京文化学社，1934.

　　[25] 黄伯荣，廖序东. 现代汉语（增订三版）[M]. 北京：高等教育出版社，2002.

　　[26] 黄伯荣，廖序东. 现代汉语（增订五版）[M]. 北京：高等教育出版社，2012.

　　[27] 柯航. 韵律和语法 [M]. 上海：学林出版社，2018.

　　[28] 黎锦熙. 新著国语文法 [M]. 北京：商务印书馆，1924.

　　[29] 李泉. 汉语语法考察与分析 [M]. 北京：北京语言大学出版社，2001.

　　[30] 李临定. 现代汉语动词 [M]. 北京：中国社会科学出版社，1990.

　　[31] 刘月华. 实用现代汉语语法（增订本）[M]. 北京：商务印书馆，2002.

　　[32] 陆俭明，马真. 现代汉语虚词散论 [M]. 北京：北京大学出版社，1985.

　　[33] 罗耀华. 现代汉语副词性非主谓句研究——副词成句问题探索 [M]. 武汉：华中师范大学出版社，2010.

　　[34] 吕叔湘. 现代汉语八百词 [M]. 北京：商务印书馆，1980.

　　[35] 马建忠. 马氏文通 [M]. 北京：商务印书馆，1983.

　　[36] 齐沪扬. 语气词和语气系统 [M]. 合肥：安徽教育出版社，2002.

　　[37] 钱乃荣. 现代汉语（修订本）[M]. 南京：江苏教育出版社，2001.

［38］屈承熹．汉语认知功能语法［M］．哈尔滨：黑龙江人民出版社，2004．

［39］邵敬敏．现代汉语通论［M］．上海：上海教育出版社，2007．

［40］王力．中国现代语法［M］．北京：商务印书馆，1943．

［41］王力．中国现代语法［M］．北京：中华书局，1954．

［42］王力．中国语文讲话［M］．北京：中国青年出版社，1954．

［43］王力．汉语讲话［M］．北京：北京教育出版社，1956．

［44］王力．汉语语法纲要［M］．上海：上海教育出版社，1982．

［45］王丽娟．汉语的韵律形态［M］．北京：北京语言大学出版社，2015．

［46］王洪君，李榕．论汉语语篇的基本单位和流水句成因［M］//语言学论丛．北京：商务印书馆，2014．

［47］王健慈，王健昆．主语前后的副词位移［M］//面临新世界挑战的汉语语法研究．济南：山东教育出版社，1999．

［48］邢福义．现代汉语［M］．北京：高等教育出版社，1991．

［49］邢福义．汉语语法学［M］．长春：东北师范大学出版社，1996．

［50］邢公畹，马庆株．现代汉语教程［M］．天津：南开大学出版社，1994．

［51］杨树达．高等国文法［M］．北京：商务印书馆，1930．

［52］袁毓林．现代汉语祈使句研究［M］．北京：北京大学出版社，1993．

［53］张亚军．副词与限定描状功能［M］．合肥：安徽教育出版社，2002．

［54］张谊生．现代汉语副词研究［M］．上海：学林出版社，2000．

［55］张谊生．现代汉语虚词［M］．上海：华东师范出版社，2000．

［56］张谊生．现代汉语副词探索［M］．上海：学林出版社，2004．

［57］张谊生．现代汉语副词分析［M］．上海：上海三联书店，2010．

［58］张谊生．现代汉语副词研究（修订版）［M］．北京：商务印书馆，2018．

［59］赵元任．中国话的文法［M］．丁邦新，译．石家庄：河北教育出版社，1996．

［60］朱德熙．语法讲义［M］．北京：商务印书馆，1982．

［61］朱军．汉语语体语法研究［M］．南京：南京大学出版社，2017．

［62］朱赛萍．汉语的四字格［M］．北京：北京语言大学出版社，2015．

［63］庄会彬．汉语的句法词［M］．北京：北京语言大学出版社，2015．

［64］吴宗济．汉语普通话语调的基本调型［J］//王力先生纪念论文集．北京：商务印书馆，1990．

［65］杨德峰．副词与句类初探［J］//汉语研究与应用．北京：中国社会科学出版社，2006．

期刊文献类

［66］白丁．副词连用分析［J］．中南民族学院学报（人文社会科学版），1986（3）．

［67］蔡维天．谈汉语模态词的分布与诠释之对应关系［J］．中国语文，2010（3）．

［68］蔡维天．论汉语内、外轻动词的分布与诠释［J］．语言科学，2016（8）．

［69］陈一．试论专职的动词前加词［J］．中国语文，1989（1）．

［70］陈建民．北京口语的语体比较［J］．当代修辞学，1986（5）．

［71］陈立民．汉语的时态和时态成分［J］．语言研究，2002（3）．

［72］陈全静．数词的紧邻连用与"一再""再三"的副词化［J］．安徽师范大学学报（人文社会科学版），2011（3）．

［73］陈远秀．上古汉语"主之谓"结构的语体考察——以《史记》和《论衡》为例［J］．语言教学与研究，2017（3）．

［74］崔四行．离合词与核心重音［J］．汉语学习，2008（5）．

［75］崔四行．"右向构词、左向造语"理论的合法性——以三音节状中结构中副词作状语为例［J］．河南科技大学学报（社会科学版），2011（5）．

［76］崔四行．从ABAB、AABB重音模式的句法功能看汉语的韵律形态［J］．语言教学与研究，2012（5）．

［77］崔四行．副词的句法分布与音节长度的关系探析［J］．云南师范大学学报（对外汉语教学与研究版），2012（2）．

[78] 邓丹. 从动补带宾句看语体、韵律、句法的互动 [J]. 韵律语法研究, 2018 (1).

[79] 丁金国. 对外汉语教学中的语体意识 [J]. 烟台大学学报（哲学社会科学版）, 1997 (1).

[80] 丁金国. 再论对外汉语教学中的语体意识 [J]. 语言文字应用, 1999 (2).

[81] 董秀芳. 述补带宾句式中的韵律制约 [J]. 语言研究, 1998 (1).

[82] 端木三. 重音理论和汉语的词长选择 [J]. 中国语文, 1999 (4).

[83] 樊中元. 副词易位的类型、功能和约束条件 [J]. 汉语学习, 2018 (4).

[84] 方梅. 语体动因对句法的塑造 [J]. 修辞学习, 2007 (6).

[85] 方梅. 谈语体特征的句法表现 [J]. 当代修辞学, 2013 (2).

[86] 方梅. 饰句副词及相关篇章问题 [J]. 汉语学习, 2017 (6).

[87] 冯胜利. 论汉语的"韵律词"[J]. 中国社会科学, 1996 (1).

[88] 冯胜利. 论汉语的韵律结构及其对句法构造的制约 [J]. 语言研究, 1996b (1).

[89] 冯胜利. 论汉语的自然音步 [J]. 中国语文, 1998 (1).

[90] 冯胜利. 从韵律看汉语"词""语"分流之大界 [J]. 中国语文, 2001 (1).

[91] 冯胜利. 论汉语"词"的多维性 [J]. 当代语言学, 2001 (3).

[92] 冯胜利. 韵律词与科学理论的构建 [J]. 世界汉语教学, 2001 (1).

[93] 冯胜利. 韵律构词与韵律句法之间的交互作用 [J]. 中国语文, 2002 (6).

[94] 冯胜利. 韵律制约的书面语与听说为主的教学法 [J] 世界汉语教学, 2003 (1).

[95] 冯胜利. 书面语语法及教学的相对独立性 [J]. 语言教学与研究, 2003 (2).

[96] 冯胜利. 论汉语书面语语法的形成与模式 [J]. 汉语教学学刊, 2005 (1).

［97］冯胜利. 轻动词移位与古今汉语的动宾关系［J］. 语言科学，2005（1）.

［98］冯胜利. 论汉语书面正式语体的特征与教学［J］. 世界汉语教学，2006（5）.

［99］冯胜利. 韵律语法理论与汉语研究［J］. 语言科学，2007（2）.

［100］冯胜利. 论韵律文体学的基本原理［J］. 当代修辞学，2010（1）.

［101］冯胜利. 论语体的机制及其语法属性［J］. 中国语文，2010（5）.

［102］冯胜利. 汉语诗歌构造与演变的韵律机制［J］. 中国诗歌研究，2011.

［103］冯胜利. 韵律句法学的研究历程与进展［J］. 世界汉语教学，2011（1）.

［104］冯胜利. 语体语法及其文学功能［J］. 当代修辞学，2011（4）.

［105］冯胜利. 句法真的不受语音制约吗［J］. 汉语学习，2011（6）.

［106］冯胜利. 百年来汉语正式语体的灭亡与再生［J］. 澳门语言文化研究，2011.

［107］冯胜利. 语体语法："形式—功能对应律"的语言探索［J］. 当代修辞学，2012（6）.

［108］冯胜利，阎玲. 论语体语法与教材编写［J］. 中国语言教师协会杂志，2013（48）.

［109］冯胜利. 汉语诗歌研究中的新工具与新方法［J］. 文学遗产，2013（2）.

［110］冯胜利. 汉语教学中的语法与操练［J］. 汉语国际传播研究，2014（2）.

［111］冯胜利. 声调、语调与汉语的句末语气词［J］. 语言学论丛，2015（56）.

［112］冯胜利，王永娜. 论"当""在"的语体差异——兼谈具时空、泛时空与超时空的语体属性［J］. 世界汉语教学，2015（4）.

［113］冯胜利. "一"字省略的韵律条件［J］. 语言科学，2015（1）.

［114］冯胜利. 语体语法的逻辑体系及语体特征的鉴定［J］. 汉语应用语言学研究，2015（1）.

[115] 冯胜利. 单双音节对应词词典编纂的理论与实践 [J] 13 届对外汉语国际学术研讨会论文, 新疆大学, 2016 (7-23、24).

[116] 冯胜利. 从语音、语义、词法和句法看语体语法的系统性 [J].中国语学, 2017a.

[117] 冯胜利. 汉语句法、重音、语调相互作用的语法效应 [J]. 语言教学与研究, 2017b (3).

[118] 冯胜利. 理论语法的教学转换——以韵律语法为例 [J]. 国际汉语教学研究, 2018a (1).

[119] 冯胜利, 施春宏. 论语体语法的基本原理、单位层级和语体系统 [J]. 世界汉语教学, 2018b (4).

[120] 冯胜利, 苏婧. 上古汉语中的"为"与轻动词句法中的抽象轻动词 [J]. 历史语言学研究, 2018.

[121] 关文新. 自由副词初探 [J]. 吉林大学社会科学学报, 1992 (3).

[122] 郭绍虞. 中国语词之弹性作用 [J] 燕京学报, 1938 (24).

[123] 何元建, 王玲玲. 论汉语中的名物化结构 [J]. 汉语学习, 2007 (2).

[124] 贺阳. 试论汉语书面语的语气系统 [J]. 中国人民大学学报, 1992 (5).

[125] 洪爽. 单音副词及重叠形式修饰谓词性成分的韵律问题 [J]. 语言科学, 2010 (6).

[126] 洪爽. 汉语副词修饰谓词性成分的韵律问题再探讨 [J]. 语言学研究, 2014 (1).

[127] 胡明扬. 语体和语法 [J]. 汉语学习, 1993 (2).

[128] 黄梅. 普通名词作状语的句法性质研究 [J]. 汉语学习, 2014 (5).

[129] 黄梅, 冯胜利. 嵌偶单音词句法分布刍议——前偶单音词最常见于状语探因 [J]. 中国语文, 2009 (1).

[130] 黄梅, 庄会彬, 冯胜利. 韵律促发下的重新分析——论离合词的产生机制 [J]. 语言科学, 2017 (2).

[131] 黄新骏蓉. 三音节式重叠结构的句法语义及韵律形态 [J]. 韵律语法研究, 2017 (2).

［132］贾林华．普通名词做状语的韵律句法分析［J］．语文研究，2014（4）．

［133］贾林华．形容词带宾的韵律句法分析［J］．汉语学习，2014（5）．

［134］黎运汉，盛永生．汉语修辞学几个问题的再认识［J］．平顶山学院学报，2006（4）．

［135］李泉．从分布上看副词的类［J］．语言研究，2002（3）．

［136］李泉．基于语体的对外汉语语法体系构建［J］．汉语学习，2003（3）．

［137］李泉．面向对外汉语教学的语体研究的范围和内容［J］．汉语学习，2004（1）．

［138］李铁根．"了"、"着"、"过"与汉语时制的表达［J］．语言研究，2002（3）．

［139］李月华．状语的分类和多项状语的顺序［J］//语法研究和探索．北京：北京大学出版社，1983.

［140］林燕慧．韵律和句法相互对应的变异——以普通话的三声变调为例［J］．韵语法研究，2018（2）．

［141］Lin，Jo-wang．论现代汉语的时制意义［J］．语言暨语言学，2002（3）：1-25.

［142］刘丹青．实词的叹词化和叹词的去叹词化［J］．汉语学习，2012（3）．

［143］刘守军，王恩建．"总是"和"老是"的对比研究［J］．海外华文教育，2019（4）．

［144］刘亚林．汉语外交语体考察及其教学尝试［J］．世界汉语教学，1996（2）．

［145］陆丙甫．结构、节奏、松紧、轻重在汉语中的相互作用——从"等等+单音名词"为何不合格说起［J］．汉语学习，1989（3）．

［146］陆俭明．汉语口语句法里的易位现象［J］．中国语文，1980（1）．

［147］陆俭明．现代汉语副词独用刍议［J］．语言教学与研究，1982（2）．

［148］陆俭明．副词独用考察［J］．语言研究，1983（2）．

[149] 骆健飞. 汉语单双音节同义动词的韵律形态研究 [J] //十五届汉语词汇语义学国际研讨会论文集，2014.

[150] 骆健飞. 韵律、语体、语法：汉语动词辨析及教学的新视角[J]. 云南师范大学学报（对外汉语教学与研究版），2015（1）.

[151] 骆健飞. 论单双音节动词带宾的句法差异极其语体特征 [J]. 语言教学与研究，2017（1）.

[152] 骆健飞，丁险峰，李婷. 初级水平留学生叙事体语段的教学实验研究 [J]. 华文教学与研究，2018（4）.

[153] 吕叔湘. 现代汉语单双音节问题初探 [J]. 中国语文，1963（1）.

[154] 吕叔湘. 通过对比研究语法 [J]. 语言教学与研究（试刊），1977（2）.

[155] 马宝鹏. "把"字句双音节动词挂单与 Stress-XP [J]. 韵律语法研究，2017（2）.

[156] 马庆株. 略谈汉语动词时体研究的思路 [J] //语法研究和探索（九）. 北京：商务印书馆，2000.

[157] 孟琮. 口语里的一种重复——兼谈易位 [J]. 中国语文，1982（3）.

[158] 潘庆云. "汉语语体学"应该成为一门独立的学科 [J]. 浙江师范大学学报，1986（1）.

[159] 裴雨来. 含动复合词的韵律构词生成分析 [J]. 西安外国语大学学报，2011（3）.

[160] 裴雨来，邱金平. "纸张粉碎机"类复合词句法生成规律研究 [J]. 汉语学习，2016（2）.

[161] 裴雨来，邱金萍，吴云芳. "纸张粉碎机"的层次结构 [J]. 当代语言学，2010（4）.

[162] 齐沪扬. 语气副词的语用功能分析 [J]. 语言教学与研究，2003（1）.

[163] 秦晴. "依然""依旧"比较辨析 [J]. 淮海工学院学报（人文社会科学版），2013（2）.

[164] 屈承熹. 汉语副词的篇章功能 [J]. 语言教学与研究，1991（2）.

［165］沈炯. 北京话声调的音域和语调［J］//林焘，王理嘉主编. 北京语音试验录. 北京：商务印书馆，1985.

［166］沈家煊，柯航. 汉语的节奏是松紧控制轻重［J］. 语言学论丛，2014（2）.

［167］沈敏，范开泰. 基于语料库的"赶紧、赶快、连忙、赶忙"的多角度辨析［J］. 语言研究，2011（3）.

［168］史金生. 语气副词的范围、类别和共现顺序［J］. 中国语文，2003（1）.

［169］史金生. 情状副词的类别和共现顺序［J］. 语言研究，2003（4）.

［170］史金生. "索性"的语篇功能分析［J］. 南开语言学刊，2003（1）.

［171］史金生. 动量副词的类别及其选择［J］. 语言研究，2004（2）.

［172］史金生. 情状副词的性质和范围［J］. 国际汉语学报，2013（1）.

［173］司富珍. 汉语的标句词"的"及相关的句法问题［J］. 语言教学与研究，2002（2）.

［174］宋玉柱. 另一组连接单句成分的关联词语［J］. 中国语文通讯，1980（4）.

［175］宋玉柱. 谈关联词语在单句中的作用［J］. 逻辑与语言学习，1986（2）.

［176］宋玉柱. 再谈关联词语在单句成分间的连接作用［J］. 汉语学习，1990（3）.

［177］隋娜，胡建华. 动词重叠的句法［J］. 当代语言学，2016（3）.

［178］索潇潇. 现代汉语方位名词的韵律、句法、语体的差异及词汇教学的新视角［J］. 潍坊学院学报，2019（3）.

［179］唐文珊. 韵律制约的被动句复指代词［J］. 韵律语法研究，2018（02）.

［180］唐松波. 漫谈不同文体的语言差异［J］. 语文学习，1982（11）.

［181］唐松波. 文体、语体、风格、修辞的相互关系［J］. 当代修辞学，1984（2）.

［182］陶红印．试论语体分类的语法学意义［J］．当代语言学，1999（3）．

［183］陶红印．操作语体中动词论元结构的实现及语用原则［J］．中国语文，2007（1）．

［184］陶红印，刘娅琼．从语体差异到语法差异（上）（下）［J］．当代修辞学，2010（1、2）．

［185］汪昌松．韵律句法交互作用下的汉语非典型疑问词研究——以"V什么（V）／（NP）"中的"什么"为例［J］．韵律语法研究，2017（1）．

［186］王迟．韵律对汉语致使结构谓语动词的制约［J］．韵律语法研究，2017（1）．

［187］王灿龙．"总是"与"老是"对比研究补说［J］．世界汉语教学，2017（2）．

［188］王迟，刘宇红．韵律因素对汉语双宾结构宾语类型的制约［J］．语言教学与研究，2013（4）．

［189］王魁京．汉语作为第二语言学习中的句子的语调、语气理解问题［J］．北京师范大学学报（社会科学版），1996（6）．

［190］王丽娟．从韵律看介词的分布及长度［J］．语言科学，2008（3）．

［191］王丽娟．汉语两类［N的V］结构的韵律句法考察［J］．世界汉语教学，2014（1）．

［192］王丽娟．论汉语准谓宾动词带宾结构中的韵律形态［J］．汉语学习，2015（2）．

［193］王丽娟．汉语旁格述宾结构的语体鉴定及其语法机制［J］．语言教学与研究，2018（6）．

［194］王永娜．"NP+们"的书面正式语体功能成因分析［J］．云南师范大学学报（对外汉语教学与研究版），2011（5）．

［195］王永娜．书面语体"V+向/往+NP"的构成机制及句法特征分析［J］．华文教学与研究，2011（5）．

［196］王永娜．非计量"一+量词"语法功能与语体构成机制［J］．汉语学习，2012（6）．

［197］王永娜．书面语体"和"字动词性并列结构的构成机制［J］．世

界汉语教学，2012（2）．

［198］王永娜．书面语"动宾+宾语"的语法机制及相关问题研究［J］．语言科学，2013（2）．

［199］王永娜．"NNVVN""VNN""VN 的（N）"语体等级的鉴别［J］．汉语学习，2015（4）．

［200］王永娜．谈判断句的书面正式语体功能［J］．河南科技大学学报（社会科学版），2015（6）．

［201］王永娜．"长短""齐整"特征制约下的汉语动词的语体等级［J］．语言教学与研究，2017（5）．

［202］王永娜．介词在句法、韵律、语体上的分布和对应［J］．世界汉语教学，2018（4）．

［203］王永娜．谈"着"语体、文体功能的语法机制［J］．励耘语言学刊，2017．

［204］王用源，施向东，冯胜利．段玉裁《说文解字注》科学研究方法例证［J］．南开语言学刊，2017（1）．

［205］王用源，叶倩倩．汉语单双音节对应介词的音节伸缩问题［J］．天津大学学报（社会科学版），2017（5）．

［206］吴胜伟，徐杰．成分易位现象与句子外层焦点结构［J］．北斗语言学刊，2018（3）．

［207］吴为善．论汉语后置单音节的粘附性［J］．汉语学习，1989（1）．

［208］吴为善．汉语节律的自然特征［J］．上海师范大学学报（哲学社会科学版），2003（2）．

［209］吴为善．双音化、语法化和韵律词的再分析［J］．汉语学习，2003（2）．

［210］吴为善．汉语节律结构模式初探［J］．对外汉语研究，2005（1）．

［211］吴为善．平仄律、轻重音和汉语节律结构中"弱重位"的确认［J］．语言研究，2005（3）．

［212］吴宗济．普通话语句中的声调变化［J］．中国语文，1982（6）．

［213］夏群．试论现代汉语时间副词的性质与分类［J］．语言与翻译，2010（1）．

[214] 杨德峰. 副词带语气词考察 [J]. 天中学刊, 2017 (1).

[215] 杨德峰. 副词作状语的位置 [J]. 汉语学习, 2009 (5).

[216] 杨德峰. 也说饰句副词和饰谓副词 [J]. 汉语学习, 2016 (2).

[217] 杨荣祥. 现代汉语副词次类及其特征描写 [J]. 湛江师范学院学报, 1999 (1).

[218] 杨荣祥. 副词词尾的源流考察 [J]. 语言研究, 2002 (3).

[219] 杨荣祥, 李少华. 再论时间副词的分类 [J]. 世界汉语教学, 2014 (4).

[220] 叶倩倩, 王用源. 汉语同义单双音节介词的比较分析 [J]. 吉林广播电视大学学报, 2017 (2).

[221] 尹洪波. 饰句副词和饰谓副词 [J]. 语言教学与研究, 2013 (6).

[222] 应学凤. 现代汉语语体语法研究述略 [J]. 华文教学与研究, 2013 (3).

[223] 张静. 论汉语副词的范围 [J]. 中国语文, 1961 (8).

[224] 张伯江. 认识观的语法表现 [J]. 国外语言学, 1997 (2).

[225] 张伯江. 语体差异和语法规律 [J]. 修辞学习, 2007 (2).

[226] 张伯江. 以语法解释为目的的语体研究 [J]. 当代修辞学, 2012 (6).

[227] 张谊生. 副词的连用类别和共现顺序 [J]. 烟台大学学报 (哲学社会科学版), 1996 (2).

[228] 张谊生. 评注性副词功能琐议 [J] //语法研究和探索 (十). 北京: 商务印书馆, 2000.

[229] 张谊生. "不"字独用的否定功能和衔接功能 [J]. 乐山师范学院学报, 2004 (8).

[230] 张谊生, 邹海清, 杨斌. "总 (是)" 与 "老 (是)" 的语用功能及选择差异 [J]. 语言科学, 2005 (1).

[231] 张志恒. 从制图理论探索汉语话题与焦点的分布 [J]. 现代外语, 2013 (1).

[232] 赵博文, 王丽娟. 长葛方言动词变韵的韵律形态研究 [J]. 河南科技大学学报 (社会科学版), 2019 (3).

[233] 赵彦春. 副词位置变化与相关的语法——语义问题 [J]. 汉语学

习，2001（6）．

[234] 王天佑．"死活"考释 [J]．吉林师范大学学报（人文社会科学版），2010（4）．

[235] 周韧．汉语信息焦点结构的韵律解释 [J]．语言科学，2006（3）．

[236] 周韧．共性与个性下的汉语动宾饰名复合词研究 [J]．中国语文，2006（4）．

[237] 周韧．信息量原则与汉语句法组合的韵律模式 [J]．中国语文，2007（3）．

[238] 周韧．论韵律制约句法移位的动因和手段 [J]．世界汉语教学，2010（1）．

[239] 周韧．汉语状中结构的韵律模式考察 [J]．语言教学与研究，2012（5）．

[240] 周韧．韵律的作用到底有多大 [J]．世界汉语教学，2012（4）．

[241] 周韧．现实性和非现实性范畴下的汉语副词研究 [J]．世界汉语教学，2015（2）．

[242] 周韧．汉语三音节名名复合词的物性结构探讨 [J]．语言教学与研究，2016（6）．

[243] 周韧．韵律、句法和语义，谁制约了谁？ [J]．语言学论丛，2017（1）．

[244] 周小兵．频度副词的划类与使用规则 [J]．华东师范大学学报（哲学社会科学版），1999（4）．

[245] 周小兵，邓小宁．"一再"和"再三"的辨析 [J]．汉语学习，2002（1）．

[246] 朱德熙．现代汉语语法研究的对象是什么 [J] //朱德熙文集．北京：北京大学出版社，2010.

[247] 朱庆洪．恒常义时间副词的分化 [J]．当代修辞学，2017（4）．

[248] 朱赛萍．韵律制约下的 PP 前后分置及介词隐现问题——以双音节动宾式 [VO] +PP 结构为例 [J]．汉语学习，2014（5）．

[249] 庄会彬．现代汉语复合词的内部语序及其成因 [J]．云南师范大学学报（对外汉语教学与研究版），2019（4）．

[250] 庄会彬，刘振前．汉语合成复合词的构词机制与韵律制约 [J]．

世界汉语教学，2011（4）.

[251] 庄会彬，刘振前."的"的韵律语法研究［J］.汉语学习，2012（3）.

[252] 邹海清.从时间副词的功能看其范围和类别［J］.华文教学与研究，2010（1）.

[253] 祖人植，任雪梅."毕竟"的语篇分析［J］.中国语文，1997（1）.

[254] 左思民.从"就"看词义的形成、分项和识别［J］.华东师范大学学报（人文社会科学版），2019（2）.

工具书类

[255] 鲍克怡.现代汉语虚词解析词典［Z］.上海：上海教育出版社，1988.

[256] 汉语大词典编纂处编.现代汉语方言大词典［Z］.上海：上海辞书出版社，2012.

[257] 侯学超.现代汉语虚词词典［Z］.北京：北京大学出版社，1998.

[258] 吕叔湘，丁声树主编.现代汉语词典（第7版）［Z］.北京：商务印书馆，2016.

[259] 闵家骥，晁继周，刘介明主编.汉语方言常用词词典［Z］.杭州：浙江教育出版社，1991.

[260] 曲阜师范大学.现代汉语常用虚词词典［Z］.杭州：浙江教育出版社，1992.

[261] 商务印书馆辞书研究中心编.新华方言词典［Z］.北京：商务印书馆，2011.

[262] 王还.新编汉英虚词词典［Z］.北京：华语教学出版社，1999.

[263] 王自强.现代汉语虚词词典［Z］.上海：上海辞书出版社，1998.

[264] 张斌.现代汉语虚词词典［Z］.北京：商务印书馆，2001.

[265] 朱景松.现代汉语虚词词典［Z］.北京：语文出版社，2007.

学位论文类

[266] 陈秀明.评注性副词"毕竟""到底""终究""究竟"的对比研

究［D］．广州：暨南大学，2006.

［267］崔四行．三音节结构中副词、形容词、名词作状语研究［D］．北京：北京语言大学，2009.

［268］段雅丽．现代汉语副词独用的多角度研究［D］．上海：上海师范大学，2016.

［269］段轶娜．现代汉语关联副词研究［D］．南京：南京师范大学，2005.

［270］范诗雨．"随地"与"随处"的比较研究［D］．武汉：华中师范大学，2018.

［271］关思怡．副词与主语的相对位置考察［D］．北京：北京大学，2013.

［272］洪爽．现代汉语副动搭配及相关结构的韵律研究［D］．北京：北京大学，2009.

［273］胡丹．汉语正式体和口语体的韵律特征对比分析［D］．天津：天津大学，2018.

［274］黄梅．现代汉语前偶单音词的句法分析及其理论意义［D］．北京：北京语言大学，2008.

［275］贾莹．韵律句法理论观照下的现代汉语副词研究［D］．兰州：西北师范大学，2011.

［276］李姝．"马上、赶紧"类短时副词研究［D］．南宁：广西师范大学，2008.

［277］李雪．"仍旧"类述宾结构的词汇化和语法化［D］．温州：温州大学，2016.

［278］李倩倩．汉语否定副词的发展演变及其语体功能［D］．银川：宁夏大学，2014.

［279］李艳楠．副词作状语的移位研究［D］．南昌：南昌大学，2010.

［280］连琛．汉语动趋式的韵律句法分析［D］．武汉：华中师范大学，2014.

［281］林彩萍．韵律句法学框架下的动补结构研究——以"张三追累了李四"为例［D］．上海：上海外国语大学，2014.

［282］刘亮．现代汉语轻动词体系研究［D］．上海：华东师范大学，2015.

［283］刘旭鹏.定中标记"的"与"之"的韵律效应对比探析［D］.武汉：华中师范大学，2014.

［284］罗耀华.副词性非主谓句成句问题研究［D］.武汉：华中师范大学，2007.

［285］骆健飞.现代汉语单双音节对应动词的语体语法研究［D］.北京：北京语言大学，2019.

［286］马文津.单双音节动作动词的义素与语体对应关系研究［D］.香港：香港中文大学，2019.

［287］沈敏.现代汉语短时类副词考察［D］.上海：上海师范大学，2008.

［288］史金生.现代汉语副词的语义功能研究［D］.天津：南开大学，2002.

［289］苏秋菊.《现代汉语词典》（第6版）情态副词研究［D］.石家庄：河北师范大学，2014.

［290］索潇潇.单双音节名词的语体语法研究［D］.北京：北京语言大学，2018.

［291］汤丽丽."分别"与"分头"的多视角研究［D］.南京：南京师范大学，2012.

［292］王迟.汉语双宾句的句法结构及其宾语的句法表现［D］.南京：南京师范大学，2014.

［293］王丽娟.从名词、动词看现代汉语普通话双音节的形态功能［D］.北京：北京语言大学，2009.

［294］王永娜.现代汉语书面正式语体句式及庄重等级［D］.北京：北京语言大学，2010.

［295］吴德新.语气副词"简直"的多角度考察［D］.延吉：延边大学，2007.

［296］吴建华.情态副词"照常、照旧、照例、照样"的比较研究［D］.武汉：华中师范大学，2018.

［297］夏群.现代汉语时间副词研究［D］.天津：南开大学，2008.

［298］许彬彬.现代汉语持续性时间副词研究［D］.长春：东北师范大学，2009.

［299］晏婧.现代汉语频率副词"一再"和"再三"的比较研究［D］.

长春：吉林大学，2015.

［300］张丹.时间副词"一直""总是""老是"的比较研究［D］.延吉：延边大学，2011.

［301］张丰.现代汉语频率副词"屡次"与"屡屡"的比较研究［D］.长春：吉林大学，2011.

［302］张珏崇.从韵律句法学角度看"三音节动宾短语+数量短语"结构及其对对外汉语教学的启示［D］.西安：西安外国语大学，2012.

［303］张秋杭.现代汉语"毕竟"类副词研究［D］.上海：上海师范大学，2006.

外文参考文献

［304］Alan Cruttenden. Intonation（Second Edition）［M］. New York：Cambridg University Press，1997.

［305］Alexiadou，Artemis. Adverb placement：A case study in antisymmetric syntax［M］. Amsterdam：John Benjamins，1997.

［306］Baker，M. Incorporation：A Theory of Grammatical Function Changing［M］. Chicago：The University of Chicago Press，1988.

［307］Biber，D.，Finegan，E. Sociolinguistic perspectives on register［M］. Oxford：Oxford University Press，1994.

［308］C.－T. James Huang，Y.－H. Audrey Li&Yafei Li. The Syntax of Chinese［M］. Cambridge：Cambridge University Press，2009.

［309］Caroline Féry. Intonation and Prosodic Structure［M］. Cambridge：Cambridge University Press，2017.

［310］Chung，Sandra，Alan Timberlake. "Tense，Aspect and Mood." In Timothy Shopen，ed.，Language Typology and Syntactic Description［M］. Cambridge：Cambridge University Press，1985（3）：202-258.

［311］Cinque. Guglielmo. Adverbs and Functional Heads：A Cross-Linguistic Perspective［M］. New York：Oxford University Press，1999.

［312］Cinque. Guglielmo. The Cartography of Syntactic Structures，vol. 4：Restructuring and Functional Heads［M］. New York：Oxford Univ. Press，2006.

［313］Comrie，B. Tense［M］. Cambridge：Cambridge University Press，

1985.

[314] Comrie, B. Aspect [M]. Cambridge: Cambridge University Press, 1976.

[315] Ernst, Thomas. The syntax of adjuncts [M]. Cambridge: Cambridge University Press, 2002.

[316] Feng, Shengli. Prosodic Morphology in Mandarin Chinese [M]. London and New York: Routledge: Taylor& Francis Croup, 2018.

[317] Guglielmo Cinque. Adverbs and Functional Heads: A Cross-Linguistic Perspective [M]. New York: Oxford University Press, 1999.

[318] Halliday, M. A. K. Language as social semiotic: Te social interpretation of language and meaning [M]. London: Edward Arnold, 1978.

[319] Huang, Shuan-Fan. A Study of Adverbs [M]. The Hague: De Gruyter Mouton, 1975.

[320] Hymes, D. Foundations in sociolinguistics [M]. Philadelphia, PA: University of Pennsylvania Press, 1974.

[321] J. C. Wells. English Intonation: An Introduction [M]. Cambridge: Cambridge University Press, 2006.

[322] Jackendoff, Ray. Semantic Interpretation in Generative Grammar [M]. Cambridge: The MIT Press, 1972.

[323] James D. McCawley. The Syntactic Phenomena of English [M]. Chicago: University of Chicago Press, 1998.

[324] Lasenzlinger, Christopher. Comparative studies in word order variation: Adverbs, pronouns, andclause structure in Romance and Germanic [M]. Amsterdam: John Benjamins, 1998.

[325] Li, C. N., Thompson, S. A. Mandarin Chinese: A functional reference grammar [M]. Berkeley: University of California Press, 1989.

[326] Lyons, John. Semantics (1、2) [M]. Cambridge: Cambridge University Press, 1977.

[327] Palmer, Frank R. Mood and Modality [M]. Cambridge: Cambridge University Press, 2001.

[328] Richard S. Kayne. The Antisymmetry of Syntax [M]. Cambridg: The MIT Press, 1994.

［329］Rooth. MFoucs. In Lappin, S., editor, Handbook of Contemporary Semantic Theory ［M］. Blackwell, Oxford, 1996.

［330］Bellert, Irena. On Semantic and Distributional Properties of Sentential Adverbs ［J］. Linguistic Inquiry, 1977（8）.

［331］Biber, D., Finegan, E. Styles of stance in English: Lexical and grammatical marking of evidentiality and affect ［J］. Text 9（1）. The Hague: Mouton de Gruyter, 1989.

［332］Brugger, Gerhard, Mario D'Angelo. Movement at LF Triggered by Mood and Tense ［J］. Folia Linguistica, 1995（29）: 195−221.

［333］C. −T. James. Huang. Phrase structure, lexical integrity, and Chinese compounds ［J］. Journal of Chinese Linguistics Teachers Association, 1984（19）.

［334］Cinque. Guglielmo. Issues in adverbial syntax ［J］. Lingua, 2004（114）: 683−710.

［335］D. J. Allertion, A. Cruttenden. English sentence adverbials: Their syntax and their intonation in British English ［J］. Lingua, 1973（34）.

［336］Ernst, T. Negation in Mandarin ［J］. Natural Language and Linguistic Theory. 1995（13）.

［337］Ernst, Thomas. On the role of semantics in a theory of adverb syntax ［J］. Lingua, 2007（117）.

［338］Ernst, Thomas. Speaker−oriented adverbs ［J］. Natural Language & Linguistic Theory, 2009（27）.

［339］Feng, Shengli. Prosodic Structure and Syntactic Changes in Chinese ［J］. The PENN Review of Linguistics, 1991（15）.

［340］Feng, Shengli&Henson, Ash. Prosody of parallel prose and spatiotemporal−free syntax: A case study of WuchengFu ［J］. Journal of Chinese Literature and Culture, 2014（1−2）.

［341］Gray, B. Interview with Douglas Biber ［J］. Journal of English Linguistics, 2013（4）.

［342］Kratzer, Angelika. "What 'Must' and 'Can' Must and Can Mean ［J］." Linguistics and Philosophy, 1977（1）.

［343］Lewis, David. "Adverbs of Quantification" ［J］. In Edward Keenan, ed., Formal Semantics of Natural Language. Cambridge: Cambridge University Press, 1975.

[344] Li Yafei, Rebecca Shields and Vivian Lin. Adverb classes and the nature of minimality [J]. Natural Language & Linguistic Theory, 2012 (1).

[345] Lin, Jo-wang. Tenselessness [J]. In Binnick, Robert (ed.), The Oxford Handbook in Linguistics: Tense and Aspect. Oxford & New York: Oxford University Press, 2012.

[346] Lin, Jo-wang. On the temporal meaning of the verbal-le in Mandarin Chinese [J]. Language and Linguistics, 2000 (1).

[347] Lin, Jo-wang. Selectional restrictions of tenses and temporal reference of Chinese bare sentences [J]. Lingua, 2003 (113).

[348] Lin, Jo-wang. Time in a language without tense: The case of Chinese [J]. Journal of Semantics, 2006 (23).

[349] Lin, Jo-wang. Predicate restriction, discontinuity property and the meaning of the perfective marker guo in Mandarin Chinese [J]. Journal of East Asian Linguistics, 2007 (16).

[350] Lin, Jo-wang. A tenseless analysis of Mandarin Chinese revisited: A response to Sybesma (2007) [J]. Linguistic Inquiry, 2010 (41).

[351] Luigi Rizzi, Guglielmo Cinque. Functional Categories and Syntactic Theory [J]. Annual Review of Linguistics, 2016.

[352] Luigi Rizzi. The Fine Structure of the Left Periphery [J], in L. Haegeman (ed.) Elements of Grammar. Dordrecht, Kluwer, 1997.

[353] McCawley, James D. 1990. Remarks on Adverbial Constituent Structure [J]. In Carol Georgopoulos and Roberta Ishihara, eds., Interdisciplinary Approaches to Language: Essays in Honor of S. -Y. Kuroda. Kluwer, Dordrecht, 2002: 415-433.

[354] McConnell-Ginet, Sally. Adverbs and Logical Form [J]. Language, 1982 (58).

[355] Merchant, Jason. Fragments and ellipsis [J]. Linguistics and philosophy, 2004 (27).

[356] Moltmann, Friederike. Measure Adverbials [J]. Linguistics and Philosophy, 1991 (14).

[357] NOike, Henning. Recherches sur les adverbes: bref apercu historique

des travaux de classification ［J］. Langue Frangaise, 1990（88）.

［358］Paul, W. Low IP and Periphery in Mandarin Chinese ［J］. Recherches Linguistiques de Vincennes, 2005（33）.

［359］Potet, Jean-Paul G. An Adverbial-to-Verbal Morpheme Transfer in Classical Tagalog ［J］. Lingua, 1992（86）.

［360］Ramat, Paolo, Davide Ricca. Prototypical Adverbs: On the Scalarity/Radiality of the Notion ADVERB ［J］. Rivista di Linguistica , 1994（6）.

［361］Reid, T. B. Linguistics, structuralism and philology ［J］. Archivum Linguisticum, 1956（8）.

［362］Richard K. Larson. AP-de（地）Adverbs in Mandarin ［J］. Studies in Chinese Linguistics, 2018.（39）.

［363］RichardK, Larson. On the Object Construction ［J］. Linguistic Inquiry, 1988, 19（3）.

［364］Rivero, Maria-Luisa. Adverb Incorporation and the Syntax of Adverbs in Modern Greek ［J］. Linguistics and Philosophy, 1992（15）.

［365］Scott F. Kiesling. Stance as the Explanation for Patterns of Sociolinguistic Variation ［J］. In Alexandra Jaffe , Stance Sociolinguistic Perspectives. Oxford: Oxford University Press, 2009.

［366］Steinitz, Renate. Adverbial-Syntax ［J］. Studia Grammatica 10. Berlin: AkademieVerlag, 1969.

［367］Stroik, Thomas. Adverbs as V-sisters ［J］. Linguistic Inquiry, 1990（21）.

［368］Ting-Chi Wei.. Fragment answers in Mandarin Chinese ［J］. International Journal of Chinese Linguistics, 2016, 3（1.

［369］Traugott, Elizabeth C. , John Waterhouse. "Already" and "Yet": A Suppletive Set of Aspect Markers ［J］. Journal of Linguistics , 1969（5）.

［370］Travis, Lisa. The syntax of adverbs ［J］. McGill Working Papers in Linguistics, 1988.

［371］Tsang, Chui Lim. A Semantic Study of Modal Auxiliary Verbs in Chinese ［J］. Ph. D. Dissertation, 1981.

［372］Tsz Ming Lee. Defocalization in Cantonese Right Dislocation ［J］.

Gengo Kenkyu, 2017 (152) .

[373] Cheung, Lawrence Yam-Leung. Syntax and semantics of dislocation focus construction in Cantonese [D], MA thesis , UCLA, 2005.

[374] Feng, Shengli. Prosodic Structure and Prosodically Constrained Syntax in Chinese. Ph. D. dissertation, University of Pennsylvania. 1995.

[375] Lin, Jo-wang. Temporal reference in Mandarin Chinese. Journal of East Asian Linguistics, 2003 (12) .

[376] McCarthy J. John. , Alan S. Prince. Prosodic morphology. In The Handbook of Morphology. 1998.

[377] Moltmann, Friederike. Measure Adverbials as Part Quantifiers. Proceedings of the 8th West Coast Conference on Formal Linguistics. Stanford Linguistics Association, Stanford, Calif. , 1989.

后　记

　　《语体语法视域下的现代汉语副词研究》原是我的博士论文，写于 2020 年 3 月，又经过 2 年的修订，很荣幸由光明日报出版社出版，衷心感谢编辑部老师为我的书稿修订工作所付出的耐心与辛苦。

　　借此机会，我想特别感谢我的老师冯胜利教授，冯老师在我求学期间，给予我巨大的帮助，不仅悉心指导我的学业，生活上的困难老师也给予诸多关怀。现在毕业了，还会时时怀念当时跟着老师一起上课、讨论问题的幸福时光。

　　另外，我还要特别感谢我求学期间给予我无私帮助的北京语言大学施春宏教授、北京语言大学司富珍教授、北京语言大学熊仲儒教授、北京师范大学王立军教授、北京师范大学齐元涛教授、天津大学施向东教授、上海大学裴雨来教授、山东大学庄会彬教授，感谢你们的无私指教，我才能一步一步完成我的研究，这本书才能面世。

　　最后，还要感谢师门的兄弟姐妹们，不管是求学期间，还是现在已经工作了，师门的兄弟姐妹一直都是热心地给予我无限的关怀和帮助，祝愿师门的伙伴们生活幸福。

　　在此，对所有帮助过我的人，致以我最真诚的祝愿。

胡丛欢

2022 年 8 月 26 日